UNIVERSITÉ DE DIJON

FACULTÉ DE DROIT

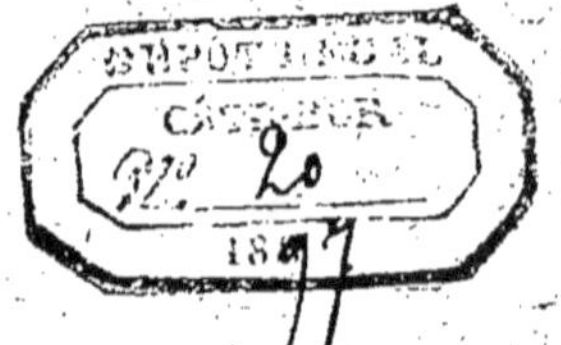

ESSAI

SUR

LA REPRÉSENTATION

PROPORTIONNELLE

de la Majorité et des Minorités

Le pouvoir à la majorité réelle du pays.
Le contrôle aux minorités.
Une représentation exacte de tous les groupes sérieux du corps électoral.
(Formule de l'Association belge).

THÈSE POUR LE DOCTORAT

Soutenue devant la Faculté de Droit de l'Université de Dijon

Le samedi 6 février 1897 à 1 h. 1/2 du soir

PAR

Antony BESSON

Sous la présidence de M. DESLANDRES, *professeur.*

Suffragants : { M. MOULIN, *agrégé.*
{ M. ROUX, *agrégé.*

DIJON

IMPRIMERIE JOBARD

Place Darcy, 9.

ESSAI

SUR

LA REPRÉSENTATION

PROPORTIONNELLE

de la Majorité et des Minorités

Le *pouvoir* à la majorité réelle du pays.
Le *contrôle* aux minorités.
Une représentation exacte de tous les groupes sérieux du corps électoral.

(Formule de l'Association belge).

THÈSE POUR LE DOCTORAT

Soutenue devant la Faculté de Droit de l'Université de Dijon

Le samedi 6 février 1897 à 1 h. 1/2 du soir

PAR

Antony BESSON

Sous la présidence de M. DESLANDRES, *professeur*.

Suffragants : { M. MOULIN, *agrégé*.
{ M. ROUX, *agrégé*.

DIJON

IMPRIMERIE JOBARD

Place Darcy, 9.

NOTE BIBLIOGRAPHIQUE

L'ouvrage fondamental à consulter sur la représentation proportionnelle est une revue mensuelle, *La Représentation proportionnelle,* publiée depuis janvier 1882 par l'Association réformiste belge, à Bruxelles, imprimerie Polleunis et Ceuterick, rue des Ursulines, 37. Il faut y joiñdre *Le Bulletin de la Société suisse pour la représentation proportionnelle,* qui paraît depuis 1885, à intervalles irréguliers, à Bâle et Genève, librairie Georg, et *La Représentation proportionnelle,* un gros volume in-8° de xvi-524 pages, édité en 1888 par la Société réformiste française, Paris, E. Pichon, rue Soufflot, 24. Je me reporterai très fréquemment à ces trois ouvrages. Brevitatis causa j'indiquerai la revue belge par : *R. P.* Bruxelles, avec citation de l'année et de la page; le bulletin suisse, par : *R. P.* Genève, avec citation du numéro et de la page; et le volume de la Société française, par : *R. P.* Paris, avec citation de la page.

Je ne tenterai pas ici une bibliographie de la représentation proportionnelle. Elle est esquissée dans deux thèses de doctorat : *De la Représentation proportionnelle,* par F. Christophle, Paris, 1887, A. Rousseau, rue Soufflot, 14, et *De la Représentation proportionnelle dans un gouvernement représentatif,* par E. Campagnole, Toulouse, 1892, imprimerie Chauvin, rue des Salenques, 28. La représentation proportionnelle a d'ailleurs donné naissance à peu d'études importantes et synthétiques, mais à un très grand nombre d'études de détail, d'opuscules, de brochures et de plaquettes. J'indiquerai au fur et à mesure ceux de ces travaux qui ont le plus de valeur. Un professeur de Kœnigsberg, M. R. Siegfried, prépare actuellement une bibliographie complète, raisonnée et analytique de la question. Elle paraîtra incessamment sous le titre de : *Minoritætenvertretung und Proportionalverfahren*.

AVANT-PROPOS

La représentation proportionnelle de la majorité et des
minorités a pour but d'attribuer à chaque parti un nombre
de représentants mathématiquement proportionnel à son
importance numérique. Elle est fondée en raison et a tout
le poids et toute la valeur d'un principe de droit constitutionnel (1) ; elle est si juste dans son principe, si
bienfaisante dans ses résultats, que, née à peine d'hier,
elle a déjà été législativement discutée dans plus de
soixante Etats et est appliquée dans plus de trente (2) ;
grâce à la diversité des systèmes proposés, elle est susceptible partout d'une application immédiate, chez les
peuples civilisés par des procédés savants atteignant presque la perfection absolue, chez les nations peu éclairées
par des procédés simples en raison de leur imperfection
même (3) ; et cependant elle est en France presque inconnue du grand public. Il se fait autour d'elle cette
conspiration du silence, qu'expliquent seules l'inertie et
l'indifférence que nous apportons trop souvent à l'étude
des idées neuves, lorsqu'elles sont largement pénétrées

---

(1) Cf. *infra* ch. I.
(2) Cf. *infra* ch. II.
(3) Cf. *infra* ch. III.

d'un esprit de modération et de tolérance, lorsqu'elles ont simplement pour elles le charme souriant et la grâce souveraine des conceptions nobles et belles qui ne font appel à aucune haine, à aucun exclusivisme, à aucune passion, lorsqu'enfin elles sont également éloignées du maintien de la sainte routine, d'une part, et de l'autre, des innovations tapageuses, des bouleversements profonds et des révolutions brutales.

Et pourtant quelle nation plus que la France devrait se passionner pour la théorie de la représentation proportionnelle et l'appliquer? Ce qui a fait sortir la représentation proportionnelle du domaine spéculatif, ce qui lui a donné la vie, c'est que, négligeant la question de principe, nos démocraties contemporaines ont vu en elle un procédé pratique pouvant servir de remède aux maux dont elles souffrent. Le malaise est général, tout le monde le constate, et la cause, plus généralement ignorée, n'est autre que la fausseté de la représentation. Or, pour ce qui est de la France, certains statisticiens soutiennent que la Chambre entière ne représente que 43,9 % des électeurs : une décision prise à la majorité n'est donc couverte que par les 22 % du corps électoral, et ce tant pour cent déjà dérisoire tombe à 11 % si l'on se contente du *quorum*. Je crois ces chiffres inexacts. On peut admettre que la Chambre représente la majorité du pays, environ 60 %. Mais il n'en est pas moins vrai que la majorité parlementaire correspond à une minorité d'électeurs : 30 %, 15 % si l'on se contente du *quorum* (1). Ainsi en France la majorité parlementaire n'est pas la majorité du pays, et le pouvoir est aux mains d'une minorité.

---

(1) Cf *infra* ch. I, sect. III, § 2, art. 2, II et III.

Une représentation aussi profondément faussée exige de toute nécessité une réforme. Et il importe de faire connaître cette fausseté de la représentation : ce sont là des choses qui choquent tellement le bon sens et l'équité, qu'il suffit d'en être averti pour avoir la volonté d'y porter remède. Quand on est en possession de la vérité, disait Gœthe, il ne faut point se lasser de la répéter ; l'erreur ne se lasse pas d'affirmer. Peut-être l'heure semblera-t-elle mal choisie pour cette affirmation de la vérité. Mais je suis de ceux qui croient fermement qu'aucun effort individuel, si faible soit-il dans son intensité, n'est jamais perdu, — et c'est la seule excuse de cet ouvrage. Lorsque l'on a pour soi la raison et la justice, on ne parle jamais en vain. Les Italiens expriment cette idée par un délicieux proverbe : *Se sono rose, fioriranno.* Même si le champ paraît inculte et le sol infertile, semons à pleines mains : si c'est du bon grain et non de l'ivraie, si ce sont des fleurs et non des épines, — si ce sont des roses, — elles fleuriront.

CHAPITRE PREMIER

Principe de la représentation proportionnelle.

Le gouvernement représentatif est la forme constitutionnelle des nations modernes. Au début de cette étude nous l'acceptons comme un fait sans en discuter la valeur. Le gouvernement représentatif, tel est le postulat sur lequel nous allons raisonner.

Comme toute forme de gouvernement, le gouvernement représentatif est incontestablement soumis à des règles. Une de ces règles peut se formuler ainsi : une représentation parfaite attribue à chaque parti un nombre de représentants mathématiquement proportionnel à son importance numérique. C'est la théorie de la représentation proportionnelle de la majorité et des minorités (1). Avant de la suivre dans

---

(1) Les expressions « représentation des minorités » et « représentation proportionnelle des minorités » sont très défectueuses. Il ne saurait être question d'accorder à la minorité un droit lésant la majorité en quoi que ce soit, mais de reconnaître l'exercice du droit qu'a chaque électeur à

ses développements historiques, de l'étudier dans les détails de ses procédés d'application, nous devons la justifier dans son principe. Mais comment démontrer que la représentation doit être proportionnelle si nous ne savons pas quels sont les fondements de la représentation? Nous sommes donc conduit à rechercher tout d'abord quelle base rationnelle il convient d'assigner à la représentation. Sur cette base nous édifierons ensuite le principe proportionnel. Et enfin nous préciserons sa portée pratique en déterminant dans quelle mesure il convient de l'appliquer.

SECTION I.

BASE RATIONNELLE DE LA REPRÉSENTATION.

La nation est souveraine. Personne n'ayant par nature et de plein droit le pouvoir, le premier sujet du pouvoir est toujours et nécessairement la communauté elle-même : de droit naturel, à l'origine de la société civile, la souveraineté appartient au peuple. Mais la communauté peut et même le plus souvent doit aliéner sa souveraineté et la transmettre à une ou plusieurs personnes déterminées, soit pour un temps indéfini, soit pour un temps limité. A l'expiration du temps pour lequel ce chef a été nommé, à

être également représenté, c'est-à-dire du droit qu'a chaque parti à être représenté proportionnellement à son importance numérique Le principe proportionnel domine tous les partis et s'applique à tous. Ce n'est pas une arme de guerre dirigée contre la majorité au profit exclusif des minorités. C'est la justice pour tous : il donne à chacun tout ce qui lui est dû, rien que ce qui lui est dû ; rien de plus, rien de moins. L'expression exacte est donc tout simplement : représentation proportionnelle, ou encore : représentation proportionnelle de la majorité et des minorités.

sa mort s'il a été nommé à vie, lors de l'extinction de sa dynastie si c'est un pouvoir héréditaire qui lui a été conféré, la communauté recouvre son droit naturel de souveraineté, et peut ou doit en disposer de nouveau.

Le souverain originaire, c'est le peuple. Tout gouvernement, pour être légitime, doit exercer le pouvoir en vertu du consentement du peuple. Le plus souvent, chez les peuples qui ne sont pas parvenus à l'âge d'homme, ce consentement est tacite, — ainsi lorsque celui que les circonstances, l'ambition ou le dévouement ont poussé au pouvoir rencontre partout l'approbation et l'obéissance. Mais ce consentement est exprès et formel lorsqu'une nation est assez civilisée et suffisamment développée pour adopter comme forme de gouvernement soit le gouvernement direct, soit le gouvernement représentatif.

En d'autres termes, la souveraineté réside dans chacun des individus qui composent le peuple : ils l'exercent eux-mêmes dans le gouvernement direct, ils la déléguent en tout autre cas. Or tous les électeurs ont des droits égaux à déléguer leur propre souveraineté, c'est-à-dire à être représentés. Dans un gouvernement représentatif, où cette délégation se fait par l'élection de mandataires, il est inadmissible d'attribuer comme aujourd'hui la totalité des représentants au parti qui constitue la majorité : le corps électoral doit être représenté aussi exactement que possible par le corps élu, c'est-à-dire chacun des groupes qui le composent proportionnellement à son importance numérique. Donc, parce que la souveraineté réside dans chacun des individus qui composent le peuple et que le gouvernement représentatif n'est autrechose que la délégation de ces souverainetés individuelles, la représentation doit être proportionnelle.

Pour justifier ces conclusions nous n'avons à discuter ni

la légitimité du principe de la souveraineté nationale, ni la
légitimité du gouvernement représentatif. Ce sont deux
idées sur lesquelles est basé le droit constitutionnel moderne, et, au début de cet ouvrage, nous les adoptons l'une
et l'autre. Mais, ces deux points étant admis, nous devons
tout d'abord préciser le caractère juridique de la représentation : elle est une délégation de pouvoirs. Abordant ensuite directement le problème de la détermination de la
base rationnelle de la représentation, nous aurons à réfuter
les théories qui font résider la souveraineté du peuple soit
dans le corps social lui-même, soit dans des organisations
collectives intermédiaires entre l'individu et l'Etat, et
enfin à exposer comment la représentation doit être proportionnelle parce que la souveraineté nationale a pour
base constitutive chacun des individus qui composent le
peuple.

Article préliminaire. — Caractère juridique de la
représentation.

Le peuple étant souverain, la forme de gouvernement
la plus rationnelle est évidemment en théorie celle du
gouvernement direct : l'exercice direct d'un droit est le
meilleur mode que l'on puisse concevoir. Mais le gouvernement direct se heurte à d'insurmontables difficultés
d'application. Ainsi — et pour citer seulement celles qui
sont d'un ordre tout à fait pratique — tout le monde
s'accorde à reconnaître que cette forme de gouvernement
exige des circonstances très exceptionnelles : il faut que
le peuple soit assez peu nombreux pour pouvoir se réunir
dans une même assemblée, et il faut aussi que la vie politique ne soulève qu'un petit nombre de questions, en

sorte qu'un ou deux votes par année suffisent pour les résoudre. On est donc conduit à adopter comme un expédient pratique et nécessaire le gouvernement représentatif. Le peuple alors n'exerce plus directement la souveraineté qui réside en lui : il la délègue pour un temps donné à des mandataires élus. Le caractère juridique de la représentation est donc une délégation de pouvoirs.

A cette conception si juste et si simple on oppose une théorie suivant laquelle on attache à l'idée de représentation le sens que l'on a en vue lorsque l'on parle du tuteur qui représente le mineur, du curateur qui représente une personne incapable de gérer ses affaires et qui agit en son nom et à sa place en veillant à ses intérêts. Le meilleur mode de représentation est alors celui qui offre les plus grandes garanties de faire entrer dans le Parlement les hommes les plus capables du pays. Il s'agit, non pas de donner une représentation aux aspirations de la nation, mais d'obtenir un Parlement qui, placé au-dessus de la nation, veille à ses intérêts et les connaisse mieux que la nation elle-même. Dans ce système, il importe peu que le mode d'élection soit rationnel, et l'élection n'est même pas nécessaire. Elle n'est qu'un procédé — le meilleur sans doute — pour appeler l'élite à l'exercice du pouvoir. Le caractère juridique de la représentation, c'est une « désignation de capacités (1). »

L'expression est de M. Orlando, professeur de droit public à l'Université de Palerme, qui a critiqué avec beaucoup de finesse et de pénétration, mais inexactement à

---

(1) V.-E. Orlando, *Du Fondement juridique de la représentation politique. Revue du droit public*, t. III, 1895, p. 32.

notre avis, la théorie du mandat législatif, et qui conclut
en se refusant à voir dans le rapport juridique existant
entre les électeurs et l'élu une délégation de pouvoirs. Si
le peuple délègue à ses représentants sa souveraineté,
l'élu tient de ses électeurs un véritable mandat. Or, sans
admettre une analogie parfaite entre le mandat civil et le
mandat politique, — ce que personne n'a jamais soutenu,
— peut-on du moins constater une certaine relation
substantielle entre les deux concepts? Nullement. Les
caractères esssentiels du mandat font défaut dans le pré-
tendu mandat législatif. Tout mandat repose sur une manifestation de volonté. Or, implicitement ou explicitement,
toutes les constitutions modernes admettent que le député
ne représente pas seulement le collège où il a été élu,
mais bien le peuple tout entier. Si le rapport juridique
entre l'électeur et l'élu se limitait au collège où l'élection
a lieu, on constaterait l'existence d'une déclaration de
volonté, élément primordial du mandat. Mais, si l'élection
est limitée territorialement sans que la représentation le
soit, l'électeur est représenté sans avoir pu en aucune
manière manifester sa volonté de l'être ou de l'être de
cette façon. D'autre part, tout mandat est nécessairement
impératif, en ce sens que le mandataire est obligé de
l'exercer suivant certaines limites et certaines conditions.
Le député au contraire n'est-il pas parfaitement libre de
ses actions? Il n'a à répondre devant personne de ses
votes et de ses discours. En un mot, c'est un mandataire
irresponsable. Enfin *nemo in alium plus juris transferre
potest quam ipse habet*. Si la souveraineté réside dans le
peuple, tous les pouvoirs publics devraient puiser leur
autorité à cette source. Or peut-on sérieusement affirmer
que dans les Etats modernes le pouvoir judiciaire et le
pouvoir exécutif procèdent du corps électoral?

L'expression « mandat législatif » est donc vicieuse, puisqu'elle ne correspond nullement à l'idée d'un mandat. L'élu ne reçoit aucun mandat de l'électeur et celui-ci ne lui délègue rien. Mais l'élu est souverain : puisque le peuple est impuissant à lui transmettre un pouvoir qu'il n'a pas, qui donc l'investit de la souveraineté? Le droit public positif, c'est-à-dire la constitution. La constitution attache la souveraineté à certaines fonctions : ceux qui les remplissent sont de plein droit les représentants de la nation. Ce ne sont pas nécessairement ses élus : l'élection n'est qu'un des modes usités pour remettre aux plus capables la haute direction de l'Etat. C'est d'ailleurs le meilleur. Le critérium des sociétés primitives, la force physique ou l'âge, est très imparfait. Le critérium des démocraties directes, la simple qualité du citoyen, est insuffisant : et cela est dû, non seulement à des difficultés matérielles évidentes, mais encore à ce que dans les grands Etats modernes la différenciation des aptitudes est considérable. On ne saurait soutenir le privilège de la naissance ou la désignation du prince : un tel critérium est manifestement incompatible avec les tendances démocratiques du siècle. On est ainsi conduit à présumer que le plus capable est celui qui est désigné par le choix d'un corps électoral.

Les critiques que M. Orlando adresse à notre théorie ne sont pas irréfutables. Comment l'élu d'un collège peut-il être le mandataire des électeurs des autres collèges? Il n'est point nécessaire d'admettre ici avec M. Rieker (1) une fiction pure. S'il y a une fiction, elle serre d'aussi près que possible la réalité. La souveraineté du peuple exige-

(1) *Die rechtliche Natur der modernen Volksvertretung*, Leipzig, 1892.

rait le concours de tous les électeurs à l'élection de tous
les élus, c'est-à-dire le collège unique. Mais il faut savoir
plier une règle aux accommodements de circonstance que
nécessitent les faits. Or le collège unique est impraticable
dans les grandes nations modernes, et l'on peut considérer que le principe est suffisamment respecté par l'emploi du scrutin de liste avec grandes circonscriptions.
Quant à l'objection tirée de la responsabilité qui doit
incomber à tout mandataire, elle résulte d'une analogie
forcée. Dans le mandat civil, le mandant conserve presque
intégralement les droits qui constituent sa personnalité :
il les aliène sur un point tout spécial et moyennant certaines conditions qu'il détermine è son gré. Dans le mandat
politique, il transfert un droit dont le terme même indique
toute la plénitude. On ne peut retenir pour partie et déléguer pour partie la souveraineté. Elle est un tout indivisible. Celui à qui on la délègue devient par le fait même
souverain, c'est-à-dire irresponsable. La seule chose
possible c'est de la transférer à terme, et c'est justement
la pratique de toutes les nations représentatives. Enfin le
peuple est bien souverain, car c'est de lui qu'émanent tous
les pouvoirs, et l'exécutif et le judiciaire comme le législ-
latif. Dans les nations modernes il se réserve la nomination directe de ceux qu'il investit du pouvoir législatif;
mais les autres pouvoirs procèdent également de lui, car
ils ont été organisés par des constituants à qui il avait délégué la fonction souveraine, et s'il ne s'est pas réservé
sur ces points l'élection directe, c'est qu'il lui a plu de le
faire, ce qui est son droit, car il est souverain.

M. Orlando a raison de dire que l'élection est un moyen
pratique de porter l'élite au pouvoir : nos démocraties
contemporaines ne sauraient admettre d'autre critérium

pour désigner ceux qu'il convient d'investir de l'exercice
de la souveraineté. Mais il force son raisonnement lorsqu'il conclut que l'élection n'est que cela. L'élément essentiel c'est la délégation de pouvoirs ; l'élément accessoire
c'est la désignation des capacités. L'électeur vote pour
transférer à un mandataire de son choix l'exercice de sa
souveraineté : et même si le mandataire est mauvais et le
choix indigne, l'acte de l'élection est parfait puisqu'il y a
eu délégation de pouvoirs. Cependant la nécessité d'un
bon choix s'impose : il faut donc faire l'éducation du corps
électoral, afin qu'il n'y ait pas seulement transfert de souveraineté à un mandataire, mais transfert de souveraineté
au meilleur mandataire. En d'autres termes, l'élection doit
être autant que possible une désignation de capacités, mais
elle est toujours une délégation de pouvoirs.

Concluons donc — et pour en revenir aux deux théories
entre lesquelles nous avons à choisir pour déterminer le
caractère juridique de la représentation — que les représentants élus par la nation doivent exercer autant que possible une sorte de tutelle : choisis parmi les plus intelligents et les meilleurs et non parmi les médiocres, ils ont
de leur mission une conception plus haute que celle que
peut en avoir la masse du corps électoral, et ils voient et
prévoient des choses que le peuple ne soupçonne même
pas ; mais que toujours et avant tout et essentiellement ils
sont des mandataires : bons ou mauvais, intelligents ou
médiocres, à hauteur de leur mission ou au-dessous de
leur tâche, ils détiennent dans son intégrité et dans sa
plénitude la souveraineté nationale parce qu'elle leur a été
déléguée.

Article 1er. — *Réfutation des théories rejetant le principe de la souveraineté individuelle.*

La représentation est une délégation de pouvoirs : l'électeur transfert sa souveraineté à l'élu et l'élu représente l'électeur. Qui est électeur? Le peuple, puisque la souveraineté est nationale, c'est-à-dire réside en lui. Le peuple, voilà donc la base rationnelle de la représentation. Mais que faut-il exactement entendre par le mot peuple? Pour nous, et nous l'avons déjà dit, ce sont les individus qui le composent. Mais d'autres théories ont été soutenues : ce ne serait plus l'individu qui serait souverain, mais le corps social, ou encore les êtres collectifs intermédiaires entre celui-ci et celui-là. Avant d'exposer la théorie de la souveraineté individuelle, nous devons donc réfuter les théories de la souveraineté organique et de la souveraineté collective. Et aussi la théorie de l'école historique : celle-ci n'est pas à proprement parler une théorie, en ce sens qu'elle n'est basée sur aucun principe bien défini. Elle admet comme un fait tous les gouvernements qui existent, sans discuter leur légitimité et sans rechercher en qui réside et comment doit s'exercer le pouvoir.

I. — Théorie de l'école historique.

Il est très difficile d'exposer la théorie de l'école historique. Nous venons de dire qu'elle se borne à constater des faits sans s'appuyer sur aucun principe : dès lors, comment ne varierait-elle pas avec les temps et les lieux et suivant les auteurs, comment ne serait-elle pas par nature ondoyante et protéiforme ?

Sous sa forme la plus imparfaite, la théorie de l'école historique se caractérise par l'absence de tout système. Soit
qu'ils nient l'existence des principes, soit qu'ils désespèrent
de les trouver, ses représentants en font abstraction. Ils
enregistrent les faits, acceptent tous les résultats de l'activité humaine, et les étudient en artistes, jamais en moralistes. S'ils les critiquent, s'ils manifestent des préférences,
c'est au point de vue de l'utile, jamais du juste. Donc aucun
principe ; pour la détermination du sujet du pouvoir, pour
la délégation et l'organisation de la souveraineté, — comme
pour toute autre question, — aucune règle. Il y a des gouvernements bons ou mauvais, mais non des gouvernements
légitimes ou illégitimes : tout gouvernement est indiscutable et intangible par cela seul qu'il existe et fonctionne.
Il ne saurait même être question de légitimer le fait : la
question de la légitimité du pouvoir n'existe pas. M. Courcelle-Seneuil est actuellement le plus brillant représentant
de cette théorie (1). Elle remonte jusqu'à Machiavel et à
Montesquieu. Elle applique au pouvoir ce que celui-ci disait
des lois, qui sont « les rapports nécessaires qui dérivent
» de la nature des choses (2). » Et M. Gaston Bergeret ne
fait qu'exprimer cette même idée sous une forme plus brutale lorsqu'il écrit : « La vérité ne serait-elle pas que toutes
» les institutions se valent, que dans la société comme
» dans la nature tout ce qui est doit être (3) ? »

On a voulu rattacher la souveraineté à une longue possession, à une concentration du pouvoir entre les mains
d'un homme ou d'une classe d'hommes. C'est une idée dont

(1) *Préparation à l'étude du droit. Etude des principes*, Paris, 1887.
(2) *Esprit des lois*, I, 1.
(3) *Principes de politique*, Paris, 1888, ch. XXVII, n° 225.

la fortune fut grande aux époques féodales, alors que la prescription et la coutume étaient le principal générateur du droit. « Y a déjà longtemps que tous les rois de la terre,
» qui par concession volontaire des peuples, qui par usur-
» pation ancienne (laquelle fait loy en matière de souve-
» raineté, qui n'en peuvent recevoir d'ailleurs), ont
» prescript la propriété de la puissance souveraine (1). »
Ce point de vue est manifestement insuffisant : il n'est accep-table que dans les pays où le mode d'exercice du pouvoir est traditionnel. Mais il marque une tendance qu'il importe de signaler : la seule constatation du fait ne suffit plus, et l'on cherche une conception plus ou moins ingénieuse pour l'expliquer et en quelque sorte le légitimer.

L'école allemande avec Savigny esquisse une véritable théorie du pouvoir. L'Etat, comme le droit, se développe sans cesse ; il suit la fortune du peuple, se perfectionne avec lui et meurt avec lui, il est « la manifestation la plus haute
» de cette force supérieure qui est la vie du peuple (2). »
La souveraineté n'a donc pas une source unique ; elle n'est par essence ni individuelle, ni collective, ni organique ; elle est ceci ou cela, suivant les nations et les siècles, et par-tout elle réside là où elle doit résider.

Mais on ne saurait ainsi nier l'existence des principes absolus, et les défenseurs de l'école historique furent les premiers à s'en apercevoir. « Ces historiens savants et
» consciencieux, qui auraient dû être pénétrés de l'univer-
» selle relativité, devinrent à leur tour, tout comme les
» adversaires contre lesquels ils avaient commencé par
» lutter, les serviteurs d'un idéal abstrait. Seulement, au

---

(1) Loyseau, *Traité des offices*, liv. II, ch. II, n°ˢ 25 et 26.
(2) Savigny, *Système du droit romain actuel*, liv. I, ch. II, § 9.

» lieu de placer cet idéal dans le présent ou dans l'avenir,
» ils le placèrent dans le passé. Ils furent ainsi conduits,
» non seulement à condamner toutes les interventions de
» la raison dans les affaires humaines, mais encore à
» innocenter une multitude d'abus, simplement parce
» qu'ils existent, qu'ils sont anciens, que l'on en connaît
» la genèse, que l'on en aperçoit les premières causes.
» Antiquité vaut titre (1). » La législation absolue c'est le
droit romain, et la conception idéale du pouvoir c'est
l'omnipotence de l'Etat, traditionnelle dans les pays ger-
maniques.

La base de la théorie historique est en dernière analyse
extrêmement faible : l'œuvre du temps n'a par elle-même
rien qui soit nécessairement respectable. Nul autre moyen
d'échapper à l'objection que d'introduire dans l'histoire
elle-même des considérations de finalité. C'est ce que fera
Hegel, suivant lequel l'Etat est ce qu'il est et ne peut pas
être autrement. Dès lors l'école historique ne mérite plus
guère son nom, elle se confond presque avec l'école de
l'organisme social. Savigny d'ailleurs ne disait-il pas
que les institutions politiques germent et croissent? Aussi
un critique anglais, remarquant que la doctrine de l'évolution n'est autre chose que la méthode historique appliquée aux faits de la nature, a pu appeler Savigny avec
raison « un darwiniste avant Darwin (2) ».

II. — Théorie de la souveraineté organique.

L'école historique tourne le problème plutôt qu'elle ne

---

(1) Henry Michel, *L'Idée de l'Etat*, Paris, 1896, p. 153.
(2) Pollock, *Oxford Lectures, and other Discourses*, p. 42.

le résout : elle admet sans les discuter tous les gouvernements et esquive le point difficile, la détermination du sujet
du pouvoir. Avec la théorie de la souveraineté organique,
l'école de l'organisme social aborde franchement la question : toute loi est obligatoire parce que tout gouvernement est légitime, et tout gouvernement est légitime parce
qu'il est le produit naturel et nécessaire de cet être vivant
qui constitue une nation et en qui réside la souveraineté.

L'Etat est un être collectif ayant ses besoins propres
superposés à ceux des unités qui le composent. La comparaison entre les faits biologiques et les faits sociologiques permet d'affirmer que les sociétés de divers degrés
peuvent être assimilées à des organismes plus ou moins
avancés. Tout animal grandit aux dépens d'autres animaux
ou de plantes dont il s'incorpore la substance nutritive.
Les animaux inférieurs le font inconsciemment, chez les
animaux supérieurs la vie de l'ensemble prédomine sur
celle des cellules qui le composent, et chez les vertébrés
la vie corporative de l'agrégat est devenue le fait fondamental. On suit les mêmes étapes dans l'évolution des organismes politiques. La vie collective, résultant de la dépen-
dance mutuelle des actes des unités constitutives, apparaît
et se développe à mesure que les organismes s'accroissent et
sont mieux organisés, l'agrandissement de masse déterminant une complication de structure. Cette prépondérance
croissante de la collectivité sur les unités est ce que Her-
bert Spencer appelle l'intégration politique. Les membres
d'une horde sauvage qui ne sont pas solidement unis, sans
spécialisation du travail et division des fonctions, coopèrent
en vue de leur entretien ou de leur défense individuelle,
s'occupant peu ou point de l'agrégat. Mais les progrès de
l'organisation politique créent des sociétés plus étendues,

composées d'éléments plus divers, constituées par des liens
politiques plus compliqués et généralement plus centralisés.
A cette époque cependant la collectivité ne profite encore
qu'indirectement des acquisitions qui augmentent la fortune
individuelle. Les sociétés plus avancées, c'est-à-dire plus
vastes et plus organisées, en viennent à s'annexer des
sociétés entières, soit qu'elles les subordonnent, soit qu'elles
les absorbent. Les organismes sociaux, exactement comme
les organismes individuels, s'accroissent par la conquête
des moyens de subsistance des autres, puis par leur absorption directe : ils réalisent ainsi des organisations plus
complexes, leur croissance créant le besoin et fournis-
sant le moyen de le satisfaire.

Toute l'argumentation de la théorie de l'organisme social
repose sur cette analogie constante entre les faits biologiques et les faits sociologiques. La souveraineté n'appartient
qu'à la nation, c'est-à-dire à l'être réel et vivant que tout
Etat constitue, et qui comprend dans son organisme les
gouvernants comme les gouvernés. La nation est « l'âme
» vivante de la personne de l'Etat, un individu où chaque
» membre a sa place naturelle et sa fonction (1). » Par
suite la souveraineté ne peut appartenir qu'à cet être
unique : la nation est une personne dont le tout est maître
de chaque partie, absolument comme l'homme commande
à chacun de ses membres. Dans ce souverain il y a un
organe principal qui exerce sur le corps entier une influence prédominante, — la tête. La tête se forme d'elle-
même, par la force des choses, par l'évolution qu'effectuent
nécessairement toute cellule et tout agrégat de cellules :

---

(1) Bluntschli, *Théorie générale de l'Etat*, München, 1851. Traduction
Armand de Riedmatten, Paris, 1881, liv. II, ch. II, 6.

la fonction suprême appartient légitimement à quiconque en
est investi par ce travail de la nature. Le résultat est toujours naturel, il est donc toujours légitime. Si l'organe
ainsi formé est défectueux, les forces intimes de l'organisme
peuvent seules, par un travail mystérieux, le compléter ou
le réparer. Les gouvernements ne se font pas, ils poussent.
Cette théorie, comme toutes les doctrines qui méconnais-
sent la liberté humaine et qui ne prennent pas pour base
les droits imprescriptibles de l'individu, exagère les pouvoirs de la société civile sur ses membres : l'Etat est un
être vivant et personnel, un demi-dieu en face duquel les
individus ne sont rien et à qui tout doit être permis. L'Etat
est un être puissant. Comme il ne peut être question pour
lui de châtiments dans une autre vie, il n'a point dans
celle-ci de devoirs à remplir : rien ne peut donc réfréner
sa liberté ni comprimer sa force vitale.

Les analogies invoquées par MM. Spencer (1) et Fouillée (2), et qui existeraient entre la société et tout organisme, peuvent être admises dans une certaine mesure;
mais elles sont d'ordres très divers, et contrebalancées et
même presque anéanties par un nombre beaucoup plus
grand de contrastes beaucoup plus certains. Encore fau-
drait-il que ces analogies fussent liées entre elles par l'unité
et l'harmonie qui sont les grandes lois des œuvres de la
nature. Or « la nature ne nous offre aucun exemple du
» mélange qu'ils nous proposent, et l'observation leur
» dictait cette conclusion scientifique : qu'un organisme
» qui réunit les caractères des annelés et des vertébrés,
» des éponges et des mammifères, des myxomycètes et de

---

(1) *Principes de sociologie.* Traduction Cazelles, Paris, 1880-1887, t. II.
(2) *La Science sociale contemporaine,* Paris, 1880.

» l'homme, n'est pas un organisme véritable (1) ». Bluntschli objecte que la société n'est pas la simple somme des individus. Sans doute, mais pourquoi personnifier le lien qui les unit? C'est comme si l'on nous disait que partout où il y a deux hommes il y a trois personnes: chacun d'eux et le groupe qu'ils forment.

On peut par une fiction de droit faire d'un groupe de personnes une personne morale, mais jamais on ne pourra d'un agrégat d'êtres vivants faire un être vivant. Or la souveraineté ne peut émaner que d'un être vivant. C'est pourquoi elle ne réside pas dans le corps social, mais dans l'individu, seul être vivant et libre, investi de droits, tenu à des devoirs.

III. — Théorie de la souveraineté collective.

La théorie de la souveraineté collective est uniquement basée sur des arguments historiques. Le gouvernement représentatif succède dans la plupart des cas à un gouvernement absolu. Quand le prince est contraint d'admettre un simulacre de représentation, il ne procède pas à la répartition des colléges électoraux suivant une base plus ou moins rationnelle. Les droits politiques ne sont pas conférés aux individus, mais à des personnes morales ayant une vie propre, et la représentation consiste à grouper les délégués de ces organisations locales et indépendantes : les seigneurs laïques et ecclésiastiques comparaissent en personne et les collectivités reconnues par procureurs élus.

---

(1) Vareilles-Sommières, *Les Principes fondamentaux du droit,* Paris, 1889, p. 187.

Il est certain que dans ses origines l'organisation politique se rattache aux ordres ou classes. La base constitutive de l'Etat était une association collective moindre : aristocratie haute et basse, clergé, bourgeoisie, universités, professions libérales, corporations commerçantes et industrielles, associations d'artisans, etc. La représentation était un privilège de classe, privilège qui impliquait des obligations corrélatives, par exemple celle de fournir des subsides en argent à la couronne : et l'obligation était parfois si onéreuse que bien souvent l'on redoutait le privilège plus que l'on ne le désirait. Le but prépondérant de ces assemblées représentatives était de discuter la quotité des subsides demandés et d'en surveiller la destination, de manière que le préjudice souffert par ceux qui les devaient fût aussi faible que possible. L'élément du *do ut des* était donc prédominant et l'assemblée représentait des sujets juridiques autonomes.

Sur ces développements historiques on édifie toute une théorie du pouvoir : la souveraineté ne réside ni dans l'individu ni dans le corps social, mais dans des collectivités intermédiaires privilégiées. Et comme il est aujourd'hui impossible de défendre des privilèges de classes, on rajeunit et on modernise l'ancienne théorie de la souveraineté collective en proposant de donner pour base à la représentation toutes les collectivités moindres que l'Etat. On aurait ainsi une représentation professionnelle, par catégories très ouvertes, imitées de l'ordre social et comme décalquées sur lui, des divers organismes sociaux. C'est ce que l'on appelle la représentation des intérêts (1),

---

(1) Cf. Guillaume de Greef, *La Constituante et le Régime représentatif*, Bruxelles, 1892. — Charles Benoist, *De l'Organisation du suffrage universel. Revue des Deux-Mondes*, 1er juillet 1895 et seq.

conception tout arbitraire et superficielle. Si l'on peut à la vérité arriver à la représentation spéciale de l'agriculture, de l'industrie et du commerce, en prenant comme base les comices agricoles, les conseils de l'industrie et les chambres syndicales organisés ou réorganisés, et en assurant dans chaque catégorie une représentation distincte aux travailleurs et aux capitalistes, on ne voit guère comment l'attribution d'un certain nombre de représentants à chacune de ces classes ne serait pas forcément arbitraire, on voit moins encore comment ne serait pas plus arbitraire et plus fantaisiste la représentation de certains organismes sociaux, tels l'art, la science et le droit, et l'on ne voit pas du tout comment pourraient être sauvegardés certains droits de premier ordre, ainsi ceux des consommateurs par opposition à ceux des producteurs et des négociants.

Au reste, — et sans entrer dans le détail des difficultés pratiques que présenterait la représentation des intérêts, cette forme moderne de la théorie de la souveraineté collective, — constatons simplement que cette théorie est aussi fausse dans son principe que la théorie de la souveraineté organique. La souveraineté ne peut émaner que d'un être vivant, et il n'y a pas d'autre être vivant que l'individu : la nation et les associations collectives moindres sont des agrégats d'êtres vivants sans être euxmêmes des êtres vivants. L'Etat moderne a su s'élever audessus de la forme corporative. Le pouvoir souverain apparaît dans le rapport direct et immédiat avec le citoyen, individuellement considéré dans ses droits et dans ses devoirs : le droit public ne reconnaît plus aucune forme d'association intermédiaire. La monade constitutive de l'Etat, c'est l'individu : individuelle est la base des pouvoirs publics.

ARTICLE 2. — *Principe de la souveraineté individuelle.*

L'homme est le centre de la société civile : le droit de
la personne humaine a toute l'autorité d'une loi de nature.
L'homme est la source du pouvoir qu'il exerce par lui-
même ou par délégation : c'est pour lui que les lois sont
faites. Le rôle de l'Etat est donc bien net : c'est le droit
de défense personnelle transporté à une force publique
au profit de la liberté commune. Le droit populaire collectif implique à sa base le droit individuel de chacun.

L'application de ces principes aux droits civils ne saurait
soulever d'objection. « Le droit positif tout entier n'a pas
» d'autre but que d'assurer à l'individu les légitimes pré-
» rogatives qu'il tient de sa nature, des besoins et des
» aspirations de son être. L'enfant vient au monde faible
» et nu : de là son droit, que lui vaut son impuissance à
» se suffire à lui-même, d'être élevé par ceux qui ont la
» responsabilité de son existence ; de là l'autorité pa-
» ternelle, qui n'est et ne doit être que l'ensemble des pou-
» voirs reconnus nécessaires à l'accomplissement des
» devoirs de paternité. L'homme est doué de facultés phy-
» siques, intellectuelles et morales; les utiliser est son
» devoir, les développer sous sa responsabilité et par
» suite à sa guise est une prérogative aussi légitime que
» la propriété de sa personne. Elles sont des droits consi-
» dérées en elles-mêmes : de là la faculté d'être soi pour
» tout ce qui concerne l'âme, l'esprit et le corps, de
» tirer de soi-même la direction de son activité, de se
» comporter, de penser et d'agir à son gré. Elles sont des
» droits considérées dans leur exercice : de là la faculté

» de faire, soit individuellement, soit en se mettant en
» rapport avec ses semblables, tous les actes qu'elles
» comportent, et de se défendre contre les agressions
» d'autrui. Elles sont enfin des droits considérées dans
» leurs résultats : de là la propriété, qui n'est qu'une
» extension de la personnalité, et le respect des contrats,
» c'est-à-dire tout le droit positif, car directement ou in-
» directement toute question de droit naît d'une question
» de propriété ou y aboutit (1). »

Ce qui est vrai des droits civils l'est aussi des droits politiques. Certes ils ne sont point assimilables : les droits civils, dont la jouissance constitue la liberté civile, consistent dans les facultés que l'homme trouve en lui-même, qu'il tient des besoins de sa nature et des aspirations de son être ; les droits politiques, dont la jouissance constitue la liberté politique, consistent dans l'action exercée sur le gouvernement par l'opinion et par le suffrage, et dans la participation sous des formes diverses à l'exercice du pouvoir. Mais les uns et les autres sont un bien par eux-mêmes et constituent de véritables droits : or, la source du droit étant dans l'homme même et dans la liberté de sa volonté, l'autorité est inhérente à l'individu, c'est-à-dire que tous les droits tant politiques que civils appartiennent à l'être humain en sa seule qualité. L'exercice de ceux-là n'est-il pas d'ailleurs la seule garantie et la sauvegarde de ceux-ci ?

« Le droit, c'est l'autonomie de l'être humain, la faculté
» inhérente à sa nature de ne dépendre que de lui-même
» dans la direction de sa pensée et de ses actes.....

» La justice, c'est le respect des droits égaux de chacun ;

---

(1) Beudant, *Le Droit individuel et l'État*, Paris, 1891, p. 90, 91.

» elle s'impose aux particuliers, à l'Etat et à la loi; l'in-
» térêt, soit individuel, soit social, ne peut chercher sa
» satisfaction en dehors d'elle....» « Le respect des droits
» d'autrui s'appelle la justice, dit Cousin ; toute violation
» d'un droit est une injustice (1). »

« L'Etat, c'est la force collective qui protège le libre
» développement des facultés de chacun et qui veille à ce
» que personne n'usurpe le droit de personne. Dans la cité
» antique on le regardait comme pouvant et devant tout
» pour le bonheur des hommes : il avait charge d'âmes ;
» dans la société moderne, la formule est renversée :
» l'individu pris en lui-même n'a rien à attendre que de
» ses propres efforts. »

.....« Le droit collectif, dit Frédéric Bastiat, a son prin-
» cipe, sa raison d'être, sa légitimité dans le droit indivi-
» duel ; et la force commune ne peut avoir rationnellement
» d'autre but, d'autre mission que les forces isolées aux-
» quelles elle se substitue (2). »

« La loi enfin, c'est l'arme mise aux mains de l'Etat
» pour organiser la discipline sociale .... Elle a pour
» objet de réaliser l'accord et l'équilibre des libertés :
» elle est la juste limite imposée à l'usage extérieur de
» la liberté humaine à raison de la coexistence des
» hommes (3). »

La théorie que nous exposons ne serait qu'une belle
utopie si l'on ne pouvait connaître et atteindre cette
juste limite. Peut-être est-il difficile de la déterminer
avec une parfaite exactitude, le maximum de précision en

---

(1) *Le beau, le vrai et le bien*, p. 382.
(2) *Œuvres*, t. IV, p. 343.
(3) Beudant, *loc. cit.*, p. 146, 147.

cette matière étant donné par la formule suivante : puisque
le droit de chacun est circonscrit par le devoir corrélatif
de respecter celui des autres, la limite de la liberté est au
point où, en allant plus loin, elle usurperait sur celle d'autrui.
Nous pouvons dire, tout au moins, d'une part, que toute loi
en soi est un mal, car elle ne peut avoir pour objet que de
régler l'usage des droits, et régler l'usage d'un droit, c'est
véritablement le limiter ; mais d'autre part, que toute loi
est bonne qui consacre un droit, le préserve d'une atteinte,
le soustrait à un péril, car elle répond par là à son but légitime. Certes il est difficile d'être parfaitement respectueux
du droit d'autrui, de redresser les inclinations violentes
selon la rectitude de la règle, en un mot de ramener à
son minimum la contrainte sociale. Mais on ne saurait concevoir d'idéal plus élevé, et, dans quelque mesure qu'il
soit conquis, nul ne saurait se plaindre, si tous ceux qui
doivent subir la loi ont travaillé à sa confection. Puisque
la souveraineté réside dans la nation et est attachée à la
qualité même d'être humain, la limite de la liberté « ne
» peut être établie que par la loi, qui, étant l'expression
» de la volonté commune, est seule juge des sacrifices
» qu'exige l'intérêt commun (1). »

SECTION II.

PROPORTIONNALITÉ DE LA REPRÉSENTATION.

La souveraineté nationale n'est pas une conception
abstraite, une fiction de droit par laquelle on désignerait

---

(1) Beudant, *loc. cit.*, p. 147, 148.

le pouvoir qu'a chaque nation de gérer elle-même ses propres affaires : d'où il faudrait conclure que cette souveraineté se répartit entre les électeurs, et que chacun d'eux en détient une part. Une telle idée serait en contradiction manifeste avec les principes sur lesquels est fondé l'Etat moderne : suivant une formule de Bluntschli il est construit par en bas et non par en haut. La souveraineté ne réside pas dans un être organique ou fictif, d'où elle descend sur les électeurs ; elle réside dans chacun des individus qui composent le peuple, et la souveraineté nationale n'est que l'expression par laquelle on désigne la somme de ces souverainetés individuelles. En théorie, la souveraineté nationale se confond avec l'unanimité de ces souverainetés ; en fait et par un expédient pratique et nécessaire, on doit se contenter de la majorité.

La souveraineté est par essence un droit absolu. Mais, dès l'instant que les souverainetés individuelles s'agrègent pour vivre en société, chacune d'elles est limitée par l'obligation de respecter dans son exercice la souveraineté d'autrui, et les restrictions ainsi imposées par la force des choses et acceptées d'un commun accord sont égales pour tous. Peu importent d'ailleurs en fait ces limitations nécessaires. En droit pur la souveraineté est pleine, entière, indivisible ; le droit de chaque citoyen est absolu, et il le détient dans sa plénitude : or des droits absolus de même nature sont forcément égaux. Par conséquent tous les individus doivent participer également à l'exercice du pouvoir. Dans le gouvernement direct, cet exercice est direct ; dans le gouvernement représentatif, il se fait par mandataires élus. Il semble donc que le principe de l'égalité des électeurs, qui est respecté dans le gouvernement direct par la participation de tous à la gestion des affaires publiques, sera respecté dans le gouvernement représentatif par la participation de tous à l'élection des représentants. Mais cette égalité n'est qu'apparente : un droit n'est respecté que s'il est efficacement réalisé. Or l'électeur qui vote n'a pas pour but de déposer un bulletin dans l'urne : le but c'est d'être représenté, le vote n'est qu'un moyen. Si donc on attribue tous les sièges au parti en majorité, les électeurs des autres partis ne seront pas représentés, et leur droit sera violé. Il faut par conséquent donner à chaque électeur une part égale de représentation, ou, en d'autres termes, donner à chaque parti une part de représentation proportionnelle à son importance numérique. Ainsi, parce que la souveraineté réside dans chacun des individus qui composent le peuple, la représentation doit être proportionnelle : c'est la théorie que nous allons préciser et développer.

§ 1er. — Exposé de la représentation proportionnelle.

Il importe au début de cet exposé de faire une observation terminologique et de déterminer quels vocables doivent être seuls employés. On dit souvent : représentation des minorités, ou : représentation proportionnelle des minorités. Ces expressions sont très défectueuses. Le principe proportionnel domine tous les partis et s'applique à tous. Ce n'est pas une arme de guerre dirigée contre la majorité au profit exclusif des minorités. C'est la justice pour tous : il donne à chacun tout ce qui lui est dû, rien que ce qui lui est dû, — rien de plus, rien de moins. L'expression exacte est donc : représentation proportionnelle de la majorité et des minorités, ou, plus

simplement et brevitatis causa : représentation proportionnelle.

Deux significations ont été successivement données aux
mots : représentation proportionnelle. Proportionner le
nombre des députés à élire au nombre des électeurs inscrits, voilà le premier sens; proportionner le nombre des
élus de chaque parti au nombre des électeurs du même
parti, voilà le second. C'est toujours en ce dernier sens que
l'on parle aujourd'hui de la représentation proportionnelle,
le premier n'étant plus discuté en théorie et d'ailleurs implicitement contenu dans le second. Mais il est important
de les bien comprendre l'un et l'autre : on n'est arrivé au
second que par le développement et l'interprétation du
premier.

Le point de départ du raisonnement, c'est le principe de
l'égalité des électeurs. Nous avons vu en effet que la souveraineté réside dans le peuple, et non pas dans le peuple
in globo, mais dans tous les individus qui le composent.
Les électeurs étant égaux, il faut que sur toute l'étendue
du territoire tout siège soit attribué à un même nombre
d'électeurs. Ce nombre constant, ce mètre électoral qui
servira de base avant l'élection à la répartition des sièges
entre les divers collèges, est appelé quotient électoral. On
l'obtient en divisant le nombre total des électeurs inscrits
par le nombre total des députés à élire. Il est ensuite
facile de déterminer le nombre de sièges attribués à un
collège en divisant par le quotient électoral le nombre
d'électeurs inscrits dans ce collège. La représentation est
alors proportionnelle en ce sens qu'il y a une proportion
constante et invariable entre le chiffre des élus et le chiffre
des électeurs. Cette proportion est égale à une fraction
ayant pour numérateur l'unité et pour dénominateur le
quotient électoral.

A la réflexion, une telle représentation n'est qu'appa-
remment proportionnelle, et le principe de l'égalité des
électeurs se trouve violé. Il ne suffit pas, en effet, que les
électeurs concourent également à l'élection des représentants, il faut qu'ils soient également représentés. Or, dans
une élection faite à la majorité des votants, les électeurs
qui ont voté pour l'élu se trouvent seuls représentés. Tous
exercent leur droit à la représentation en déposant leur
bulletin de vote : mais ceux-là seuls l'exercent efficacement
qui arrivent à être représentés, les autres n'ont en quelque
sorte qu'un droit théorique dépourvu de toute réalisation.
On est ainsi conduit à apporter un contrepoids au pouvoir
de la majorité en accordant à la minorité une certaine
représentation. C'est ce qu'on a appelé la représentation
des minorités : les systèmes d'application sont dits systèmes
minoritaires.

Mais, comme tous les procédés de transition, cette solution est bâtarde et insuffisante. Il ne peut être question
d'accorder à la minorité une certaine représentation
comme une faveur, alors qu'il faut reconnaître à tout parti
la représentation intégrale à laquelle il a droit. Dire en
effet qu'avant l'élection tout siège sera attribué à un même
nombre d'électeurs, n'est-ce pas dire qu'après l'élection
tout parti ayant atteint ce nombre de voix devrait avoir
obtenu un siège ? Et il en serait ainsi, si les électeurs votaient tous, et s'ils se groupaient en partis égaux au quotient
électoral ou en étant des multiples parfaits. En pratique
cela est évidemment impossible. Mais le résultat cherché
sera cependant atteint, si l'on substitue au quotient électoral calculé avant l'élection sur le nombre des inscrits un
quotient électoral calculé après l'élection sur le nombre
des votants, — le premier servant à la répartition des sièges

entre les collèges, le second à la répartition des sièges entre les partis. C'est cette répartition des sièges entre les partis que l'on appelle proprement représentation proportionnelle : les systèmes d'application sont dits systèmes proportionnels.

La représentation proportionnelle suppose nécessairement des collèges plurinominaux : un seul siège est indivisible par nature et ne peut être réparti, or pour représenter plusieurs partis il faut plusieurs sièges à répartir. Ce point de départ admis, il est facile de démontrer que l'application du principe de la proportionnalité aux élections plurinominales est la seule solution conforme au principe de l'égalité des électeurs. Personne en effet ne conteste la légitimité d'une élection uninominale faite à la majorité des votants plus un. Or l'application du système de la représentation proportionnelle aux élections plurinominales et l'application du système de la représentation à la majorité aux élections uninominales ne sont que les applications à des hypothèses diverses d'un seul et même principe, celui de l'égalité du droit de tous les électeurs (1).

Supposons d'abord une assemblée appelée à élire une personne. Si plus de la moitié des électeurs est d'accord pour voter dans un sens, il est mathématiquement certain que ceux qui voteront contre seront moins nombreux que la moitié. La décision doit donc être prise par la moitié plus un, ou à la majorité absolue. Soit maintenant une assemblée devant choisir deux représentants, — ainsi deux députés. Personne n'oserait prétendre que chaque élu représente tous les électeurs : ce sont les élus réunis

---

(1) Cf. une intéressante communication de M. Hagenbach-Bischoff au Congrès d'Anvers de 1885. *R. P.*, Bruxelles, 1885, p. 268 et seq.

qui forment la représentation. Et alors, si deux groupes
qui disposent de plus d'un tiers des voix se sont entendus
chacun sur une personne, ou si un groupe qui dispose
de plus des deux tiers des suffrages s'est entendu sur
deux noms, il est mathématiquement certain que tout le
restant du corps électoral sera plus petit que le tiers.
Donc, en vertu de la théorie majoritaire elle-même, si une
assemblée doit élire deux personnes, le tiers a droit à un
élu : en d'autres termes, l'élection se fait par le tiers plus
un. Par le même raisonnement on trouvera que l'élection
de trois doit se faire par la majorité du quart, ou le quart
plus un, et ainsi de suite. En résumé : l'élection de un
représentant se fait par la majorité de la moitié; l'élection
de deux représentants se fait par la majorité du tiers;
l'élection de trois représentants se fait par la majorité du
quart, etc.

Il n'existe donc qu'un seul système juste pour toutes les
élections, celui que M. Hagenbach-Bischoff appelle le
système de la majorité fractionnaire. En vertu de ce système, chaque groupe plus nombreux que le nombre des
électeurs divisé par le nombre des sièges plus un a droit
à un représentant : ce même système portera le nom de
système de la majorité absolue s'il n'y a qu'un seul
représentant à élire, et de système de la représentation
proportionnelle s'il y en a plusieurs. Ces deux procédés
ne sont pas contradictoires : ils sont les conséquences
logiques d'un seul et même principe, celui de l'égalité des
électeurs, appliqué à des cas différents.

Donc, la représentation proportionnelle n'est que l'application à l'élection de plusieurs mandataires du principe
de l'égalité des électeurs, qui conduit à la représentation
à la majorité pour l'élection d'un seul. Le système actuel

est défectueux, en ce qu'il applique à un cas pour lequel il n'était pas fait, — celui des élections plurinominales, un procédé, — l'élection à la majorité, parfaitement juste lorsque l'on ne le sort pas de sa sphère d'application normale, — les élections uninominales. C'est une erreur qui blesse le bon sens et la logique.

Rien n'est d'ailleurs plus facile que de constater empiriquement cette erreur. Il suffit pour cela d'étudier les effets déplorables qui résultent de l'application du système majoritaire à des élections plurinominales. Quelle est la composition possible d'une assemblée ainsi élue? Quatre hypothèses doivent être distinguées.

Il se peut d'abord que chaque parti obtienne sa juste part de représentation. Cette hypothèse est toute théorique : battues ici, les minorités peuvent l'emporter ailleurs, mais la compensation qui s'établit ainsi est des plus grossières, et le résultat définitif est bien loin de l'exactitude absolue. Dans chaque collège un parti écrase les autres : comment admettre que l'opinion, qui dans un collège se trouve dépasser son contingent, soit, dans une ou plusieurs circonscriptions, d'passée à son tour exactement, dans la même proportion, par l'opinion contraire? On peut donc considérer comme irréalisable l'hypothèse où chaque parti obtiendrait sa juste part de représentation : c'est dire qu'en pratique la majorité a toujours plus ou moins que sa part.

Le cas où la majorité des électeurs n'a au Parlement qu'une minorité de représentants est le plus grave de tous : on ne peut pas supposer une représentation plus faussée que celle où toute décision est nécessairement prise par la minorité du pays. Or il suffit pour cela que dans la plupart des collèges une opinion triomphe avec une infime majorité, et qu'elle soit battue dans les autres collèges à la presque unanimité. Soit dix circonscriptions à 10,000 électeurs nommant 100 représentants. Dans six collèges les libéraux triomphent avec 6,000 voix, dans les quatre autres les conservateurs l'emportent avec 9,000. Les libéraux avec 40,000 suffrages auront 60 représentants, et les conservateurs 40 avec 60,000. De tels résultats sont surtout fréquents dans les pays où fleurissent l'élection officielle et l'art de découper artificiellement les collèges, — la géographie électorale (1).

A l'opposé, on peut supposer le parti dominant ayant obtenu la totalité de la représentation. Les décisions sont prises alors à la majorité absolue des représentants, un peu plus de moitié des députés, et ces députés représentent un peu plus du quart des votants. Bien plus, si l'on fait intervenir ici la notion du *quorum*, c'est-à-dire si l'on se rappelle que la Chambre prend valablement une décision quand la moitié de ses membres vote, les décisions seront prises par un peu plus du quart des députés représentant un peu plus du huitième des électeurs. Il est douteux que les lois ainsi votées correspondent aux vœux de la majorité. Mais le grand écueil de l'hypothèse que nous envisageons, c'est la suppression du droit de délibération et de discussion, qui est la seule sauvegarde des minorités : on a ainsi le despotisme d'un parti, qui peut sans contrôle et sans contradiction exercer une terrible tyrannie sous une trompeuse apparence de légalité. Cette hypothèse est réalisée dans deux cas : d'abord s'il y a un collège unique et une majorité ; ensuite, au cas de collèges multiples, lorsque les divers partis sont également répartis sur tous les points du territoire, car alors les majorités locales s'identifient avec la majorité du pays.

---

(1) Cf. *infra* ch. I, sect. III, § 2, art. 1er, II, B.

Enfin, quatrième hypothèse : le parti dominant, sans accaparer toute la représentation, obtient plus que sa part de représentants. C'est le cas le plus fréquent. Et alors, en règle générale, les décisions sont prises par une majorité de députés ne représentant qu'une minorité d'électeurs. On peut même indiquer un calcul pratique pour savoir quand une décision est ainsi mal prise, et en donner la formule. Soit 500,000 électeurs ayant à nommer 500 députés. Ils se composent de 270,000 libéraux à qui il revient 270 sièges, et 230,000 conservateurs à qui il en revient 230. 251 députés suffisent pour prendre une décision, en d'autres termes il suffit que 251 députés de la majorité sur 270 se mettent d'accord. La loi est ainsi faite par une fraction de la majorité : $\frac{251}{270}$, fraction qui a pour numérateur la majorité de la Chambre et pour dénominateur le chiffre de députés qu'aurait dû obtenir le parti dominant. Or supposons que les libéraux aient 300 représentants au lieu de 270. Une décision ne sera bien prise que si les $\frac{251}{270}$ de ce parti se mettent d'accord, soit 278 députés et non 251. En appelant F la fraction, N le nombre d'élus de la majorité, une décision ne sera bien prise que par les $F \times N$ députés de la majorité. En dessous de ce chiffre, la majorité parlementaire ne représentera qu'une minorité d'électeurs. C'est d'ailleurs un fait bien connu que, dans les Parlements modernes, les décisions sont souvent prises par des députés ne représentant qu'une minorité d'électeurs. Dans un discours au Reichstag, le prince de Bismarck, parlant de la France, constatait cette anomalie (1), et tous les hommes politiques la connaissent. Elle explique l'indifférence habituelle avec laquelle le

______

(1) Cf. *le Temps* et *le Soleil* du 13 janvier 1887. *Adde infra* ch. I, sect. III, § 2, art. 2, II.

pays accepte la dissolution des corps élus, et elle fait disparaître l'étonnement que cause au premier abord le dissentiment entre le corps élu et le pays : chez les peuples qui ont admis le referendum, on voit des lois, votées à une forte majorité par l'assemblée élue, repoussées ensuite par le pays tout entier à une non moins forte majorité.

Concluons. La représentation de plusieurs partis n'est possible qu'avec des collèges plurinominaux, et, dans des collèges plurinominaux, les élections doivent être faites suivant le principe de la proportionnalité. Nous venons d'étayer cette affirmation sur une double démonstration : l'une directe, basée sur le principe de l'égalité du droit des électeurs, l'autre indirecte, tirée de l'étude des résultats déplorables engendrés par l'application du principe de la majorité. Le but pratique des partisans de la représentation proportionnelle est justement, en supprimant la cause, de faire disparaître ces conséquences désastreuses. Ils veulent que les différentes opinions aient dans les corps élus une importance proportionnelle à celle qu'elles ont dans le pays. Par ce moyen on remplit chacun de ses droits, on ne lèse les droits de personne, et tous ceux qui ne sont ni des autoritaires ni des sectaires peuvent travailler en paix, avec calme, avec sang-froid, à la bonne direction des affaires du pays. On ne saurait nier, en effet, que l'apaisement se ferait dans les pays à régime démocratique et parlementaire, le jour où la pensée des revanches du lendemain cesserait de rendre hargneuses et intraitables des minorités mécontentes de leur sort, le jour où la crainte d'un revirement cesserait de rendre nerveuses, personnelles et injustes des majorités inquiètes de la fortune qui leur est réservée au jour prochain du scrutin. Tel est l'intérêt pratique de la théorie de la représentation proportionnelle. Et il serait fort heureux pour la France de voir, comme en certains pays étrangers, tous les patriotes de bonne volonté se grouper sans distinctions de partis, constituer une association réformiste et se livrer en faveur de la représentation proportionnelle à une active propagande. La formule à adopter est celle de l'Association réformiste belge, que j'ai mise en manchette sur la couverture de ce livre. Elle ne saurait recevoir trop de publicité.

« Le but des partisans de la représentatien proportion-
» nelle est d'assurer dans les limites du possible :

» Le pouvoir à la majorité réelle du pays ;

» Le contrôle aux minorités ;

» Une représentation exacte de tous les groupes sérieux
» du corps électoral. »

§ 2. — Réfutation des objections.

Une réforme aussi importante et aussi profonde que la représentation proportionnelle devait nécessairement susciter des objections nombreuses. Il ne saurait être question de les passer ici toutes en revue. Je tiens seulement à dégager de leur masse les quelques idées mères d'où elles dérivent toutes, ce que j'appellerai les objections types.

ARTICLE 1er. — *Objection préjudicielle basée sur les droits de la majorité.*

Les hommes vivant en société, le parfait exercice des souverainetés individuelles est impossible : il est nécessaire de les limiter d'un commun accord, en sorte qu'aucune d'elles ne viole une souveraineté rivale. Pour une

telle entente, l'unanimité, très désirable en principe, est
impossible à obtenir en fait, et l'on doit se contenter de la
conformité de vues de la majorité. L'accord de la majorité
des souverainetés individuelles, voilà la souveraineté
nationale. Dès lors, puisque la majorité seule décide, quel
intérêt pratique peut-il y avoir à représenter les minorités? Ne conviendrait-il pas de considérer la théorie de
la représentation proportionnelle comme une théorie fort
exacte, mais dépourvue de toute utilité? Cette objection
est grave, mais elle repose sur une erreur et une confusion
qu'il est facile de dissiper.

Personne ne conteste que toute décision doive être
prise à la majorité : mais pourquoi raisonner de même
quand il s'agit de la délibération qui précède la décision?
Il y a là deux domaines entièrement différents, et les
confondre est une grave erreur. La vérité, mise en lumière par Victor Considérant en 1846 (1), a été ainsi
formulée par M. Ernest Naville : La majorité est le principe
de la décision, la proportionnalité est le principe de la
représentation. C'est-à-dire : la majorité et les minorités
délibèrent, puis la majorité seule décide.

« Les démocraties actuelles ne sont que le gouverne-
» ment de tous par le plus grand nombre, au lieu
» d'être le gouvernement de tous par tous. Ce vice tient à
» ce que nos démocrates, dans la répartition de la puis-
» sance collective, confondent le droit universel de suffrage
» avec l'expédient pratique des majorités (2). » On voit

(1) *De la Sincérité du gouvernement représentatif ou exposition de
l'élection juridique*, brochure sous forme de lettre au Grand Conseil de
Genève.

(2) Alfred Fouillée, *La Propriété sociale et la démocratie*, Paris, 1884,
p. 171.

la base du sophisme. Le droit de suffrage appartient à
tous : le corps élu doit donc être nommé suivant le principe de la proportionnalité. Et ce corps ainsi élu prend
des décisions suivant le principe de la majorité. Il est
aussi faux de procéder aux élections suivant le principe
de la majorité, qu'il serait impossible de prendre une
décision suivant le principe de la proportionnalité.

« L'idéal d'une société parfaitement libre serait que
» toute loi y fût l'œuvre de la volonté unanime. Cet idéal
» n'est pas aussi irréalisable de tous points qu'on pourrait
» le croire d'abord (1). » On le rencontre dans le gouver-
nement-direct : M. Naville signale un fait de ce genre à la
Landsgemeinde du canton d'Uri du 2 mai 1880 (2), — et
de même dans le gouvernement représentatif, car « l'una-
» nimité, seule forme adéquate de la liberté générale,
» existe déjà sur un certain nombre de points.

» Mais il arrive un point où se traduisent des diver-
» gences, des conflits d'opinions, d'intérêts et même de
» droits. A cette sorte de bifurcation, quel est le moyen
» pratique d'obtenir encore, tout en se divisant, la plus
» grande unité possible, le plus grand accord des libertés,
» conséquemment le plus haut degré de justice? De deux
» choses l'une : ou les actes sur lesquels les opinions se
» divisent n'ont rien d'incompatible, ou ils sont inconci-
» liables (3). »

Dans le premier cas, il faut éviter avec soin l'adoption
d'une règle unique. Pourquoi violenter les libertés indi-

---

(1) Alfred Fouillée, *loc. cit.*, p. 171.
(2) Ernest Naville, *La Démocratie représentative*, Genève et Paris,
1881. p. 1, 2.
(3) Alfred Fouillée, *loc. cit.*, p. 171, 172.

viduelles sur des points dont la solution dans un sens ou dans l'autre n'est pas pour le pays une question d'intérêt vital? Ne serait-il pas d'un esprit plus tolérant, plus large et plus libéral, de laisser ces conceptions divergentes se réaliser chacune dans leur sphère? Et l'entente des citoyens serait d'autant plus ferme, complète et dévouée sur les questions essentielles et nationales, que la liberté serait plus grande sur les points secondaires et personnels.

« Par une décentralisation intelligente, la société se
» fractionnerait en groupes de plus en plus petits, sans
» cesser pour cela d'être unie par les points communs.

» Mais il y a des circonstances où les diverses décisions
» sont absolument incompatibles entre elles : en ce cas
» de quel côté se diriger? — Du côté de ceux qui ont
» pour eux la raison et le droit, répondent les partisans
» de l'aristocratie. — Mais comment savoir qui a pour soi
» la vérité et la justice? Nous ne possédons pas un crité-
» rium pour reconnaitre ceux qu'on appelle les mauvais
» et les incapables (1). D'ailleurs les mauvais et les
» incapables peuvent aussi bien se rencontrer dans les
» oligarchies que dans la masse de la nation. Le suffrage
» restreint oppose à l'intérêt général les intérêts égoïstes,
» ou ce que Bentham appelait au sens latin du mot les
» intérêts sinistres. Ne pouvant peser les têtes, il faut
» bien les compter. Il est logique, lorsqu'il y a conflit,
» que le nombre décide, non parce qu'il est le nombre,
» mais parce qu'il représente plus de droits et de volontés.
» Il faut donc dire : Convenons unanimement de nous en
» rapporter à la majorité (2). »

---

(1) Schérer, *La Démocratie et la France;* Renan, *La Réforme intellectuelle et morale;* Taine, *Les Origines de la France contemporaine.*
(2) Alfred Fouillée, *loc. cit.*, p. 172-175.

Voilà le principe de la majorité sur lequel s'appuie le droit de décision. Suivons M. Fouillée dans ses développements. Par une critique très fine, il va le limiter au droit de décision, et nous montrer qu'il ne peut servir de base au droit de représentation.

« Tel est le principe sur lequel repose le droit de déci-
» sion reconnu aux majorités par la totalité même. Mais,
» s'il y a là une convention nécessaire, il n'y a rien qui
» justifie l'orgueil des majorités triomphantes et leur pré-
» tention à représenter, par le seul fait de leur nombre,
» la souveraineté nationale. D'abord ce mot souveraineté,
» en son sens absolu, devrait être banni de la science mo-
» derne, qui n'admet rien que de relatif, surtout en fait
» de pouvoir politique. Quant à la volonté nationale, elle
» ne réside que dans l'unanimité; et encore l'unanimité,
» si elle n'était pas durable, ne serait qu'une somme de
» volontés particulières prêtes à se disperser en tous sens.
» L'agrégat des volontés individuelles n'est pas la vraie
» volonté organique de la nation. On voit donc que la
» majorité, au lieu de s'enorgueillir, devrait être modeste ;
» une bonne éducation du suffrage devrait faire com-
» prendre aux majorités qu'elles sont un substitut provi-
» soire et faillible de la volonté universelle. A plus forte
» raison ne doivent-elles pas se persuader qu'elles repré-
» sentent nécessairement la vérité et la justice. Enfin,
» elles devraient se souvenir qu'elles ont été minorité
» avant d'être majorité. C'est même la loi de l'histoire
» que l'opinion la plus vraie et la plus progressive soit
» d'abord celle d'un homme isolé, puis d'une minorité,
» avant d'être celle du plus grand nombre. Il y a donc de
» grandes chances pour que l'opinion de l'avenir soit
» actuellement dans l'une des minorités vaincues par la

» majorité ; mais dans laquelle? C'est ce qu'il est impos-
» sible de savoir. L'erreur qui s'en va et la vérité qui
» arrive sont toutes les deux une minorité, et c'est préci-
» sément parce que nous ne possédons pas de critérium
» suffisant pour distinguer ici l'aurore du crépuscule que
» nous nous contentons de l'opinion la plus moyenne,
» comme offrant moins de chances d'erreurs et plus d'élé-
» ments perfectibles. Nous adoptons, faute de mieux, ce
» que Descartes appelait une morale de provision : en
» évitant toujours les opinions extrêmes, on peut ne pas
» suivre le droit chemin, mais du moins on est sûr de ne pas
» s'en écarter considérablement. Morale modeste et qui
» devrait inspirer la modestie à ceux qui la pratiquent,
» car elle est celle de la médiocrité.

» Ainsi, à tous les points de vue, la soumission à la
» majorité n'est qu'un expédient nécessaire, admis par
» une convention, et auquel on ne devrait pas attribuer une
» sorte d'infaillibilité mystique. Il faudrait au contraire se
» souvenir que c'est une transaction, non une solution
» véritable, et que toute transaction exige la modération
» dans le succès.

» Dans une décision à prendre, nous venons de le voir,
» on ne peut pas concilier la majorité et la minorité ; mais
» quand il s'agit de la délibération, on peut fort bien les
» concilier en représentant toutes les opinions et en leur
» permettant de s'exprimer. Un cerveau ne peut pas se
» décider pour deux choses contraires à la fois, mais il
» peut et il doit délibérer sur les contraires ; il en est de
» même pour cette sorte de cerveau national qu'on nomme
» un parlement. Dans le cerveau de l'animal, toutes les
» parties du corps sont représentées par des centres sen-
» soriels et moteurs, auxquels aboutissent les sensations

» et d'où partent les mouvements ; c'est une sorte de délé-
» gation des membres au cerveau. Mirabeau à ce sujet
» se servait d'une autre comparaison qui n'a pas moins
» de justesse : [Les assemblées représentatives peuvent
» être comparées à des cartes géographiques qui doivent
» reproduire tous les éléments du pays avec leurs propor-
» tions, sans que les éléments les plus considérables fas-
» sent disparaître les moindres.] (1) »

Cette distinction est fondamentale (2). Elle se base sur une série de déductions dont voici l'énoncé succinct. La formation de tout système d'élection est dominée par la proposition suivante : les corps représentatifs doivent être la représentation des corps représentés. On pourrait croire que son évidence même, en la mettant à l'abri de toute contestation, a dû empêcher que l'on s'en écartât : il n'en est rien. On a confondu le droit de décision et le droit de représentation, et appliqué à celui-ci ce qui n'est le propre que de celui-là.

Tout gouvernement a pour point d'appui la volonté populaire. Il faut donc constater la volonté de l'assemblée des électeurs. Mais une assemblée n'a pas de volonté propre : sa volonté est formée de la réunion des volontés des individus qui la composent. L'opération qui a pour but de rechercher de quel côté penchent toutes ces volon-tés réunies s'appelle vote si elle se rapporte aux choses, élection si elle se rapporte aux personnes. Le principe commun est l'égalité du droit de tous les électeurs. De cet axiome dérivent deux principes : celui de la majorité, celui de la proportionnalité. Ces deux principes ne sont pas en

---

(1) Alfred Fouillée, *loc. cit.*, p. 175-191.
(2) Cf. J. Stuart Mill, *Le Gouvernement représentatif.* Traduction Du-pont-White, Paris, 1862, p. 155 et seq.

contradiction : ce sont deux conséquences parallèles du même axiome fondamental de l'égalité.

Parallèles, car chacun d'eux a un champ d'application qui lui est propre.

D'abord l'assemblée des électeurs nomme le corps représentatif. C'est l'élection, exercice du droit de représentation. Ce droit est essentiellement divisible, et il n'y a nul motif de sacrifier la minorité à la majorité. Il y a au contraire toute raison pour que l'une et l'autre soient représentées, et s'il n'en est ainsi il n'y a plus une vraie représentation. Une représentation doit être une image réduite, mais fidèle, de ce qu'elle représente. Elle est incomplète ou fausse si les éléments de ce qui est à reproduire n'y figurent pas, ou n'y figurent que dans des proportions inexactes.

Maintenant ce corps élu est appelé à se prononcer sur une question. C'est le vote, exercice du droit de décision. Ce droit est indivisible : quand il s'agit de décider, la majorité doit avoir tout pouvoir. Il ne peut appartenir à la minorité d'être un obstacle.

De même que dans le gouvernement direct, qui assure théoriquement le plus parfait exercice de la souveraineté nationale, tous les citoyens délibèrent et la majorité seule décide, ainsi dans le gouvernement représentatif, qui est l'image réduite, mais fidèle, du gouvernement direct, la majorité du corps élu décide seule, mais tous les électeurs sont représentés dans le corps élu (1).

---

(1) M. Esmein échappe à ce raisonnement si simple, par un défaut de logique tout à fait déconcertant. « L'exercice de la souveraineté nationale » revient nécessairement tout entier à la majorité de la nation... Il n'y au- » rait ni violation des principes ni injustice si les députés élus appartenaient » tous à la majorité du corps électoral. Si le gouvernement direct existait, » cette majorité déciderait seule de tout; pourquoi n'en serait-il pas de même » sous le gouvernement représentatif? » *Eléments de droit constitution-*

Article 2. — *Objections pratiques.*

Les objections que l'on a adressées à la représentation proportionnelle au point de vue pratique (1) procèdent de trois chefs distincts : les unes contestent l'utilité de la représentation proportionnelle, les autres ses résultats, et les dernières la possibilité de sa mise en pratique.

I. — Objections basées sur la défense du système actuel.

La représentation proportionnelle est une réforme bien inutile et bien superflue, car les critiques adressées au régime majoritaire sont fort exagérées, et le vrai mal est dans les hommes, non dans les institutions. D'ailleurs l'opinion publique ne perçoit aucun vice dans le système actuel, n'en souffre pas et ne demande aucune réforme. Reprenons une à une toutes ces affirmations qui constituent autant d'objections.

La négation des erreurs graves inhérentes au régime majoritaire me paraît impossible, en tant du moins qu'elle émane d'un homme sensé, réfléchi et de bonne foi. Nous avons eu occasion dans ce chapitre d'étudier la question au point de vue théorique (2); nous la reprendrons au point de vue pratique (3). Dans les deux cas nous sommes

---

n+1, Paris, 1896, p. 664, 665. Ainsi le gouvernement direct et le gouvernement représentatif sont soumis sur ce point à des règles identiques : or dans celui-là tous délibèrent et la majorité décide. Conclusion de M. Esmein : donc dans celui-ci la majorité doit délibérer et décider.

(1) Cf. *Exposé et défense du système de la liste libre*, Genève, 1867, p. 61-81. — *R. P.* Paris, p. 11-15. — *R. P.* Bruxelles, 1892, p. 336-341.

(2) Cf. *supra* ch. I, sect. ii, § 1.

(3) Cf. *infra* ch. I, sect. iii, § 2.

amené à conclure que le régime majoritaire aboutit nécessairement à des résultats déplorables et à des conséquences
désastreuses. Et — le point est essentiel — ces résultats et
ces conséquences ne sont pas aléatoires et hypothétiques,
ils sont fatals et nécessaires. La lecture de la revue réformiste belge est à ce point de vue des plus convaincantes. Il
n'est pas un de ses numéros où elle ne signale chez un
peuple ou chez un autre quelque effet véritablement stu-
péfiant du système actuel. Je citerai plus loin des statistiques se référant à la France, mais des travaux analogues
ont été faits pour tous les pays et ont abouti partout aux
mêmes conclusions. Les critiques formulées contre le
régime majoritaire sont donc malheureusement trop
exactes. Mais ce qui est peut-être également vrai, c'est
qu'elles ne sont ni assez connues, ni suffisamment divul-
guées, et que le grand public les ignore. De même que
dans tout métal en fusion se trouvent des scories, ainsi
dans la masse des idées, qui sans cesse ni trêve germent,
fermentent et bouillonnent, parmi les axiomes, les principes certains et les vérités évidentes, se trouvent des erreurs et des sophismes. Ce sont « de fausses monnaies
» d'idées que le peuple léger ou passionné reçoit comme
» argent comptant avec une présomption ridicule (1). »
Telle est la confusion du droit de décision et du droit de
délibération, telle aussi par conséquent l'application du
principe de la majorité à la représentation. Mais depuis
quand le fait constitue-t-il le droit? depuis quand suffit-il
qu'une erreur soit universelle pour qu'elle devienne la
vérité? Je crois d'ailleurs que beaucoup de personnes con-

---

(1) Frédéric Ancillon, *Ueber den Geist der Staatsverfassungen*, Préface — Cité par M. de Parieu, *Principes de la science politique.*

naissent les vices du régime majoritaire, mais ne parviennent pas à en déterminer la véritable cause, qui est la fausseté de la représentation. C'est ce qui explique les attaques violentes que l'on peut constater tous les jours, soit contre le gouvernement parlementaire, soit contre le suffrage universel. Ce sont autant de critiques qui se trompent d'adresse, qui devraient se porter sur la mauvaise organisation de la représentation nationale, mais qui ont comme les nôtres pour point de départ les indiscutables erreurs du système actuel.

La seconde objection n'a que l'apparence d'un raisonnement. Les hommes et les institutions exercent et subissent les uns sur les autres des actions réciproques. Faire procéder tout mal des institutions et rien des hommes, faire procéder tout mal des hommes et rien des institutions, sont de simples thèmes à développements oratoires. Oui, le régime majoritaire a poussé au pouvoir et des non-valeurs, et des hommes tarés, et des âmes vénales : et quelle plus forte critique avons-nous jamais formulée contre lui ? Aujourd'hui c'est la lutte à outrance des partis, c'est l'écrasement féroce des minorités : de là l'abstention des meilleurs, l'indifférence de l'élite, l'absence de candidats modérés, et la victoire aux ambitieux et aux violents. Si le vrai mal est dans les hommes, c'est que ces hommes ont été mal choisis : et la faute en est aux institutions, puisque ce sont elles qui règlent le mode de sélection. La représentation proportionnelle, au contraire, permettrait de résoudre ce que M. Alfred Fouillée a appelé la quadrature du cercle de la démocratie : la difficulté de concilier la quantité et la qualité des suffrages, d'assurer tout à la fois la représentation de tous et la représentation de la masse des médiocrités par l'élite. Elle réaliserait la représentation de tous, et tel est bien son but, et son nom même l'indique. En même temps elle assurerait l'élection des meilleurs : il n'y aurait plus comme aujourd'hui un seul parti représenté, et représenté non seulement par ses hommes de talent, mais aussi par les non-valeurs qui constituent inévitablement les queues de listes. Tous les groupes seraient représentés, chacun d'eux ferait passer ses têtes de listes, et l'on peut affirmer qu'avec la représentation proportionnelle un Parlement serait composé des membres les plus éminents du monde politique et du pays (1).

Enfin, dit-on, l'opinion publique ne désire pas la réforme. Il est certain qu'en France l'opinion publique ne se passionne pas pour la question de la représentation proportionnelle. Mais il n'est point à notre honneur de nous désintéresser ainsi d'une grande cause, et nous ne perdrions pas à suivre l'exemple que nous donnent de petits peuples, tels que les Suisses et les Belges, qui ont bien plus que nous l'intelligence de leurs droits et la conscience de leurs devoirs. Nous avons vu plus haut (2) quelle pouvait être en France, et en cette matière, la logique d'un homme éminent et éclairé, alors que le moindre électeur suisse saurait faire la distinction essentielle du droit de décision et du droit de représentation. « Personne en » Suisse, peut écrire M. Berthoud, n'oserait prétendre » qu'une assemblée représentative ne doit pas être l'image » aussi exacte que possible du corps électoral qu'elle » représente (3). » Si donc dans certains pays l'opinion

----

(1) « La représentation proportionnelle fournit aux chefs des partis la » certitude d'être choisis, et elle assure une composition excellente des » corps élus. » Extrait de l'énumération des résultats indiscutables de la réforme. R. P. Bruxelles, 1896, p. 48.

(2) Cf. *supra* p. 47, note.

(3) *Bulletin de la Société de législation comparée*, 1893, p. 247. Cité

publique est indifférente à la question de la représentation proportionnelle, il n'en est pas de même partout. Et d'ailleurs pourquoi est-elle indifférente ? Parce que c'est un point de vue qui lui est étranger. Et le devoir du gouvernement n'est-il pas d'appeler son attention sur une réforme de cette importance ? Un corps élu a des droits et des devoirs que le corps électoral n'a pas ; il est l'élite et perçoit ce que la masse n'entrevoit même pas ; s'il ne marche pas à la tête du pays, il abdique. Demander aux représentants de la nation d'attendre le mot d'ordre du dehors, c'est enlever l'initiative politique à ceux qui la possèdent légitimement pour la remettre à des hommes sans autre mandat que ceux qu'ils se sont donnés eux-mêmes. Certes il ne faut pas violenter la conscience populaire ni agir contrairement à l'opinion publique : mais il faut l'éclairer, faire son éducation, la saisir des questions qu'elle ignore. Un gouvernement qui n'agit pas ainsi met la lumière sous le boisseau, fait de l'obscurantisme et faillit à son devoir. Et ceci est surtout vrai s'il s'agit d'appliquer un principe d'une justice aussi évidente que la représentation proportionnelle. Un de nos plus éminents hommes d'Etat la reconnu : « La » majorité, en tant que majorité, c'est-à-dire en tant que » nombre, ne possède la souveraineté légitime, ni en vertu » de la force qui ne la confère jamais, ni en vertu de » l'infaillibilité qu'elle n'a pas (1). » Le peuple, avec son gros bon sens et son honnêteté naturelle, se passionne tôt ou tard, mais toujours, pour les questions de justice :

---

par M. Esmein lui-même, *Eléments de droit constitutionnel*, Paris, 1896, p. 664.

(1) Guizot, *Histoire des origines du gouvernement représentatif*, Paris, 1851, t. I, p. 106.

lui faire connaitre et lui faire comprendre la représentation proportionnelle, c'est la lui faire adopter.

II. — Objections basées sur les résultats de la représentation
proportionnelle.

De ce chef on accuse la représentation proportionnelle d'être dangereuse à trois points de vue : instabilité ou inexistence des majorités de gouvernement; émiettement des partis; représentation des partis inconstitutionnels.

« La société politique ne peut être fondée sur des ato- » mes (1). » « Le fait de ne compter que les voix des » individus dissout dangereusement la nation, une dans » les électeurs, en millions d'atomes désagrégés. Com- » ment cette poussière ne s'élèverait-elle pas au premier » vent en dangereux tourbillons (2) ? » Pour qu'une société soit bien gouvernée et bien administrée, il faut que ses divers éléments s'unissent en vue de la réalisation d'un concept commun. Ceci est vrai : mais la solution n'est pas dans la formation quand même de ce que l'on appelle une majorité de gouvernement. La multitude qui ne se réduit pas à l'unité est confusion, a dit Pascal; mais l'unité qui ne dépend pas de la multitude est tyrannie. Cela, ce n'est que l'idéal à atteindre; ceci, c'est le principe. Une majorité de gouvernement, c'est très bien si le Parlement est l'image du pays. Or cette majorité, la représentation proportion- nelle la révélera si elle existe. Son objet est de faire des

---

(1) Luigi Palma, *Del Potere elettorale negli Stati liberi*, Milan, 1869, ch. XI.

(2) Bluntschli, *La Politique*. Traduction A. de Riedmatten, Paris, 1879, l. XI, ch. III.

assemblées électives l'image exacte et comme la photographie du corps électoral : s'il y a une majorité dans le
pays, cette majorité apparaitra immédiatement. « En re-
» vanche, s'il n'y a pas de majorité de gouvernement,
» notre système ne risquera pas de faire croire qu'il en
» existe une, en amenant à considérer comme ses repré-
» sentants dans les Chambres les députés qui forment la
» majorité de celles-ci. Ces majorités apparentes sont
» les plus dangereuses de toutes, puisqu'elles sont dans le
» cas de prendre des décisions contraires à la volonté du
» plus grand nombre des électeurs. Ce qui nous frappe
» pour notre part, c'est l'impuissance des fortes majorités
» numériques qui, sentant que leur importance est due en
» une grande mesure à une superfétation tenant au mode
» même du suffrage, ne comptant guère sur le lendemain
» parce qu'elles ne sont pas assurées d'avoir le pays
» derrière elles, portent dans toutes leurs décisions un
» visible sentiment d'incertitude. Incohérentes sous une
» apparente unité qui dissimule une coalition d'opinions
» incompatibles, ces prétendues majorités de gouverne-
» ment sont aussi impuissantes de près qu'elles sont im-
» posantes de loin (1). » Le raisonnement des adversaires
de la représentation proportionnelle repose sur un manque
de logique, ou plutôt sur une illusion d'optique qui leur
fait prendre l'effet pour la cause. C'est la même erreur qui
consisterait à reprocher au baromètre le temps qu'il fait ;
le baromètre ne fait pas le temps, il l'indique et le marque.
Pareillement, la représentation proportionnelle marque et
reflète la situation du corps électoral, et ne crée pas cette

---

(1) Maurice Vernes, *Des Principes de la représentation proportionnelle, R. P.*, Paris, p. 12.

situation. Quand dans l'Etat existe la diversité des intérêts
et des opinions, il est nécessaire et utile que cette diversité
se retrouve dans la représentation. Sinon l'unité n'est
qu'apparente et fictive : c'est la représentation menson-
gère de l'Etat réel. L'unité doit s'obtenir, mais légitimement, non par la suppression pure et simple des adversaires, mais par l'agrégation organique. Le gouvernement
ne doit pas se faire une majorité, mais laisser s'affirmer
en toute liberté la majorité du pays, et agir avec elle et
suivant ses désirs.

Très bien, dit-on. S'il existe une majorité dans le pays,
la majorité parlementaire doit lui être conforme. Mais s'il
n'y en a point, pas de majorité parlementaire, et sans
majorité parlementaire pas de gouvernement parlementaire
possible. C'est la deuxième objection. Les Anglais la for-
mulent ainsi : le régime parlementaire suppose deux partis, pas davantage. En d'autres termes, il n'y a de régime
parlementaire que là où les électeurs s'astreignent à ne
donner leurs votes qu'au ministère sortant ou à ses adversaires. Etrange théorie qui subordonnerait les choix de la
nation aux combinaisons intérieures du Parlement. C'est le
contre-pied de la véritable théorie du gouvernement représentatif, suivant laquelle la direction à donner aux affaires
doit venir du peuple, et non lui être imposée d'en haut
sous la forme d'une option entre deux programmes rédigés
en dehors de lui : les électeurs doivent êtres mis à même
de se prononcer librement tant sur les opinions que sur
les candidats, et les élus, une fois réunis dans l'enceinte
parlementaire, doivent se grouper conformément à leurs
engagements et à leurs sympathies, de façon à assurer la
marche des affaires. Seul un tel Parlement pourra être
tenu par le pays pour son expression légitime, car en

celui-ci seul il se retrouvera dans la variété de ses opinions et de ses tendances. Sans doute nous n'aurons pas ainsi ce qu'on appelle une majorité ministérielle ; mais rien n'est plus faux que ces groupes parlementaires qui soutiennent ou attaquent un ministère sur toutes les questions, pour éviter ou assurer sa chute. La responsabilité ministérielle ainsi comprise est une erreur. La souveraineté réside dans le peuple, et tous les pouvoirs viennent de lui. Les électeurs délèguent pour un temps déterminé leur souveraineté à des élus de leur choix : ces représentants, investis de la fonction souveraine dans toute sa plénitude, sont responsables. Le délai expiré, s'ils n'ont pas agi en conformité d'opinion avec le corps électoral, leur mandat n'est pas renouvelé. Les représentants, encore trop nombreux pour participer directement à l'exercice du pouvoir, délèguent à leur tour la souveraineté dont ils sont investis à des mandataires qui sont les ministres. Pendant les vacances parlementaires nous trouvons dans cette seconde délégation tous les caractères que nous avons déterminés dans la première : les ministres, investis de la puissance souveraine dans toute sa plénitude, sont responsables, et, les vacances écoulées, s'ils n'ont pas agi en conformité d'opinion avec le Parlement, ils sont remplacés.

Mais, pendant les sessions, la responsabilité ministérielle ainsi comprise n'est exacte qu'en ce qui concerne l'expédition des affaires courantes, pour lesquelles en effet le ministère est délégué par les Chambres : si son attitude en ces matières entraîne un vote de blâme, ce vote est un vote de défiance et il doit se démettre. Sur tous autres points au contraire, tels que projets de loi, réformes, budget, le ministère n'a pas de direction à imprimer aux Chambres : il les consulte et il agit suivant leurs décisions. Il n'y a donc pas sur ces questions de majorité pour le soutenir puisqu'il ne peut pas être mis en minorité : qu'il fasse sienne une proposition émanant de l'initiative parlementaire ou que lui-même élabore un projet, son sort n'est pas lié à l'acceptation ou au rejet de ces motions. Il est de son devoir de saisir les Chambres de toutes les mesures qu'il croit justes, bonnes ou opportunes, et son expérience des affaires donne un grand poids à son opinion, mais il est aussi de son devoir de se conformer aux vœux du pays manifestés par le vote de ses représentants. Il indique la voie qui lui paraît la meilleure ; mais quand le peuple a délibéré, il suit la route désignée par lui. Il propose ce qui lui paraît conforme à l'intérêt général, mais il agit suivant la volonté générale, quelle qu'elle soit. C'est ainsi qu'un intendant, souvent plus fort en affaires que son maître, subordonne toujours sa conduite à la volonté de ce dernier. Voilà la vraie théorie de la responsabilité ministérielle : elle conduit quelquefois à la démission d'un ministre jaloux de ne pas sacrifier ses opinions personnelles, elle entraîne rarement la chute du ministère. Le gouvernement représentatif ne charge pas les députés de soutenir quand même ou d'attaquer quand même un ministère, ni de former des coteries parlementaires : il exige une Chambre qui soit la représentation exacte et fidèle du pays, et il veut que le ministère la consulte pour connaître par elle la volonté nationale et y conformer sa conduite. Or la représentation proportionnelle seule assure cette représentation exacte et fidèle.

Et l'émiettement des partis ? D'abord si tel est l'état du pays, tel doit être l'état de la Chambre : rien de plus dangereux que des majorités parlementaires ne répondant pas aux tendances nationales. La représentation proportionnelle

ne pourra faire qu'il existe autre chose que des minorités
dans le corps élu, lorsqu'il n'existe que des minorités dans
le corps électoral lui-même. Certes l'absence d'une majorité est regrettable en ce sens qu'elle rend plus difficile la
direction des affaires ; mais comment est-il possible de
dégager du corps électoral une majorité qui ne s'y trouve
point? C'est ce que les adversaires de la représentation
proportionnelle oublient d'examiner et de dire. Il n'existe
qu'un seul moyen d'empêcher que la division des opinions
et des partis ne se reproduise et ne se transporte dans le
corps élu, c'est de fausser la représentation du corps électoral et de donner à une minorité la majorité parlementaire. Or, il est déjà exorbitant que la majorité puisse gou-
verner seule, sans le contrôle utile de la minorité : que dire
de l'hypothèse où le pouvoir est aux mains d'une minorité? Et tel est cependant le résultat auquel aboutissent
nécessairement ceux qui combattent la représentation proportionnelle. On pourrait soutenir d'ailleurs que l'émiettement des partis est un bien. Il est antilibéral de ne former
des partis qu'au point de vue de la politique intérieure : car
comment admettre que tous les membres d'un de ces partis
aient des opinions identiques sur la politique extérieure, sur
la politique étrangère, ou sur toute autre question, et comment leur imposer un même vote s'ils n'ont pas mêmes opinions? La vérité est que les députés devraient se grouper
sur chaque question : il se formerait ainsi, et pour cette
question seule, une majorité. Cette majorité, formée librement, et pour un instant, et sur un point, correspondrait
à la majorité vraie du pays : le ministère y conformerait sa
conduite. Et tout recommencerait à propos d'une autre
question. Nous voilà loin des majorités de gouvernement :
il est vrai que pour les repousser il faut deux grandes ver-

tus : ne pas vouloir imposer ses opinions comme un dogme et respecter la liberté des autres. Enfin, ceux qui estiment qu'une unité de vues est nécessaire dans la conduite des affaires d'un pays peuvent se rassurer pleinement sur les résultats de la représentation proportionnelle en prenant connaissance des expériences déjà faites : partout où la représentation proportionnelle est appliquée, des majorités se sont affirmées, et plus fortes qu'elles n'étaient sous le régime majoritaire (1). Ceci n'est pas pour nous surprendre : les majorités auxquelles donne naissance la représentation proportionnelle correspondent à la majorité vraie du pays, et cette certitude leur donne une assurance, une force et une autorité que les majorités apparentes du système actuel ne sauraient avoir.

La troisième objection rentre dans la seconde. Elle est le fruit du même esprit autoritaire et étroit. Une forme constitutionnelle donnée, nul n'a le droit de l'accaparer, et c'est ce que nous venons de voir. Mais cette forme constitutionnelle elle-même n'est pas un dogme, et c'est pourquoi on ne saurait exclure de la représentation les partis inconstitutionnels. Ainsi nul ne peut vouloir pour lui seul la forme républicaine : la république n'est par essence ni conservatrice, ni opportuniste, ni radicale, ni socialiste ; elle est au jour le jour ce que la volonté du peuple veut qu'elle soit. Mais la forme républicaine elle-même n'est pas intangible : et, si invraisemblable que cette éventualité puisse paraître, le jour où la volonté

---

(1) Les dernières élections faites conformément au principe proportionnel sont les élections municipales belges des 5 et 12 juillet 1896 Or, sur 2,603 communes, M. Alphonse Dechamps n'en compte pas plus oe 15 dans lesquelles aucune majorité ne s'est affirmée. *Notre régime électoral, la Démocratie et la Représentation proportionnelle.* Bruxelles, 1896. Cité par *R. P.* Bruxelles, 1896, p. 41.

nationale se prononcerait en sens contraire, elle devrait
être sacrifiée. En somme, cette troisième objection est cy-
nique : veut-on refuser aux anticonstitutionnels toute représentation? Veut-on leur refuser dans les assemblées
délibérantes la proportion de représentation à laquelle leur
importance dans le pays leur donne droit? Que devient
alors la théorie du gouvernement représentatif? Quel cas
fait on de la volonté nationale? On doit aimer la liberté,
et surtout celle de ses adversaires.

III. — Objections basées sur l'imperfection des systèmes proportionnels.

Admettre la justesse théorique de la représentation proportionnelle, ce n'est pas nécessairement conclure à son
application. Certes les systèmes conçus dans ce but ne
manquent pas. Mais leur nombre même doit mettre en
défiance : s'ils sont si nombreux, quel est le bon? Y en
a-t-il même un qui soit parfait? Ils se détruisent les uns
les autres. D'ailleurs ils sont tous trop touffus, trop compliqués pour être vraiment pratiques. Et enfin aucun d'eux
ne réalise complètement le principe, car aucun d'eux n'est
mathématiquement proportionnel.

Le nombre des systèmes s'explique historiquement. Tout
d'abord, comme nous l'avons dit plus haut, on a eu simplement pour but d'accorder aux minorités une certaine
représentation : c'est alors que furent imaginés les systèmes minoritaires. Puis on voulut arriver à la représentation proportionnelle des partis : ce sont les systèmes
proportionnels Dans ces deux ordres d'idées on n'est pas
arrivé à un très bon résultat du premier coup : de là des

conceptions successives et se perfectionnant les unes les
autres. Comment reprocher aux proportionnalistes d'avoir
toujours voulu réaliser une perfection plus grande? D'ailleurs le nombre des systèmes types est forcément limité.
Seulement ils sont toujours susceptibles de perfectionne-
ments ou de modifications de détail : généralement l'auteur
de la rectification y attache son nom, et l'on désigne sous
le nom de système de M. un tel ou de M. un tel de simples
procédés d'application d'un système type. Enfin, si certains
systèmes reposent sur des conceptions divergentes, ces
conceptions ne se nuisent pas mutuellement et ne prouvent rien contre le principe proportionnel, bien au contraire : c'est ainsi que certaines vérités scientifiques sont
susceptibles de plusieurs démonstrations.

La complexité des systèmes ne prouve pas davantage.
La simplicité du régime électoral n'est pas une qualité, mais
un trompe-l'œil. Toute combinaison comprenant plusieurs
organes « n'est autre chose qu'un mode — plus ou moins
» détourné et plus ou moins parfait — d'arriver à une
» représentation complète et sincère de tous les éléments
» qui participent à l'élection. Or ces organisations à fac-
» teurs multiples sont fréquentes dans l'ancien régime.
» On les retrouve dans la constitution des républiques
» italiennes comme dans les chartes des communes. Elles
» sont des témoignages historiques importants contre les
» nominations livrées sans garantie à une majorité. L'élec-
» tion est d'abord directe, sans complications d'aucune
» sorte. C'est pour remédier aux abus de ce système
» aussi simple qu'inique que l'on a introduit une organi-
» sation qui, par le seul fait de la substitution de rouages
» multiples à un corps électoral unique, devait empêcher
» l'absorption de l'autorité par un parti. On trouvera cer-

» tainement, si l'on pousse les recherches dans cette voie,
» de nombreux faits historiques de cette nature. Les
» complications électorales ne sont pas des conceptions
» primitives ; elles ont été provoquées par les résultats
» défavorables de systèmes plus simples, elles sont le
» résultat d'études faites pour y remédier, elles ont été
» acceptées comme des progrès incontestables (1). » La
complexité théorique des systèmes proportionnels milite
donc en leur faveur. Si cependant des complications
pratiques rendaient leur application difficile, l'objection
serait sérieuse : mais sur ce terrain encore elle n'est pas
fondée (2). Le seul système sur lequel dans cet ordre d'idées
la discussion puisse porter est celui de la concurrence des
listes : or les faits répondront pour nous. M. Gfeller, à
Berne, dans une réunion publique, procédant à un essai
d'application de ce système, a fait faire les calculs de répartition par un enfant de douze ans (3) ; et, quelques années
plus tard, on a pu apprécier en ces termes les résultats
pratiques de la réforme dans six cantons de la Confédéra·
tion suisse : « Il faut constater que les plus obstinés
» adversaires du système ont dû désarmer devant l'expé-
» rience : celle-ci a démontré que le nouveau mécanisme
» est d'un fonctionnement aussi aisé que rapide, et qu'il
» faut avoir positivement la justice en horreur pour re-
» fuser de l'obtenir par des moyens aussi simples (4). »

Quant à la troisième objection, elle ne vaut pas la peine

---

(1) Endore Pirmez. *R. P.*, Bruxelles, 1883 p. 201.
(2) « La représentation proportionnelle est aisément applicable partout,
» même avec un système compliqué à plaisir. » Extrait de l'énumération
des résultats indiscutables de la réforme. *R. P.*, Bruxelles, 1896, p. 48.
(3) *R. P.*, Genève, n° 6, p. 289.
(4) *Journal des Débats*, 8 mars 1895.

que l'on s'y arrête. Les résultats de la réforme ne sont
pas mathématiquement proportionnels. Qui dit cela? Des
proportionnalistes scrupuleux? C'est le cas de penser que
le mieux est l'ennemi du bien. Des partisans du régime
majoritaire? Engageons-les à méditer la parabole de la
poutre et de la paille. Les chiffres électoraux des partis ne
sont pas exactement divisibles par le mètre électoral
adopté comme base des calculs de répartition : de là des
excédents dont l'attribution ne permet pas une répartition
absolument mathématique. Mais qu'est-ce que cette
erreur infinitésimale à côté des injustices flagrantes du
régime majoritaire? Comparer c'est choisir.

SECTION III.

ÉTUDE COMPARÉE ENTRE LA REPRÉSENTATION TELLE
QU'ELLE DEVRAIT ÊTRE ET LA REPRÉSENTATION TELLE
QU'ELLE EST.

Nous venons de poser le principe de la représentation
proportionnelle : il nous reste à l'appliquer, c'est-à-dire à
déterminer comment et dans quelle mesure il est applicable. Nous serons ainsi conduit à formuler les règles
qui devraient être celles de toute bonne représentation.
Puis nous éclairerons ces principes d'un exemple, en prenant pour point de comparaison le régime représentatif tel
qu'il fonctionne en France actuellement : en constatant
ainsi expérimentalement les conséquences d'une représentation non proportionnelle, nous pourrons conclure que
l'application du principe proportionnel n'est pas seulement une réforme désirable, mais une réforme nécessaire.

§ 1er. — **Application de la représentation proportionnelle.**

Nous avons vu que la représentation proportionnelle, prise dans son sens actuel, peut être définie : la répartition des sièges entre les différents partis, proportionnellement à leur importance numérique calculée sur le nombre des votants. Nous avons vu également que, ainsi comprise, la représentation proportionnelle suppose au préalable une autre répartition proportionnelle, celle des sièges entre les différents collèges proportionnellement au nombre des inscrits. Nous savons enfin que le principe qui domine toute la matière est celui de l'égalité des électeurs. Cherchons maintenant — et théoriquement — à procéder à ces deux répartitions proportionnelles, de manière à respecter le plus possible le principe de l'égalité des électeurs. Nous déterminerons ensuite dans quelle mesure sont applicables les conclusions auxquelles le raisonnement pur nous aura conduit.

ARTICLE 1er. — *Application intégrale de la représentation proportionnelle.*

I. — Répartition des sièges entre les collèges proportionnellement au nombre des électeurs inscrits.

Pour satisfaire intégralement sur ce point au principe de l'égalité des électeurs, il faut et il suffit que la valeur d'un vote soit identiquement la même sur toute l'étendue du territoire.

Ce résultat semble d'abord atteint par la détermination du quotient électoral, obtenu en divisant le chiffre des électeurs inscrits par le nombre des sièges à répartir. Ce quotient sert de mètre électoral ; tout siège est ainsi attribué à un même nombre d'électeurs, et il y a un rapport invariable entre le nombre des électeurs inscrits dans un collège et le nombre des sièges attribués à ce collège. On élimine ainsi une cause d'erreur évidente. Si les députés sont nommés par des nombres inégaux d'électeurs, les électeurs de différents collèges ont des pouvoirs électoraux inégaux. Si par exemple dans un collège 5,000 électeurs nomment un député, et un aussi 10,000 électeurs dans un autre collège, les 5,000 premiers électeurs ont, par rapport à ceux-ci, un droit électoral double, puisque le vote d'un seul vaut les votes de deux électeurs du second collège. L'égalité est rétablie si l'on attribue un siège à la première circonscription et deux à la seconde.

A la réflexion, l'égalité ainsi obtenue n'est pas parfaite. Un électeur du second collège a par rapport à un électeur du premier collège un droit électoral double, puisqu'il concourt à l'élection d'un nombre double de représentants. Les collèges devraient donc être égaux quant au nombre de députés à élire, et par le fait même quant au nombre d'électeurs inscrits, puisque ces deux chiffres sont en rapport constant.

Conclusion. L'application intégrale du principe de l'égalité des électeurs à la répartition des sièges entre les collèges exige le découpage du pays en circonscriptions égales quant au nombre d'électeurs inscrits et de députés à élire.

II. — Répartition des sièges entre les partis proportionnellement
au nombre des votants.

Le Parlement doit être l'organe de la volonté de la
nation, et il ne peut en être l'organe que s'il en est
l'image fidèle, la représentation exacte, je dirais volon-
tiers la photographie. La Chambre, disait Prévost-Paradol,
doit être le miroir du pays. Pour que toute décision prise
par le Parlement soit vraiment l'expression de la volonté
générale, il faut qu'à la majorité du corps élu corresponde la majorité du corps électoral. Or, pour qu'un
groupe parlementaire corresponde dans la nation à un
groupe électoral numériquement proportionnel, il faut que
chaque représentant ait un pouvoir représentatif égal,
c'est-à-dire ait été élu par un nombre égal d'électeurs.
Nous assurons bien de la sorte à tout électeur une part
égale dans la direction des affaires du pays. Si l'on a
100,000 électeurs et 100 députés, chacun d'eux élu par
1,000 voix, chaque électeur vaut $1/1000^e$ du bulletin que
son député dépose dans l'urne parlementaire, et concourt,
dans la mesure de cette fraction, à la solution de toutes
les questions sur lesquelles le Parlement est appelé à se
prononcer.

Cette égalité parfaite serait atteinte avec la répartition
des sièges entre les collèges, telle que nous venons de la
formuler, si tous les électeurs inscrits votaient, et s'ils
s'aggloméraient par groupes égaux au quotient électoral
ou en étant des multiples exacts. Il est à peine besoin de
faire remarquer que cette seconde condition est absolument chimérique. C'est pourquoi, que tous les électeurs
votent ou non, il faut substituer au quotient électoral, calculé avant l'élection sur le nombre des inscrits, un nou-

veau quotient électoral, calculé après l'élection sur le nombre des votants, lequel servira de mètre électoral pour la répartition des sièges entre les partis.

Mais cette simple règle suffit-elle à assurer le parfait exercice du principe de l'égalité des électeurs? Il est permis de se poser la question. L'égalité ne doit pas être purement théorique, mais efficace et réelle : voter n'est qu'un moyen, le but est d'être représenté. Or tous ceux qui ne votent pas et tous ceux qui votent pour des candidats non élus ne sont pas représentés : leur droit n'est pas respecté, et le principe de l'égalité des électeurs est violé en leurs personnes. Comment éliminer cette cause d'erreur?

On distingue parmi les voix non représentées les voix battues et les voix des abstentionnistes. Les voix battues seraient représentées si l'on adoptait la représentation proportionnelle. Ce ne sont pas des électeurs prêts à déserter la lutte, mais au contraire des ardents qui ne demandent qu'à remplir leur devoir électoral. Si leur droit est violé, la faute en est à un régime représentatif mal organisé; il sera entièrement respecté par la substitution du principe de la proportionnalité au principe de la majorité.

L'élimination des abstentions est plus délicate, car ici se pose une question de principe. L'abstention est-elle légitime? L'affirmative et la négative ont été également soutenues. Suivant que l'on admet l'une ou l'autre, le problème comporte des solutions différentes.

L'abstention n'est pas légitime. Tout droit est corrélatif d'un devoir. Au droit de vote correspond l'obligation de voter. C'est la théorie du vote obligatoire. Le remède est ici radical, puisqu'il suffit de consacrer légalement le vote obligatoire pour supprimer les abstentions.

Deuxième théorie : l'abstention est légitime. La souveraineté réside dans le peuple, mais elle est aliénable. En d'autres termes, tout gouvernement pour être légitime doit exercer le pouvoir en vertu du consentement du peuple, mais ce consentement peut être tacite. Et, si nous creusons encore plus l'idée d'aliénabilité, nous trouvons que chaque citoyen a le droit d'aliéner sa part de souveraineté. D'où nous tirons deux interprétations de l'acte de l'abstention : ou bien l'électeur qui s'abstient peut de ce fait être considéré comme partisan de l'élu quel qu'il soit, et se trouve par conséquent représenté par lui; ou bien il peut avoir abdiqué l'exercice de son droit et renoncé à être représenté. Dans l'une et l'autre hypothèse, il ne faut pas faire entrer le chiffre des abstentions dans le calcul des voix non représentées : si l'abstention est un consentement tacite, il faut ajouter les abstentions au chiffre des voix qui se sont portées sur l'élu, et le total donne le nombre des voix représentées; si l'abstention est une abdication du droit de l'électeur, il ne faut pas faire entrer les abstentions en ligne de compte, mais calculer le tant pour cent sur le total des voix battues et des voix données à l'élu. Quelle que soit l'interprétation adoptée, les voix des abstentionnistes ne sont pas des voix non représentées.

On peut certainement soutenir ces deux théories sur l'abstention. Celle du vote obligatoire acquiert chaque jour de nouveaux partisans. Je tiens cependant pour la seconde. Et cela pour trois raisons.

D'abord, c'est un fait d'expérience que les députés élus comptent de nombreux partisans parmi les abstentionnistes : ceux-ci ne se dérangent pas parce qu'ils sont certains d'avance du résultat. Il y a bien parmi les abstentionnistes d'anciennes voix battues qui désertent la lutte, mais il y a surtout des adhérents tacites, — pas très ardents, assez indifférents même, mais des adhérents cependant. Ce qui donne un grand poids à cette opinion, c'est le fait suivant : dans les pays à régime représentatif, si l'on ajoute aux voix battues les voix des abstentionnistes, on trouve un tant pour cent supérieur à la moitié. Ainsi en France la Chambre actuelle ne représente que 40 °/₀ du corps électoral. Dirons-nous que le pouvoir est aux mains d'une minorité? Les faits démentiraient cette affirmation, car, si l'on constate quelque malaise, le pays n'est cependant nullement troublé. Il faut donc admettre que l'on fait entrer dans le calcul des voix non représentées un fort contingent d'adhérents tacites ou de gouvernementaux quand même : or cette interprétation ne peut s'appliquer aux voix battues qui sont certainement des opposants, elle s'applique par conséquent à des voix d'abstentionnistes.

En second lieu, je vois dans le vote obligatoire une tendance fâcheuse à la toute-puissance de l'Etat, à son ingérence dans tous les domaines, à ce que l'on appelle la théorie de l'Etat-Providence. Signale-t-on un abus, il faut une loi pour y porter remède. J'aime mieux guérir par la liberté les maux qu'elle engendre, et aux lois les mieux faites je préfère l'individualisme, le développement de la personnalité et le sentiment de la responsabilité, seules sources d'une initiative généreuse et féconde.

Enfin, la souveraineté du peuple est aliénable et doit être aliénée. Sous un gouvernement représentatif elle se manifeste par le suffrage universel, et, dans un pays libre et éclairé, celui-ci est certainement la plus rationnelle des bases constitutionnelles. Mais le suffrage universel pur est une aberration : il doit être organisé pour assurer à l'élite la part prédominante qui lui revient. Pourquoi ne pas le laisser s'atténuer lui-même par l'abstention ? Pourquoi ne pas laisser les indifférents, les neutres, ceux qui n'ont ni couleur ni valeur, ceux qui sont incapables et le sentent confusément, pourquoi ne pas les laisser renoncer à leur droit ?

Dégageons les conséquences de ces deux théories.

Dans la première, on supprime les abstentions par le vote obligatoire. Remarquons à ce propos que le vote obligatoire suppose nécessairement la représentation proportionnelle. On ne peut en effet obliger l'électeur à voter que si ce vote peut avoir un résultat effectif, c'est-à-dire lui donner dans le Parlement la part de représentation qui lui revient par l'élection du candidat de son choix. Sans cette assurance, l'abstentionniste obligé de voter votera blanc, — et l'esprit de la réforme sera violé.

Dans la seconde théorie, on estime que la substitution du principe de la proportionnalité au principe de la majorité, c'est-à-dire la répartition des sièges entre les partis proportionnellement à leur importance numérique, éliminerait presque intégralement les abstentions. Nous avons en effet relevé parmi les abstentions d'anciennes voix battues qui ont renoncé à la lutte par suite de l'impossibilité de se faire représenter. Il y en a d'autres, en plus grand nombre, qui, convaincus d'avance de ce résultat, s'abstiennent dès le début. Assurez aux uns et aux autres une représentation proportionnelle à leur nombre, et ils voteront. Et alors, par contre-coup, les abstentionnistes, — et ils sont nombreux, — qui ne se dérangent pas parce que leur parti est sûr de la victoire, iront au scrutin pour contrebalancer la part d'influence accordée aux minorités (1).

______

(1) Cf. *infra* ch. I, sect. III, § 2, art. 2, III.

La masse des abstentions serait certainement vaincue par la représentation proportionnelle. Il est d'ailleurs loisible d'en réduire encore le chiffre, — soit en offrant pour le vote toutes les facilités désirables, ainsi en créant le vote par correspondance, surtout utile pour les absents et les malades (1), — soit en assurant une représentation absolument exacte, par l'autorisation donnée aux indépendants de joindre les voix obtenues par eux dans les divers collèges (2).

Conclusion. L'application intégrale du principe de l'égalité des électeurs à la répartition des sièges entre les partis exige une répartition proportionnelle de ces sièges.

ARTICLE 2. — *Conclusions pratiques.*

Théoriquement nous aboutissons aux conclusions suivantes : avant l'élection, division du pays en circonscriptions électorales égales quant au nombre d'électeurs inscrits et de députés à élire ; après l'élection, représentation proportionnelle des partis, c'est-à-dire attribution à chacun d'eux d'un nombre de représentants proportionnel à son importance numérique. Dans quelle mesure convient-il de les appliquer ?

La seconde de ces conclusions ne soulève pas d'autres objections pratiques que celles que nous avons examinées et réfutées (3). Elle est facilement applicable, et toutes les nations tendent à son adoption en vertu de cette loi fatale

---

(1) A. Simon. *De la Véritable Représentation*, Lyon, 1893, p. 30, 31.

(2) A. Saint Girons, *Manuel de droit constitutionnel*, Paris, 1885, p. 150.

(3) Cf. *supra* ch. I, sect. II, § 2, art. 2.

qui pousse les peuples dans la voie du progrès et de la justice, avec une vitesse plus ou moins grande, mais avec une certitude et une constance absolues. C'est ainsi que l'on verra successivement toutes les nations prendre comme forme de gouvernement le gouvernement représentatif, tous les gouvernements représentatifs choisir comme base le suffrage universel, et tous les pays à suffrage universel le compléter par une organisation rationnelle et donner à leur représentation son véritable caractère en la rendant proportionnelle.

Il en est tout autrement de la première conclusion. Diviser une nation en circonscriptions contenant un nombre égal d'électeurs, c'est opérer sur cette masse vivante qui constitue un peuple comme on opérerait sur des chiffres abstraits. On se heurterait sans aucun doute à des traditions historiques et ethniques insurmontables.

Certes je conçois tout l'intérêt qu'il y a à briser les liens qui tendraient à faire d'un député le représentant attitré et exclusif d'un milieu. Une telle représentation « est nettement prohibée et défendue par le droit public » moderne. Qu'il y ait, dans les Chambres électives, » des organes propres d'intérêts spéciaux, ce peut être un » fait, mais ce n'est pas le droit..... Si donc il y a des dé- » putés qui agissent et votent pour le compte d'intérêts » privés, — par exemple d'associations de capitalistes ou » d'ouvriers, d'agriculteurs ou de banquiers, — il pourra » y avoir là quelquefois matière à droit pénal, mais à » droit constitutionnel jamais (1). » Qu'est-ce à dire, sinon qu'un député ne doit s'occuper que des intérêts généraux

______

(1) Orlando, *Du Fondement juridique de la représentation politique. Revue du droit public*, t. III, 1895, p. 33, 34.

de la nation et nullement des intérêts spéciaux du collège
qui l'a élu? Qu'une décentralisation libérale et intelligente
attribue aux assemblées locales et régionales un pouvoir
étendu sur les questions locales et régionales, fort bien.
Mais une assemblée nationale s'élève aux questions d'ensemble : elle ne doit être animée que du désir de satisfaire l'intérêt général du pays, lequel ne se confond
nullement avec la somme des intérêts particuliers. Les
députés, en effet, ne sont pas les mandataires d'un arrondissement, d'un département ou d'une région, mais les
représentants de toute la nation « Les représentants nom-
» més dans les départements ne seront pas représen-
» tants d'un département particulier, mais de la nation
» tout entière (1). » Voilà l'idéal : et plus on brisera les
liens qui rattachent un député à un collège et à des électeurs déterminés, plus on sera prêt de l'atteindre.

Mais des traditions historiques et ethniques s'opposent à
sa parfaite réalisation : la division du pays en circonscriptions électorales égales quant au nombre d'électeurs
inscrits et de députés à élire. Il faut donc sur ce point
admettre un tempérament que je formulerai ainsi : diviser
le pays en circonscriptions électorales plurinominales,
étendues et sensiblement égales, et proportionner le nombre des députés attribués à chaque collège au nombre
des électeurs inscrits. Circonscriptions plurinominales, car le
scrutin d'arrondissement, justement flétri sous le nom de
scrutin de clocher, ne permet la représentation que d'un
parti et est exclusif de toute idée de représentation proportionnelle. Circonscriptions étendues, pour diminuer autant que faire se peut les liens qui unissent l'élu à une

______

(1) Constitution de 1791, tit. III, sect. 3, art. 7.

fraction déterminée du corps électoral, et pour éviter toute tentative de géographie électorale de la part du gouvernement. Circonscriptions sensiblement égales, car si le respect des traditions historiques et ethniques ne permet pas l'égalité absolue, on doit toujours y tendre autant que possible. Enfin, les collèges étant ainsi d'une valeur variable, quoique sensiblement égale, quant au nombre d'électeurs inscrits, il serait injuste et antiproportionnel de leur attribuer des nombres égaux de députés à élire : il faut répartir ceux-ci par quantités inégales, proportionnelles aux nombres respectifs d'électeurs inscrits.

Pratiquement, les conclusions théoriques doivent donc être modifiées de la manière suivante : avant l'élection, attribution à chaque circonscription d'un nombre de députés à élire proportionnel au nombre d'électeurs inscrits, les circonscriptions étant plurinominales, étendues et sensiblement égales ; après l'élection, attribution à chaque parti d'un nombre de représentants proportionnel à son importance numérique.

§ 2. — Etude du régime représentatif en France.

Nous venons de déterminer les conditions d'une représentation proportionnelle. Recherchons maintenant les conséquences qui résultent du défaut d'application de ces prescriptions, et voyons à quel point le système majoritaire fausse le gouvernement représentatif et quels troubles organiques il détermine. Nous choisirons la France comme thème de cette étude de statistique électorale : pris chez nous, les exemples que nous allons donner ne seront que plus concluants. La marche à suivre est tout indiquée : nous n'avons qu'à prendre l'une après l'autre les conclusions pratiques que nous venons de formuler, montrer dans quelle mesure elles sont inappliquées en France, et constater ce qui résulte de l'inobservation de ces prescriptions.

ARTICLE 1er. — *Antiproportionnalité de la répartition des sièges entre les collèges.*

Nous avons ainsi formulé notre première conclusion pratique : on doit, avant l'élection, diviser le pays en circonscriptions plurinominales, étendues et sensiblement égales, le nombre des sièges attribués à chacune d'elles étant proportionnel au nombre des électeurs qui y sont inscrits. Nous allons voir que sur ces divers points la loi électorale française vicie profondément le régime représentatif.

I. — Circonscriptions uninominales.

Le scrutin de liste permet la représentation de tous les groupes d'électeurs. Il ne la réalise pleinement et avec certitude que s'il est appliqué conformément au principe de la proportionnalité. Mais, même avec le principe de la majorité, il assure aux minorités une certaine part représentative. Parfois il passe des candidats des deux partis en présence, ainsi en 1885 dans la Sarthe, la Charente-Inférieure, le Lot-et-Garonne, l'Orne, la Haute-Garonne, la Somme, l'Eure. Et si, le plus souvent, une liste passe entière, l'expérience nous apprend que la minorité, sans obtenir de représentation spéciale dans chaque collège, arrive à un nombre respectable de sièges dans l'ensemble

du pays par un système de compensation. Représentation
bien insuffisante sans doute, mais moins imparfaite cependant que celle résultant du scrutin d'arrondissement.

Le scrutin d'arrondissement, que prescrit la loi française,
n'assure la représentation que d'un parti et écrase par
conséquent tous les autres. Au premier tour, le parti vainqueur est, il est vrai, le parti de la majorité ; mais, au second
tour, le parti vainqueur ne constitue que la majorité relative, c'est-à-dire en réalité une minorité. Si nous supposons des élections législatives faites entièrement avec bal-
lottages, la Chambre au complet ne représentera que la
minorité du pays, et la majorité de cette Chambre qu'un
nombre infime d'électeurs. « Dans un grand pays comme
» la France, où les arrondissements électoraux sont mo-
» narchiques, conservateurs, républicains ou socialistes, le
» scrutin uninominal donne des représentants appartenant
» à chacun de ces partis. Il y a bien une représentation
» générale des quatre courants qui existent dans le pays,
» mais cette représentation est circonscrite dans les termes
» généraux de ces mêmes courants. Elle peut indiquer
» dans quel sens chaque majorité locale entend être gou-
» vernée, mais elle exclut toute autre préoccupation poli-
» tique ; elle n'a aucun autre objectif, et c'est ce qui
» explique pourquoi la République française, indépen-
» damment de son fâcheux régime parlementaire, se
» trouve arrêtée dans son développement démocratique. Le
» scrutin uninominal produit une représentation passive,
» sans volonté, sans but et sans expression. A peine peut-
» il satisfaire l'intérêt de clocher, sous l'empire duquel sont
» généralement élus les députés (1). » Au reste, nous

(1) Alphonse Frey, *Les Lois suisses sur la représentation proportionnelle comparées et commentées. R P.*, Genève, n° 10-11, p. 2.

n'avons pas ici à refaire le procès, depuis longtemps jugé, du scrutin d'arrondissement. Il nous suffit de constater que la loi électorale française le consacre, et de rappeler que, ce faisant, elle commet une lourde faute.

II. — Inégalité des circonscriptions.

A. *Détermination des causes de cette inégalité.* — Notre régime représentatif est vicié à ce point de vue par suite d'une triple erreur : d'abord la loi ne prend pas pour base des calculs de répartition le nombre des électeurs, mais le chiffre de la population; elle aggrave ensuite la fausseté de ce point de départ en comptant dans ce chiffre la population étrangère; enfin elle n'a pas adopté pour base des calculs de répartition un chiffre constant.

Le principe de l'égalité du droit des électeurs exige que l'on prenne pour base des calculs de répartition le nombre des électeurs inscrits et non le chiffre de la population. Celui-ci est en effet une base de calculs inexacte (1), et l'on ne peut même pas dire qu'il existe un rapport sensiblement constant entre le chiffre de la population et le nombre

---

(1) La base rationnelle des calculs de répartition c'est le nombre des suffrages à émettre.

Le nombre des suffrages est identique au chiffre de la population dans un cas particulier de vote plural : lorsqu'il est attribué à chaque chef de famille autant de bulletins de vote qu'il compte de membres de sa famille privés du droit de suffrage. En dehors de cette hypothèse, le chiffre de la population ne doit jamais être pris pour base des calculs de répartition.

Dans les pays à suffrage universel pur, comme la France, cette base est nécessairement le nombre des électeurs inscrits, puisque ce nombre est identique au nombre des suffrages à émettre.

d'électeurs qui y correspond. Comparons la liste des quatre collèges comptant le moins d'habitants :

Barcelonnette (Basses-Alpes) . . . 15,477
Castellane (Basses-Alpes) 18,059
· Sisteron (Basses-Alpes) 20,102
Puget-Théniers (Alpes-Maritimes). . 22,040

avec la liste des quatre collèges comptant le moins d'électeurs :

Barcelonnette (Basses-Alpes) . . . 3,455
Castellane (Basses-Alpes) 5,266
Paris, VIIIe arrond., 2e circonscription 5,729
Briançon (Hautes-Alpes). 6,156

A l'autre extrémité de l'échelle, comparons la liste des quatre collèges comptant le plus d'habitants :

Sceaux (Seine), 3e circonscription . 132,340
Lille (Nord), 5e circonscription . . 130,633
Sceaux (Seine), 1re circonscription . 122,936
Nantes (Loire-Infér.), 3e circonscr. . 122,165

avec la liste des quatre collèges comptant le plus d'électeurs :

Nantes (Loire-Infér.), 3e circonscr. . 35,262
Carcassonne (Aude). 31,727
Sceaux (Seine), 3e circonscription . 31,641
Bordeaux (Gironde), 4me circonscr. . 31,490

Ces deux ordres de listes seraient à peu près identiques s'il existait un rapport sensiblement constant entre le chiffre de la population et le nombre des électeurs, en dehors de toute proportion mathématiquement exacte entre celui-ci et celui-là. Nous voyons qu'il n'en est rien : les circonscriptions le plus ou le moins peuplées ne sont pas les circonscriptions comptant le plus ou le moins d'électeurs, et par suite on ne peut pas même dire que le chiffre de la population est pour les calculs de répartition une base approximativement exacte.

La loi française aggrave la fausseté de ce point de départ, et introduit dans les calculs une nouvelle cause d'erreur, en faisant entrer en ligne de compte la population étrangère qui est souvent très importante. Certains départements comptent de la sorte deux, trois, quatre députés de plus que ne comporte le chiffre de la population nationale. Ainsi on trouve 26,758 étrangers sur une population totale de 288,336 dans le Var, 28,905 sur 444,150 dans Meurthe-et-Moselle, 32,729 sur 325,068 dans les Alpes-Maritimes, 92,017 sur 630,622 dans les Bouches-du-Rhône, 211,016 sur 3,141,596 dans la Seine, enfin 295,219 sur 1,736,341 dans le Nord (1).

Enfin — et ceci est le plus grave — la loi française n'admet pas un chiffre unique comme base de la répartition des députés entre les collèges électoraux.

Les lois du 13 février 1889 et 22 juillet 1893 ont divisé la France en 565 circonscriptions électorales, dont voici le tableau :

Circonscriptions au-dessous de 20,000 . . .			2
— de 20,000 à 30.000 . . .			7
— de 30,000 à 40,000 . . .			17
— de 40,000 à 50,000 . . .			53

---

(1) Maurice Vernes, *Les Elections générales de 1893 et le Mouvement réformiste en France.* R. P , Bruxelles, 1893, p. 253.

Circonscriptions de 50,000 à 60,000 117
—   de 60,000 à 70,000 . . . 129
—   de 70,000 à 80,000 . . . 92
—   de 80,000 à 90,000 . . . 88
—   de 90,000 à 100,000 . . . 45
—   de 100,000 à 110,000 . . . 10
—   de 110,000 à 120,000 . . . 3
—   de 120,000 à 130,000 . . . 1
—   au-dessus de 130,000 . . . 1

Total. 565

Ainsi les circonscriptions électorales, nommant chacune un député, varient de Barcelonnette (Basses-Alpes), 15,477, à Sceaux, 3°, (Seine), 132,340, soit de 1 à 9.

L'article 14 de la loi organique du 30 novembre 1875 attribue un député à tout arrondissement de moins de 100,000 âmes, et prescrit la division des arrondissements présentant un chiffre supérieur. Le législateur, lié par cette formule étroite, est contraint d'accorder également un représentant à des arrondissements minuscules et à des arrondissements comptant près de 100,000 habitants. Voici dans cet ordre d'idées les quatre plus petits arrondissements :

Barcelonnette (Basses-Alpes) . . . 15,477
Castellane (Basses-Alpes) 18,059
Sisteron (Basses-Alpes). 20,102
Puget-Théniers (Alpes-Maritimes) . . 22,040

et les quatre plus forts :

Paris, VIIIᵉ arrondissement 99,126
Largentière (Ardèche) 99,412
Carcassonne (Aude) 99,418
Guéret (Creuse) 99,849

Quand une loi, égalitaire dans son principe sinon dans
son esprit, aboutit à de telles conséquences, il pourrait
paraître sage de la reviser : on n'a pas cru devoir le
faire. Mais, par comparaison, ceci n'est rien, car c'est
dans la division des arrondissements de plus de 100,000
âmes que la fantaisie s'est donné le plus librement
carrière.

Tout d'abord, en procédant à ce travail de répartition,
le législateur a créé 15 circonscriptions de plus de 100,000
âmes, dont 5 de plus de 110,000, 2 de plus de 120,000,
1 de plus de 130,000. Et ceci bien évidemment en violation de la loi : si elle prescrit la division de tout arrondissement de plus de 100,000, à plus forte raison doit-il
être de son esprit de proscrire la formation artificielle de
circonscriptions dépassant ce chiffre.

Autre chose. Il eût été naturel de diviser chaque arrondissement en collèges égaux. Loin de là : le législateur
semble avoir voulu créer les plus grandes inégalités possibles. Et, si tel était son but, il faut avouer qu'il l'a
parfaitement atteint. Ainsi :

Brest (Finistère), 1re circonscription. . . . 107,916
    —   —   2e   —   62,530
    —   —   3e   —   65,614
dont la moyenne devrait être 78,600.

Angers (Maine-et-Loire), 1re circonscription. 103,518
    —   —.   2e   — 71,246
Reims (Marne), 1re circonscription 116,886
    —   —   2e   —   74,969

La moyenne d'Angers devrait être 87,000 et celle de
Reims 95,500.

Je citerai, comme exemples particulièrement frappants, le département de la Seine et l'arrondissement de Lyon. Dans l'arrondissement de Sceaux, dont la moyenne est de 94,000, nous trouvons :

$$1^{re} \text{ circonscription} \quad . \quad . \quad . \quad 65,777$$
$$2^e \quad\quad — \quad\quad . \quad . \quad . \quad 85,237$$
$$3^e \quad\quad — \quad\quad . \quad . \quad . \quad 132,340$$

et dans celui de Saint-Denis, dont la moyenne est 82,000, des circonscriptions allant de 62,013 à 114,937. Ainsi donc, un collége de 114,937, un de 132,340, alors que, dans le même département, on dédouble scrupuleusement et conformément à la loi le VIe arrondissement de Paris en deux circonscriptions de 40,271 et 59,872, — ledit arrondissement ne dépassant le chiffre de 100,000 âmes que de 143 unités. A Lyon, un fait analogue : on divise le IIIe arrondissement, qui est de 103,881 habitants, en deux collèges, les 3e et 4e, de 56,374 et 47,507, mais en même temps on attribue 105,808 à la 9e circonscription. Au total neuf collèges, allant de 35,111 à 105,808, c'est-à-dire variant comme de 1 à 3, dont sept pour une population urbaine de 401,930 et deux pour une population rurale de 201,132, ce qui donne la proportion étonnante :

$$\frac{400,000}{200,000} = \frac{7}{2}.$$

Nous voilà loin de cette qualité invariable qui devrait être la base de tout calcul de répartition. Mais, je l'ai dit plus haut, le législateur a eu tort d'opérer sur le chiffre de la population et non pas sur le nombre des électeurs. Reprenons nos calculs à ce point de vue : ils vont nous permettre de saisir sur le vif les inégalités créées par la loi.

Voici les vingt circonscriptions électorales contenant le plus petit nombre d'électeurs :

Barcelonnette (Basses-Alpes). . .	3,455
Castellane (Basses-Alpes)	5,266
Paris, VIIIe arr., 2e circonscription .	5,729
Briançon (Hautes-Alpes)	6,156
Sisteron (Basses-Alpes).	6,315
Puget-Théniers (Alpes-Maritimes). .	6,533
Gex (Ain)	6,649
Embrun (Hautes-Alpes)	6,775
Paris, XIXe arr., 2e circonscription.	7,049
Gap (Hautes-Alpes)	7,213
Calvi (Corse)	7,679
Paris, XIIIe arr., 1re circonscription.	7,772
Paris, XIVe arr., 2e circonscription.	8,400
Sainte-Menehould (Marne). . . .	8,739
Moutiers (Savoie).	8,891
Paris, IVe arr., 2e circonscription. .	8,917
Lyon, 5e circonscription.	8,968
Albertville (Savoie)	9,087
Paris, VIe arr., 1re circonscription. .	9,094
Lyon, 4e circonscription	9,228

Au total 147,915 électeurs, dont la moyenne est 7,395. Comparons avec les vingt circonscriptions offrant le plus gros chiffre d'électeurs :

La Flèche (Sarthe)	27,657
Saumur (Maine-et-Loire)	27,803
Joigny (Yonne)	27,954
Muret (Haute-Garonne).	28,083
Cambrai (Nord), 1re circonscription.	28,241

Mortagne (Orne).	28,247
Tours (Indre-et-Loire), 1re circonscr.	28,433
Epernay (Marne)	28,475
Montpellier (Hérault), 2e circonscr.	29,280
Lyon, 9e circonscription.	29,379
Issoire (Puy-de-Dôme).	29,478
Marmande (Lot-et-Garonne) . . .	29,552
La Palisse (Allier)	29,654
Largentière (Ardèche)	30,446
Amiens (Somme), 1re circonscription.	30,635
Montauban (Tarn-et-Garonne). . .	31,482
Bordeaux (Gironde), 4e circonscr.	31,490
Sceaux (Seine), 3e circonscription. .	31,641
Carcassonne (Aude).	31,727
Nantes (Loire-Inférieure), 3e circonscr.	35,262

Au total, 594,919 électeurs, dont la moyenne est 29,746. La première moyenne entre dans celle-ci quatre fois : en d'autres termes, un électeur de la première série a une puissance électorale quadruple de celle d'un électeur de la seconde série (1). C'est en somme, et sous une forme déguisée, un véritable vote plural : or, le vote plural est chez nous inconstitutionnel, et dans l'espèce il est très injuste, puisqu'il n'a d'autre base que l'arbitraire et le caprice du législateur. Ainsi, au premier tour, — en admettant que tous les inscrits prennent part au vote, — il faut à Barcelonnette 1.723 voix pour élire un député, et 17,631 dans la troisième circonscription de Nantes. Au Parlement, lorsqu'il y aura un scrutin, ces deux députés auront même poids et même valeur. Les 1,723 électeurs de Barcelonnette exerceront ainsi sur la marche des affaires

---

(1) Maurice Vernes, *loc. cit.*, p. 254-259.

publiques la même influence que les 17,631 électeurs de Nantes, alors qu'ils devraient agir dix fois moins. Ils ont donc un pouvoir électoral décuple : c'est comme si une loi établissant le vote plural leur concédait le droit de mettre dans l'urne dix bulletins de vote quand les électeurs de Nantes n'en mettent qu'un.

B. *Géographie électorale.* — Je ne veux pas abandonner cet ordre d'idées sans rappeler jusqu'à quel point on peut pousser l'art de découper artificiellement les circonscriptions. Dans les pays de langue française on l'appelle géographie électorale, dans ceux de langue allemande *Wahlkreisgeometrie*, et dans ceux de langue anglaise *gerrymandering* — du nom de M. Gerry, gouverneur du Massachusets, qui fut un des maîtres du genre, et du mot : *salamander* (salamandre), l'animal fabuleux dont les formes contournées sont rappelées par la bizarrerie des limites données à certains districts électoraux trop habilement remaniés. Un gouvernement peut ainsi arriver à fausser complètement la représentation. Il suffit d'un calcul d'arithmétique élémentaire pour se convaincre que, les suffrages émis demeurant les mêmes, le mode de répartition du corps électoral en plusieurs collèges peut modifier absolument le résultat des élections. L'exemple suivant (1) permettra de s'en rendre compte.

Soit 75,000 électeurs, 42,000 blancs et 33,000 noirs. Procédons à deux découpages en cinq circonscriptions électorales de grandeur égale (15,000 électeurs chacune). Supposons enfin que tous les inscrits votent.

---

(1) *R. P.*, Genève, n° 1, p. 33, 34.

1er DÉCOUPAGE.

Collèges électoraux.	*Electeurs.*		*Représentants.*	
	Blancs.	Noirs.	Blancs.	Noirs.
A	9,016	5,984	5	0
B	7,934	7,066	5	0
C	9,714	5,286	5	0
D	7,527	7,473	5	0
E	7,809	7,191	5	0
	42,000	33,000	25	0

2e DÉCOUPAGE.

a	7,134	7,866	0	5
b	7,056	7,944	0	5
c	7,283	7,717	0	5
d	6,813	8,187	0	5
e	13,714	1,286	5	0
	42,000	33,000	5	20

Ainsi donc un parti qui compte les 3/7 des électeurs peut être privé de toute représentation, ou, inversement, obtenir les 4/5 des places, 1/5 seulement restant à la majorité. Cet exemple est purement théorique, mais les données de la statistique en fournissent d'aussi saisissants. En voici un entre autres. Ce sont les élections législatives pendant trois années consécutives dans l'Etat de Massachusetts.

Elections de 1885 :

134,092 votants obtiennent 34 représentants,
135,120 n'en ont point.

Elections de 1886 :

188,695 votants obtiennent 32 représentants,
189,840 n'en ont point.

Elections de 1887 :

110,528 votants obtiennent 35 représentants,
111,146 n'en ont point.

Le résultat c'est l'attribution de la totalité de la représentation à une minorité, grâce à un habile découpage des
collèges (1). Et ceci n'est point spécial aux pays d'outre-
mer. On peut signaler de saisissantes et récentes applications de l'art de la géographie électorale en Hollande (2),
en Suisse (3), en Belgique (4), dans le grand-duché de
Bade (5), en Italie (6), ailleurs encore. En France, le
second Empire l'a pratiqué avec succès. Citons en ce genre
les élections législatives de 1869 dans le département du
Gard (7) : 4 députés officiels élus par 47,944 voix, les
49,463 électeurs de l'opposition n'ayant rien.

Je n'insiste pas sur cette cause d'erreur. La loi ayant
donné pour limites des circonscriptions électorales les
limites des arrondissements et des départements, leur
fixation échappe à l'arbitraire du législateur, — sauf les cas
de division d'un arrondissement de plus de 100,000 âmes.
La répartition légale actuelle fausse certainement la repré-

---

(1) *R. P.*, Bruxelles, 1889, p. 90.
(2) *Id.*, 1883, p. 171.
(3) *Id.*, 1885, p. 77.
(4) *Id.*, 1890, p. 146.
(5) *Id.*, 1892, p. 373.
(6) *Id.*, 1894, p. 124 et seq.
(7) Cité par M. Edmond Bertrand à la séance de la Société de législation
comparée, du 19 février 1873.

sentation, mais il semble que ce soit au profit ou au détriment de tous les partis, suivant les provinces, et non au profit du seul parti au pouvoir. Ce n'est donc pas de la géographie électorale (1).

III. — Répartition antiproportionnelle des sièges.

Il est aisé de la constater. L'importance des collèges varie comme de 1 à 10 ; le nombre des sièges attribués à chaque collège devrait varier dans les mêmes proportions. Or nous avons le scrutin d'arrondissement, c'est-à-dire un député par circonscription. Par rapport à d'autres électeurs, certains électeurs ont donc un pouvoir électoral décuple. Ces inégalités prodigieuses semblent être en France de tradition. Le scrutin de liste créait également un véritable vote plural. En 1885 l'électeur de Paris nommait 38 députés et l'électeur de la Lozère 3 : le pouvoir électoral du premier était donc treize fois plus fort que celui du second.

ARTICLE 2. — *Antiproportionnalité de la répartition des sièges entre les partis.*

Cette antiproportionnalité est évidente, puisque les élections se font suivant le principe de la majorité et non suivant le principe de la proportionnalité. Ce qu'il nous importe de constater ici, c'est en quoi le système majoritaire viole le principe de l'égalité des électeurs, et quelles sont les conséquences de cette violation.

---

(1) Cf. cependant *infra* p. 97.

Chaque député a une valeur représentative proportion- ¡
nelle au nombre d'électeurs qu'il représente. Dans cette
mesure — et dans cette mesure seulement — il participe
à la confection des lois. Or à la Chambre les votes de tous
les députés ont même valeur, c'est-à-dire sont égaux entre
eux : chaque député doit donc représenter un même nombre d'électeurs. Cette conclusion est exacte en fait et en
droit. En fait, car elle assure une correspondance parfaite
entre la majorité parlementaire et la majorité du pays :
toute décision prise par l'une est certainement conforme à
la volonté de l'autre (1). En droit, car elle respecte intégralement le principe de l'égalité des électeurs : si tous les
députés ont une égale valeur représentative, les électeurs
sont tous également représentés, puisqu'ils sont des fractions égales entre elles de cette valeur représentative.

Or en France les députés ont-ils un pouvoir représentatif égal? Nullement. Et voilà ce qui fausse essentiellement
notre régime représentatif.

---

(1) Cette représentation parfaite serait faussée si l'on maintenait les errements des Chambres actuelles. Les absences fréquentes des députés permettent à certains groupes d'obtenir des votes de surprise, et créent un
équilibre artificiel en modifiant la représentation des partis.

Trois règles s'imposent : prendre toute décision à la majorité absolue,
— interdire de voter pour les absents, — adopter la coutume anglaise d'ap-
parier les demandes de congé : si un opposant s'absente, un ministériel
renonce à son droit de vote pour le même temps, et l'équilibre des partis
n'est pas modifié.

Cf. lettre au *Journal des Débats*, 14 juillet 1896 : « Les socialistes
» voyagent beaucoup, mais ils se gardent bien de prendre des congés.
» Leurs amis votent pour eux. Les autres députés, plus scrupuleux et plus
» timides, font constater officiellement leur absence... S'octroyer des congés
» sans les demander officiellement, c'est le seul moyen de rétablir l'équi-
» libre vrai et de parer à une nouvelle journée des dupes. »

I. — Inégalité du pouvoir représentatif des députés.

Rien n'est plus facile que la constatation de cette inégalité. Voici la liste des seize députés qui, aux élections
de 1893, ont obtenu le plus petit nombre de voix :

Delombre, Barcelonnette (Basses-Alpes). . . . 1,512
Binder, Paris, VIIIe arrond., 2e circonscription . 1,777
Prudent-Dervillers, Paris, XIXe arrond., 2e circonscr. 1,912
Lagrange, Lyon, 4e circonscription 2,433
Michelin, Paris, XIVe arrond. 2e circonscription . 2,630
Sembat, Paris, XVIIIe arrond., 1re circonscription. 2,631
D'Hugues, Sisteron (Basses-Alpes). 2,710
Pétrot, Paris, VIe arrond., 1re circonscription . . 2,738
Bishoffsheim, Puget-Théniers (Alpes-Maritimes) . 2,874
Flourens, Embrun (Hautes-Alpes) 2,924
Trélat, Paris, Ve arrond., 2e circonscription . . 2,927
Couturier, Lyon, 5e circonscription 2,931
Guichard, Lyon, 3e circonscription 2,947
Chassaing, Paris, IVe arrond., 2e circonscription . 2,952
Hovelacque, Paris, XIIIe arrond., 1re circonscr. . 3,041
D. Cochin, Paris, VIIIe arrond., 1re circonscr. . . 3,052

La somme des voix est de 41,991, ce qui fait un chiffre
d'élection moyen de 2,624. Mettons en regard la liste des
seize députés qui ont obtenu le plus grand nombre de
voix :

Giguet, Belley (Ain) 13,331
Boudenoot, Montreuil (Pas-de-Calais) 13,518
Farjon, Ambert (Puy-de-Dôme) 13,580
Guyot-Dessaigne, Clermont (Puy-de-Dôme), 2e cir-
conscription 13,582

Dulau, Saint-Sever (Landes) 13,592
Prince de Léon, Ploërmel (Morbihan) 13,617
Develle, Bar-le-Duc (Meuse) 13,691
Graux, Saint-Pol (Pas-de-Calais). 14,054
Delcassé, Foix (Ariège) 14,171
De Rémusat, Muret (Haute-Garonne) 14,293
Poincaré, Commercy (Meuse) 14,394
Viger, Orléans (Loiret), 2ᵉ circonscription. . . 14,399
Viox, Lunéville (Meurthe-et-Moselle) 14,493
Dupuy, Le Puy (Haute-Loire), 1ʳᵉ circonscription. 14,513
Basly, Béthune (Pas-de-Calais), 1ʳᵉ circonscr. . 14,609
Legludic, La Flèche (Sarthe). 14,862

La somme des voix est ici de 224,699 et la moyenne de
14,043 (1). Un député de la seconde série a donc une
valeur représentative qui est plus de cinq fois plus forte que
celle d'un député de la première. Mais — et il faut toujours
en revenir là — le gouvernement représentatif n'est que la
réduction exacte du gouvernement direct. Un député n'a
d'autre valeur que celle des voix qu'il représente, et comme
ils doivent avoir une égale valeur, il faut qu'ils représentent le même nombre de voix. Or nos députés ont une
valeur représentative variant de 1,512 à 14,862, c'est-à-
dire de 1 à 10. Et — pour en revenir aux deux tableaux
que nous venons de dresser — alors que les 41,991 électeurs de la première série nomment seize députés, un
nombre égal d'électeurs de la seconde série ne peut en
nommer que trois. En d'autres termes, pour faire contrepoids à seize députés élus avec une moyenne de 2,624 voix,
il faut seize députés élus avec une moyenne de 14,043 ;

---

(1) Maurice Vernes, *loc. cit.*, p. 264, 265.

pour que les 41,991 électeurs de la première série ne
soient pas la majorité, il faut leur en opposer 238,742 de la
seconde ; et deux députés représentant 3,289 électeurs
(Barcelonnette et Paris, VIIIe arrondissement, 2e circonscription) l'emportent sur un député élu par 14,862 voix
(La Flèche). Avec une représentation aussi profondément
faussée le pouvoir doit être presque fatalement aux mains
d'une minorité.

II. — Conséquences de cette inégalité.

Puisque les députés ont des pouvoirs représentatifs inégaux, il n'y a aucune certitude qu'à la majorité parlementaire corresponde la majorité du pays. Pour chaque décision
prise, il faut rechercher par combien de suffrages ont été
élus les députés qui ont voté pour ; et, si le total des voix
ainsi additionnées n'est pas égal à la moitié plus un du
corps électoral, il faut conclure que la volonté de la
Chambre n'a pas été conforme à la volonté de la nation.
Dans tous les pays où le régime majoritaire est appliqué,
on peut constater de la sorte à quel point la représentation
est faussée. Certains exemples sont vraiment saisissants.
En 1872, à la Chambre des Communes, sir Charles Dilke
signalait un vote sur une question importante : la majorité
parlementaire n'était couverte que par 977,000 voix, tandis
que la minorité représentait 1,383,000 électeurs. En
Allemagne, le Reichstag élu en 1893 a voté les réformes
militaristes : or, on a calculé que 3,256,641 électeurs
avaient voté dans le sens militariste, et 4,323,362 en sens
contraire, en sorte que les antimilitaristes avaient une
majorité de plus d'un million d'électeurs (1).

____

(1) *R. P.*, Bruxelles, 1893, p. 273.

Pour rester en France, je citerai quelques calculs de M. Béchaux, professeur à la Faculté libre de droit de Lille (1), sur les scrutins les plus importants de 1883. Le 15 février, vote du contre-projet Antonin Proust sur l'expulsion des princes par 317 députés représentant 2,651,544 électeurs; le 4 juin, vote de la suspension de l'inamovibilité de la magistrature par 308 députés représentant 2,613,886 électeurs; le 31 octobre, interpellation Granet sur l'expédition du Tonkin, et vote d'un ordre du jour Paul Bert et Loubet favorable au gouvernement par 324 députés représentant 2,685,516 électeurs; le 23 novembre, vote de la proposition Jules Roche diminuant le traitement de l'archevêque de Paris par 281 députés représentant 2,339,031 électeurs; le 10 décembre, interpellation Clémenceau sur l'expédition du Tonkin, et vote d'un ordre du jour Paul Bert et Philippoteaux favorable au gouvernement par 308 députés représentant 2,519,598 électeurs. Or il y avait en 1881 10,532,974 inscrits, 6,865,668 votants et 559 députés. La majorité parlementaire variait de 281 à 324 députés, représentant de 2,339,031 à 2,685,516 électeurs. En d'autres termes, le pouvoir était aux mains d'une minorité, le quart des inscrits (25 %) et le tiers des votants (38 %) faisant la loi à tout le pays. Il est permis de croire que rien n'a changé depuis lors, et permis de penser que rien n'est plus inique et plus despotique qu'une représentation aussi faussée.

Poursuivons notre étude : ces résultats ne vont plus nous étonner, car on peut démontrer que, depuis 1877, aucune Chambre française n'a représenté la majorité des électeurs. Un savant statisticien, M. Victor Turquan, a

---

(1) *Le Scrutin de liste proportionnel*, Paris, 1885, p. 2.

calculé que les députés de 1877 avaient été élus par les
49,2 % des électeurs, ceux de 1881 par les 45 %, ceux
de 1885 par les 43,7 % (1). La proportion se maintient
en 1889 et 1893 : 43,9 % (2). En d'autres termes, la majorité des électeurs, majorité s'accroissant de 6 % en
seize ans, n'a jamais été représentée, et la Chambre tout
entière n'a jamais été l'élue que d'une minorité, minorité
qui en seize ans a décru de 6 %. Conclusion : non seulement la majorité parlementaire ne correspond pas à la
majorité du pays, mais l'unanimité même de la Chambre
ne représente que la minorité des électeurs.

Ces résultats sont si stupéfiants qu'ils semblent toucher
au paradoxe. Ils sont cependant sensiblement exacts. Mais
je crois que la rigueur du raisonnement a conduit les
statisticiens à une exagération. La représentation est faussée, cela est certain : mais, puisque le pays n'est pas profondément troublé, c'est qu'elle n'est pas faussée autant
que l'on veut bien le dire. Ainsi les calculs de M. Béchaux
contiennent une cause d'erreur. M. Béchaux fait le calcul
des voix attribuées aux députés qui ont réussi à faire
passer une loi : et il a l'air de croire que les électeurs de
ces députés sont seuls partisans de cette loi. Or il y a une
très forte présomption pour que tous les électeurs de même
nuance soient du même avis. Et, s'il y a quelques dissidents,
on peut admettre qu'ils se balancent avec les dissidents des
partis contraires. Il faudrait donc ajouter aux électeurs
totalisés par M. Béchaux le chiffre de leurs coreligion-

---

(1) *R. P.*, Paris, p. 499 et seq.

(2) Pour les élections de 1893, les calculs de statistique ont été faits par
M. A. Simon, conseiller municipal de Fontaines-sur-Saône (Rhône), que
je tiens à remercier pour l'extrême obligeance avec laquelle il a mis à ma
disposition tous les documents qu'il possédait.

naires politiques : tant de ceux représentés par des députés qui n'ont pas pris part au vote, que de ceux qui ont été battus. Quant aux calculs faits sur l'ensemble de la représentation, je crois qu'ils peuvent aussi être modifiés sur un point : nous allons étudier les causes pour lesquelles la représentation est faussée, et nous déterminerons ainsi dans quelle mesure il convient de les approuver et d'en tenir compte.

III. — Causes de cette inégalité.

Nous en avons déjà étudié une, c'est la grande inégalité des circonscriptions électorales et l'absence d'un chiffre unique comme base des calculs de répartition des sièges entre les divers collèges. Nous allons en déterminer une seconde en faisant le calcul des voix non représentées : abstentions et voix battues. Le nombre des unes et des autres est considérable. Je citerai à titre d'exemple le département de la Seine pour les élections législatives de 1893 : ce département comprend quarante-cinq collèges.

Collèges.			Electeurs inscrits.	Voix obtenues par les élus.	Voix non représentées.
Paris. Ier arr^t.			14,677	5,052	9,625
— IIe —			15,020	5,858	9,162
— IIIe —			21,737	6,338	15.399
— IVe —	1re circ^{on}.		13,629	4,402	9,227
— IVe —	2e —		9,004	2,952	6,052
— V^e —	1re —		11,747	3,874	7,873
— V^e —	2e —		12,135	2,927	9,208
— VIe —	1re —		9,094	2,738	6,356

Paris. VIe arr^t. 2^e circ^{on}.	12,726	3,823	8,903
— VIIe —	19,347	5,985	13,362
— VIIIe — 1re —	11,300	3,052	8,248
— VIIIe — 2^e —	5,729	1,777	3,952
— IXe — 1re —	9,806	3,348	6,458
— IXe — 2^e —	13,880	4,400	9,480
— X^e — 1re —	17,233	5,816	11,417
— X^e — 2^e —	14,716	6,453	8,263
— XIe — 1re —	11,518	4,399	7,119
— XIe — 2^e —	17,452	6,686	10,766
— XIe — 3^e —	16 556	5,549	11,007
— XIIe — 1re —	11,648	6,446	5,202
— XIIe — 2^e —	11,450	4,000	7,450
— XIIIe — 1re —	7,772	3,041	4,731
— XIIIe — 2^e —	16,714	6,035	10,679
— XIVe — 1re —	16,059	5,171	10,888
— XIVe — 2^e —	8,400	2,630	5,770
— XVe — 1re —	14,938	5,488	9 450
— XVe — 2^e —	9,517	3,705	5,812
— XVIe —	16,210	4,476	11,734
— XVIIe — 1re —	12,319	3,722	8,597
— XVIIe — 2^e —	22,164	7,530	14,634
— XVIIIe — 1re —	10,638	2,631	8,007
— XVIIIe — 2^e —	20,070	7,089	12,981
— XVIIIe — 3^e —	14,721	5,273	9,448
— XIXe — 1re —	17,699	4,566	13,133
— XIXe — 2^e —	7,049	1,912	5,137
— XXe — 1re —	13,264	4,414	8,850
— XXe — 2^e —	17,186	7,353	9,833
Arr^t. de St-Denis 1re circ^{on}.	14,936	5,845	9,091
— — 2e —	24,093	6,606	17,487
— — 3e —	15,024	4,803	10,221

Arr^t. de St-Denis	4e circ^{on}.	13,255	4,149	9,106
— —	5e —	20,935	5,183	15,752
— de Sceaux.	1re —	13,205	4,897	8,308
— —	2e —	19,374	6,530	13,244
— —	3e —	31,641	10,134	21,507

Ce tableau est très instructif. Voici un département dont tous les arrondissements ont dû être divisés en plusieurs circonscriptions électorales. Pourquoi n'avoir pas créé des collèges égaux? Pourquoi 45 circonscriptions variant de 5,729 à 31,641 électeurs? Géographie électorale peut-être..... Et ce qui donne du poids à cette hypothèse, c'est le nombre considérable des abstentions. Lorsque les minorités désertent la lutte, c'est qu'elles se savent vaincues d'avance : or, dans le département de la Seine, le nombre des abstentionnistes est de 23 %. Il est remarquable que, dans les 45 collèges d'un même département, aucun élu n'ait pu grouper sur son nom les suffrages de la moitié des électeurs inscrits, ni même un chiffre s'en approchant sensiblement. Quelques-uns n'atteignent même pas le quart des inscrits (Paris, V, 2, et XVIII, 1, — Sceaux, 5). En calculant sur l'ensemble, nous trouvons 657,587 électeurs inscrits, 218,662 ayant donné leur voix aux députés élus, 438,925 non représentés : c'est-à-dire que les représentants de la Seine ne représentent que le tiers des électeurs, 33,3 %, et que les deux tiers, 66,7 %, ne sont pas représentés.

Les statistiques dressées pour la France entière ne révèlent pas pour l'ensemble du pays une situation électorale meilleure. Pour les élections de 1877 à 1885, M. Victor Turquan donne les chiffres suivants :

	1877	1881	1885
Abstentions	19 %	31 %	23 %
Voix battues	32 %	24 %	34 %
Voix représentées par les élus.	49 %	45 %	43 %
TOTAL. . .	100	100	100

En d'autres termes :

	1877	1881	1885
Voix non représentées . . .	51 %	55 %	57 %
Voix représentées.	49 %	45 %	43 %
TOTAL. . .	100	100	100

Pour les élections de 1893, M. A. Simon a trouvé comme moyenne : voix non représentées 56,1 %, dont abstentions 29,9 % et voix battues 26,2 %, et voix représentées 43,9 %.

M. Simon conclut : « Les abstentions varient de 8,2 %
» (Belfort), à 54,1 % (Haute-Savoie). Dans un seul dépar-
» tement elles sont inférieures au dixième des inscrits ;
» dans dix-neuf elles surpassent le quart ; dans dix-sept
» elles s'élèvent à plus du tiers ; dans six elles dépassent
» les deux cinquièmes ; dans trois elles sont supérieures à
» la moitié.

» Dans douze départements seulement, le nombre des
» voix représentées atteint la moitié des inscrits ; dans
» les soixante-quinze autres les députés ne représentent
» que la minorité du corps électoral, et même dans six
» leurs voix atteignent à peine le tiers des inscrits.

» Conséquences :

» 1° Le Parlement n'est pas l'image de la nation.

» 2° Les députés n'étant, pris dans leur ensemble, que

» les mandataires du plus petit nombre d'électeurs, c'est
» donc la minorité qui délibère et qui gouverne, tandis 1
» que la majorité réelle est réduite à l'impuissance. »

Ces conclusions me paraissent exagérées : la représentation est certainement faussée, elle ne l'est pas à ce
point. On compte dans les voix non représentées des voix
battues et des abstentions Pour les voix battues, aucune
discussion n'est possible ; ce sont des opposants auxquels
la loi électorale actuelle n'assure aucune représentation.
Elles ont atteint en 1885 34 %, elles sont aujourd'hui de
26,2 %. Il en est autrement des abstentions.

Les abstentionnistes se divisent en quatre groupes. On
compte d'abord parmi eux d'anciennes voix battues qui
désertent la lutte, lassées de voir leurs efforts toujours
suivis d'un insuccès. Il est facile d'évaluer leur nombre.
Le total des voix battues et des abstentions est sensiblement constant : 57 % en 1885, 56,1 % en 1893. Pendant la même période les voix battues tombent de 34 %
à 26,2 %, et les abstentions montent de 23 % à 29,9 %.
Les voix battues qui désertent l'arène électorale valent 1
donc environ 7 %. Il y a en second lieu parmi les abstentionnistes des opposants qui n'ont jamais voté, parce qu'ils
étaient persuadés d'avance de l'inutilité de leurs efforts et
de l'écrasement de leur parti. Ils sont peu nombreux,
peut-être 3 ou 4 %. Le propre des minorités de combat '
est d'être organisées, disciplinées et actives.

Il reste donc encore à peu près 20 % d'abstentionnistes, qui constituent deux derniers groupes. Les uns —
et ceux-ci sont fort nombreux — ne votent pas parce que
le succès du député de leur parti est assuré : ils ne se
dérangent pas parce que la victoire est certaine. Les
autres sont des indifférents, des gouvernementaux quand

même, des partisans de l'élu quel qu'il soit : adhérents un peu flottants, sans entrain, sans ardeur, mais adhérents tout de même. Il est juste de soutenir que ce 20 % d'abstentionnistes est représenté. Or, si aux 43,9 % de voix représentées, accusés par les statistiques, on ajoute environ 20 %, les voix représentées atteignent au moins 60 %. La majorité du pays est donc effectivement représentée à la Chambre.

Mais cette majorité est faible, peu accusée, un peu flottante. Et il reste une imposante minorité de près de 40 %, privée de toute représentation, qui ne peut rien discuter, qui doit tout subir : 40 % d'électeurs dont le droit électoral est violé, car le droit à la représentation n'est respecté que s'il est exercé efficacement. Il ne suffit pas de déposer un bulletin dans l'urne, il faut arriver à être réellement représenté.

ARTICLE 3. — Conclusions.

Voilà le mal, et l'on ne saurait nier qu'il est fort grave. Rien, plus que la fausseté de la représentation, ne saurait troubler un pays, fomenter les discordes, susciter les divisions, créer en un mot cet état de malaise général si funeste à l'esprit d'initiative et à la marche des affaires. Le corps social tout entier est malade s'il y a des troubles dans l'une quelconque de ses fonctions : qu'est-ce à dire s'il s'agit de la tête, de la fonction souveraine? C'est pourquoi il est impossible de rester indifférent en pareille matière. Pour tout homme logique et de bon sens, il suffit de savoir que la représentation est faussée pour avoir la volonté d'y porter remède, — tant une telle situation est grosse de conséquences graves et dangereuses.

Or le remède, c'est la représentation proportionnelle. D'abord proportionner le nombre des députés au nombre des électeurs, en adoptant un chiffre unique, un quotient, comme base des calculs de répartition : il suffit pour cela que la loi attribue à chaque collège autant de députés que le nombre des électeurs de ce collège contient de fois le quotient. Ensuite proportionner le nombre des députés de chaque parti au nombre des électeurs du même parti : il suffit alors à chaque électeur d'aller au vote pour avoir une certitude presque absolue d'être représenté, et l'on élimine par ce procédé la presque totalité des voix qui n'arrivent pas à être représentées dans le système actuel. Pour les voix battues, l'élimination est complète. Quant à ce qui est des abstentionnistes, la représentation proportionnelle assure une représentation à tous ceux qui ne prenaient pas part à la lutte par suite de la certitude où ils étaient de voir leurs efforts infructueux, soit qu'ils n'aient déserté l'arène électorale qu'après de vaines tentatives, soit que dès le début ils aient douté de la victoire : ceux-ci marchent donc au scrutin, et, par contre-coup, tous les électeurs qui s'abstenaient parce que le candidat de leur choix était assuré du succès.

Si l'on néglige le petit groupe, peu intéressant d'ailleurs, des abstentionnistes neutres, indifférents, partisans de l'élu quel qu'il soit, — groupe qui n'est réductible que par le vote obligatoire, — on voit que la représentation proportionnelle fait disparaître toutes les causes d'erreur que nous avons constatées dans une représentation organisée selon le mode actuel. Sa valeur empirique n'est donc pas inférieure à sa valeur rationnelle. Et l'excellence pratique de la représentation proportionnelle est si grande, qu'elle est constatée par ceux-là mêmes qui la rejettent

au point de vue des principes. « Il est pourtant avantageux
» et désirable, dit M. Esmein, que les minorités soient
» représentées dans une Chambre des députés. Ce n'est
» pas un droit pour elles, mais c'est un bien pour tous.
» Cela est même nécessaire pour le bon fonctionnement
» du gouvernement représentatif (1). »

« La représentation proportionnelle, écrit M. Ernest
» Naville dont on connaît en cette matière la haute com-
» pétence , n'est plus une simple théorie, un désir pieux
» des amis de la justice, elle est entrée dans la période des
» décisions législatives et des applications pratiques (2). »
Et, appréciant la valeur de la représentation proportionnelle
d'après les résultats qu'elle a donnés suivant une base expé-
rimentale qui est aujourd'hui très large (3), puis comparant
les caractères des élections établies suivant le principe
majoritaire et des élections établies suivant le principe
proportionnel, M. Ernest Naville conclut ainsi.

« D'une part :
» Si on considère les électeurs, et qu'on admette l'égalité
» de leurs droits, le système majoritaire est contraire à la
» *justice*, puisqu'il laisse de nombreux groupes de ci-
» toyens sans aucune influence sur les lois qu'ils auront
» à subir et sur les impôts qu'ils auront à payer.

» Si on considère l'organisation politique, le système
» majoritaire est contraire à la *vérité*, puisqu'une repré-
» sentation faussée livre le pouvoir de décision, qui est

---

(1) *Eléments de droit constitutionnel*, Paris, 1896, p. 670.
(2) *La Démocratie, les Systèmes électoraux et la Représentation proportionnelle. Revue politique et parlementaire*, 10 septembre 1896,
p. 501.
(3) Cf. *infra* ch. II, sect. III, art. 3.

» censé appartenir à la majorité des citoyens, aux repré-
» sentants d'une minorité qui peut être faible.

» Si on considère les intérêts de la société, le système
» majoritaire est contraire à la *paix*, puisque, aux luttes
». inévitables qui sont le résultat de la nature des choses,
» il joint des luttes funestes qui sont le produit artificiel
» d'une loi mauvaise.

» D'autre part :

» Le système proportionnel est *juste*, puisqu'il maintient
» l'égalité des citoyens, puisqu'il donne à tous, dans les
» limites posées par le caractère collectif de l'action
» électorale et les intérêts de l'Etat, une part d'influence
» sur le vote des lois et des impôts.

» Le système proportionnel est *vrai*, puisqu'il réalise,
» autant que cela dépend de la loi, l'accord de la majorité
» du corps élu et de la majorité du corps électoral.

» Le système proportionnel est *pacifique*, puisqu'il sup-
» prime des luttes qui sont un contre-sens, pour leur
» substituer une bonne émulation entre divers groupes de
» citoyens certains que, dans la mesure où ils recruteront
» des adhérents, ils obtiendront leur juste part de pou-
» voir législatif.

» On peut différer d'avis sur la convenance de développer
» plus ou moins l'élément démocratique dans la constitu-
» tion des Etats. L'organisation politique est un moyen et
» non pas un but. Tous les hommes que n'aveugle pas
» l'esprit de système comprennent que l'extension du droit
» de suffrage peut être un bien ou un mal selon l'état
» intellectuel et moral des populations. Mais on ne peut
» pas méconnaître que le développement de la démocratie
» est le fait capital de la politique contemporaine. Or, s'il
» est certain que les systèmes électoraux généralement en

» usage faussent la démocratie et la faussent dans un sens
» funeste, on conviendra que la question de la représenta-
» tion proportionnelle ou de la représentation vraie —
» ces deux expressions sont synonymes — est de nos
» jours la plus importante des questions politiques (1). »

(1) *Loc. cit.*, p. 501, 502.

CHAPITRE II.

Historique de la représentation proportionnelle [1]

Comment des philosophes, des penseurs, des hommes
d'Etat, ont conçu et formulé le principe de la représentation proportionnelle, comment les initiatives individuelles
se sont librement et spontanément groupées pour étudier
l'idée nouvelle et la divulguer par la presse et la parole,
comment enfin cette large propagande a abouti à des
applications nombreuses, non seulement d'ordre privé,

---

(1) Les renseignements que j'ai dû réunir pour composer ce chapitre
sont épars dans un grand nombre de journaux, revues, brochures et vo-
lumes. Je me borne à signaler *passim* : la *R. P.* Bruxelles, et notamment
une série d'articles de M. Ernest Naville parus dans les années 1884, 1885
et 1890, sous le titre : *Les Progrès de la représentation proportionnelle,*
— la *R. P.* Genève, — la *R. P.* Paris, — le *Bulletin de la Société de
législation comparée,* v° Chronique législative, — la *Revue politique et
parlementaire,* v° La vie parlementaire à l'étranger.

mais encore et surtout d'ordre législatif, tel est l'objet de ce chapitre. Et un tel objet vaudrait un volume, puisque l'accumulation des détails peut seule donner idée de l'étendue de la matière.

Sans entrer dans des développements étendus, je voudrais du moins indiquer dans ses grandes lignes l'évolution de la théorie de la représentation proportionnelle. Définitivement formulée il y a trente ans à peine, elle est en France encore inconnue du grand public, et considérée par ceux qui la connaissent comme une théorie de droit constitutionnel plus spéculative que pratique, peut-être même douteuse quant au principe qui lui sert de base. A l'étranger, au contraire, elle passionne déjà les masses électorales : des hommes de bonne volonté s'associent partout pour répandre la bonne parole, soulever l'opinion en sa faveur, et porter la question devant les Parlements. Et le résultat de tant d'efforts spontanés, intelligents, disciplinés, organisés en vue d'une action commune, ce sont des lois nombreuses, émanant de la plupart des Corps législatifs d'Europe, d'Amérique et même d'Océanie, et appliquant le principe proportionnel.

Une étude historique sur la théorie de la représentation proportionnelle ne saurait être que fort intéressante. Il s'en dégage une impression de masse qui fait ressortir toute la valeur pratique de la théorie ; et d'autre part, elle fournit tous les éléments d'une synthèse permettant d'augurer de son avenir.

SECTION I.

LA REPRÉSENTATION PROPORTIONNELLE ET LES THÉORICIENS.

I. — Le principe.

Le mot « représentation proportionnelle » est susceptible de deux sens. Dans le premier, on proportionne le nombre des élus au nombre des électeurs. Dans le second, on proportionne le nombre des élus de chaque parti au nombre des électeurs du même parti. Je ne reviens pas sur cette distinction que j'ai étudiée plus haut (1). Je la rappelle seulement ici pour faire observer que ces deux idées se sont fait jour simultanément il y a un peu plus d'un siècle, — l'une en Angleterre et l'autre en France, l'une et l'autre se déduisant logiquement de la théorie du gouvernement représentatif comme deux corollaires d'un théorème.

En 1780, dans un bill de réforme proposé au Parlement d'Angleterre, le duc de Richmond demande que le nombre total des électeurs anglais soit divisé par le nombre des membres de la Chambre des Communes, et que chaque comté soit réparti en autant de districts électoraux qu'il renferme de fois un nombre d'électeurs égal au résultat de cette division. Voilà la première idée : et en effet, pour qu'une décision prise par un gouvernement représentatif s'impose avec la même force et la même justice qu'une décision prise par un gouvernement direct, il faut

____

(1) Cf. *supra* ch. I, sect. II, § 1.

que chaque élu représente le même nombre d'électeurs, car alors seulement on a la certitude qu'à la majorité des représentants correspond la majorité des représentés.

Mais cette première idée n'est pas par elle seule suffisante. Dans chaque collège une majorité écrasera une ou plusieurs minorités, et, si l'on se contente d'une majorité relative, le parti triomphant peut fort bien n'être qu'une minorité : et alors, à la majorité des représentants ne correspond plus la majorité des représentés. Voici donc la seconde idée telle qu'elle fut formulée pour la première fois par Mirabeau dans l'un de ses discours en 1789 : « Les assemblées représentatives peuvent être comparées » à des cartes géographiques, qui doivent reproduire tous » les éléments du pays avec leurs proportions, sans que » les éléments les plus considérables fassent disparaître » les moindres. » Remarquons que cette seconde idée est en germe dans la première : il suffit pour développer ce germe d'abattre les cloisons établies entre les collèges, c'est-à-dire de faire du pays un collège unique; puis, au lieu de répartir les sièges, avant l'élection, proportionnellement au nombre des électeurs inscrits dans chaque collège, de les répartir, après l'élection, proportionnellement au nombre des votants de chaque parti.

II. — Les systèmes d'application.

Le principe trouvé, reste à l'appliquer. Et ici encore deux idées se sont fait jour. D'abord, à côté du parti qui a obtenu la majorité, accorder une certaine représentation à une ou plusieurs minorités : ce sont les systèmes minoritaires. Ensuite assurer la représentation exactement proportionnelle de tous les partis : ce sont les systèmes proportionnels.

En négligeant les variétés de détail, les systèmes minoritaires se ramènent à quatre types : système de simple pluralité, vote limité, vote gradué, vote cumulatif. Dès 1770, le 16 juin, Borda soumettait à l'Académie des sciences le principe du vote gradué. Et il réussit à le faire insérer dans le règlement de l'Institut du 4 avril 1796. Le système du vote gradué, étudié par Condorcet, préconisé par Hare en 1857, a été remis en lumière par MM. Burnitz et Varrentrapp à Francfort en 1863. Le système de simple pluralité remonte au projet de Constitution française de Condorcet présenté à la Convention nationale les 15 et 16 février 1793. Je laisse de côté une application isolée en 1835 dans la Caroline du Nord. Le système de simple pluralité a été étudié à nouveau par M. Emile de Girardin dès 1849, puis par MM. Mackay et Genala. C'est encore Condorcet dans son projet de Constitution qui conçoit le vote limité. Ce système subit bien aussi une légère éclipse, mais dès 1830 il est très sérieusement étudié en Angleterre et en Amérique, et dès la même époque proposé dans divers amendements législatifs. Il est appliqué pour la première fois dans l'île de Malte en 1852. Le vote cumulatif n'apparaît qu'en 1850 dans un projet de constitution pour le Cap de Bonne Espérance, et c'est au Cap qu'il reçoit sa première application en 1853. Mais on regarde comme initiateur James Garth Marshall, en raison de ses études de 1853, publiées sous forme de lettre à lord John Russell.

Pour ce qui est des systèmes proportionnels, indiquons tout d'abord deux conceptions très originales, l'une de M. Boutmy, développée dans un article de la *Liberté* du 21 août 1867, l'autre de M. Karl Sladkowsky de Prague, a peu près de la même époque. Les deux systèmes principaux sont celui du quotient et celui de la concurrence des listes. Le système du quotient, sous la forme du quotient simple, a été imaginé par M. de Villèle en 1839. Sa première application est de 1840, dans l'Australie méridionale. Il a été remis en lumière par M. Fischer à Philadelphie, en 1869. Sous la forme du quotient avec transfert de suffrages, il a été exposé dès 1844 par Tscherning en Danemark, puis par Andræ en 1855, et appliqué la même année. Thomas Hare l'a popularisé par un ouvrage publié en 1859, et de même, quelques années plus tard, Stuart Mill. La concurrence des listes a été soutenue sous quatre formes principales. Vote par listes : imaginé en 1861 par M. Bellamy de Genève. Vote par candidats : conçu en 1863 par M. Nabor Cavalcanti au Brésil et M. Morin à Genève, et en 1875 par M. Sladkowsky en Bohême et M. Gfeller à Lausanne. Double vote simultané sans panachage : dès 1844 il est exposé par M. Thomas Gilpin de Philadelphie; en 1870 il est soutenu par M. Borély de Nimes et M. Cantagrel de Neuchâtel. Enfin double vote simultané avec panachage : c'est le système d'Hondt, exposé par lui en 1882 à Bruxelles.

Je n'ai pas essayé de faire dans ce paragraphe une monographie historique des divers systèmes proportionnels. J'ai seulement voulu préciser la date de leur apparition. Le simple rapprochement de ces dates nous révèle d'ailleurs un fait des plus intéressants et des plus significatifs. J'ai dit plus haut qu'en creusant la théorie du gouvernement représentatif on arrivait nécessairement à l'idée de la représentation proportionnelle. L'histoire corrobore cette affirmation. Il n'y a pas plus d'un siècle que la théorie du gouvernement représentatif est universellement connue, profondément étudiée, et largement appliquée, et, dans le même laps de temps, le principe proportionnel s'ébauche, se précise et se parfait. Mais il y a mieux. Les systèmes d'application que l'on a voulu juger si compliqués sont eux-mêmes si simples à concevoir, si faciles à trouver, qu'ils ont été librement et spontanément formulés sous des latitudes diverses par des penseurs ignorants des travaux les uns des autres.

Quelques faits entre autres. Lorsque le législateur de l'Australie méridionale appliquait en 1840 le système du quotient simple, il ne connaissait pas les travaux de M. de Villèle de 1839, et ces deux faits n'étaient pas connus de M. Fischer lorsqu'en 1869 il concevait à Philadelphie le même système. Pour le quotient avec transfert de suffrages, M. Andræ en 1855 a affirmé qu'il ignorait l'œuvre de M. Tscherning de 1844, et M. Hare en 1857 qu'il ignorait M. Andræ et M. Tscherning; et M. Jean Rivoire, qui à Genève quelques années plus tard imaginait le même procédé, a affirmé qu'il ne connaissait pas les travaux de ses prédécesseurs. De même MM. Thomas Gilpin en 1844, Borély et Cantagrel en 1870 pour le double vote simultané; et MM. Nabor Cavalcanti en 1863, Gfeller et Karl Sladkowsky en 1875 pour le vote par candidats. Qu'est-ce à dire, sinon que la représentation proportionnelle n'est pas le fruit anormal d'une intelligence trop ingénieuse, mais la résultante toute naturelle d'un peu de bon sens, d'un peu de logique, et peut-être — ne faut-il pas en ces matières écarter les passions politiques? — d'un peu de bonne foi.

SECTION II.

LA REPRÉSENTATION PROPORTIONNELLE ET L'INITIATIVE PRIVÉE.

Voici donc le principe proportionnel formulé, les systèmes d'application conçus et exposés. Mais, avant que les applications ne deviennent nombreuses, il faut toute une période, et une longue période, de tâtonnements, d'efforts et de propagande. Faute d'une publicité suffisante, les conceptions les plus ingénieuses peuvent pour longtemps tomber dans l'oubli. Le vote cumulatif a été connu du grand public dès son origine, grâce à l'ouvrage de James Garth Marshall. Mais le vote gradué, aujourd'hui encore, est ignoré du plus grand nombre. Quant au système de simple pluralité et au vote limité, conçus il y a plus d'un siècle, ils n'ont été vraiment mis en circulation que longtemps après, l'un par les publications d'Emile de Girardin, l'autre par des débats importants au Parlement anglais et dans les législatures américaines. Il en est de même des systèmes proportionnels. Ceux de MM. Boutmy et Karl Sladkowsky sont de pures conceptions théoriques, et le quotient simple n'a été appliqué qu'une fois. Et si les autres ont fait partie du domaine des idées courantes presque dès leur apparition, cela tient à l'action de sociétés de propagande fortement constituées.

L'action individuelle, si éminent soit l'homme, est forcément limitée dans le temps et l'espace. Un penseur expose un système dans un livre, un homme d'Etat l'applique dans son pays, — tentatives louables, mais n'assurant pas une divulgation et une notoriété suffisantes.

Ceux-ci ont jeté la bonne semence, ce qui va la faire lever et germer ce sont les bonnes volontés individuelles unissant leurs efforts et leurs labeurs pour retourner la terre ingrate et la rendre fertile. Je crois devoir faire ressortir la grande influence que l'initiative individuelle peut acquérir dans la direction des affaires publiques. Je ne parle pas ici de cette action souvent brillante, mais toujours vaine, qui est le propre de certains esprits rebelles à toute idée de hiérarchie et de discipline : quelle que puisse être leur valeur personnelle, on n'a jamais vu des chevau-légers assurer la victoire à leur parti. J'ai en vue ces gens de bonne volonté qui savent se grouper et s'organiser fortement pour arriver au triomphe d'une cause ; et qui, ne constituant souvent qu'une minorité, savent assurer ce triomphe par l'exacte détermination du but, le choix précis des moyens et la parfaite exécution d'un plan longuement conçu et ponctuellement exécuté. Dans une démocratie qui permet le libre groupement des volontés individuelles pour une action commune, et qui compte sur de tels groupements comme sur une condition essentielle du progrès, il n'est jamais indifférent de signaler de tels faits, de les mettre en valeur et de les proposer comme exemples.

I. — Associations d'étude et de propagande.

Le 22 août 1864, Genève avait été le théâtre de troubles sanglants qui produisirent une anarchie momentanée. L'une des causes de ce triste événement était la Constitution du pays, et particulièrement la loi électorale en vigueur. M. Ernest Naville nous raconte lui-même que, malade à cette époque, il lut, avant de se mettre au lit, dans un journal fribourgeois, *Le Confédéré*, que le principe

des élections était un principe faux, et que la représentation vraie serait la représentation proportionnelle des
partis. Cette idée travailla dans son esprit : un corps
élu peut ne représenter que la moitié plus un des citoyens,
et par suite la majorité de ce corps peut ne représenter
qu'un peu plus du quart des citoyens ; or cette majorité a
le pouvoir législatif. Arrivant à cette conclusion, M. Naville crut qu'il était devenu fou ou que la fièvre lui donnait
le délire (1). L'ouvrage de Stuart Mill sur le gouvernement
représentatif lui prouva que l'erreur qui lui avait paru
incroyable était une erreur réalisée dans tous les Etats
représentatifs. C'est ainsi que, le 15 janvier 1865, quelques
mois plus tard, M. Ernest Naville constituait à Genève la
première association réformiste (2).

Bientôt d'autres villes suisses imitent l'exemple de
Genève. C'est à Zurich, en juillet 1868, la *Verein für
Wahlreform* (3) ; à Neuchâtel, en 1869, *la Société neuchâteloise pour la réforme électorale* (4) ; à Lausanne, en
avril 1875, l'*Association vaudoise pour la réforme électorale* (5). A Berne, le 14 septembre 1876, les associations
réformistes de la Suisse, fondent une *Société suisse pour la
représentation proportionnelle*, dont les sociétés cantonales
deviennent des sections (6). De nouvelles sections cantonales sont créées le 2 juin 1877 à Berne (7), en avril 1882
à Bâle (8), et le 26 mars 1883 à Fribourg (9).

---

(1) Ernest Naville. *Le Fond du sac. Lettre sur la question électorale,*
Genève, 1870.
(2) *R. P.,* Bruxelles, 1884, p. 250.
(3) *Id.,* p. 265.
(4) *Id.,* p. 295.
(5) *Id.,* 1885, p. 18.
(6) *Id.,* p. 23.
(7) *Id.,* p. 25.
(8) *Id.,* p. 80.
(9) *Id.,* 1883, p. 87.

Aux Etats-Unis, les premières associations réformistes sont à New-York, en 1867, la *The personal representation Society* (1), et à Chicago, en 1869, la *Minority representation Society* (2). En août 1893, à la conférence internationale de Chicago, se fonde la *The american proportional representation League* (3).

A Londres, le 13 juin 1868, se constitue la *The representative reform association* (4). Dissoute en 1872, elle renaît en janvier 1884 sous le titre de : *Proportional representation Society*. Elle crée alors des sections locales, notamment à Newcastle (*North of England proportional representation League*), et à Manchester (5). A Paris, une société d'études, la *Société pour l'étude de la représentation proportionnelle*, le 21 juillet 1883, sous la présidence de M. Georges Picot (6), et une société d'allures politiques, le *Comité réformiste*, le 17 novembre 1883, sous la présidence de M. Edouard Hervé (7). A Bruxelles, le 4 mai 1881, l'*Association réformiste pour l'adoption de la représentation proportionnelle* (8), et en 1888, la *Ligue libérale de propagande pour la représentation proportionnelle* (9).

Signalons encore l'*Associazione per lo studio della rappresentanza proporzionale*, fondée à Rome le 9 février

---

(1) *R. P.*, Bruxelles, 1884, p. 262.
(2) *Id.*, p. 294.
(3) *Id.*, 1893, p. 248.
(4) *Id.*, 1884, p. 264.
(5) *Id.*, 1885, p. 90 et 153.
(6) *Id.*, p. 34.
(7) *Id.*, p. 89.
(8) *Id.*, 1883, p. 18.
(9) *Id.*, 1888, p. 46.

1872 (1), et les sociétés réformistes de Prague (février 1876) (2), Amsterdam (3) et Lisbonne (4).

Ces sociétés n'ont pas toutes exercé la même action. La Société pour l'étude de la représentation proportionnelle de Paris n'a été qu'une société d'études, sans action sur le grand public. Les associations politiques, comme le Comité réformiste de Paris, la Ligue libérale de propagande pour la représentation proportionnelle de Bruxelles, font de la réforme une affaire de parti et lui rendent hostiles les partis opposés. Or la représentation proportionnelle est une réforme nécessaire : elle doit donc s'adresser au peuple qui seul aujourd'hui peut exercer une action efficace, et non pas à une élite de penseurs ; elle est une réforme juste : elle doit donc planer au-dessus des divisions politiques, car elle les domine toutes. C'est ce qu'ont bien compris les sociétés de propagande, et nous allons les suivre dans les divers domaines où leur activité s'est déployée : propagande par le livre, propagande par la parole.

II. — Propagande par le livre.

J'emploie ici le mot livre au sens symbolique : parole écrite par opposition à parole parlée. Non pas que les livres proprement dits manquent sur la question, mais, pratiquement, ils ne l'ont pas fait avancer d'un pas. Le type du genre est un gros volume in-8º de plus de cinq cents

---

(1) *R. P.* Bruxelles, 1885, p. 15.
(2) *Id.*, p. 22.
(3) *Id.*, 1890, p. 93.
(4) *Id.*, 1887, p. 82.

pages, publié en 1888 par la Société d'études de Paris, sous le titre de : *La Représentation proportionnelle*, œuvre d'ailleurs d'une grande valeur scientifique, bourrée de faits et de documents. Mais c'est l'erreur des gens de cabinet de croire que de tels ouvrages servent à la divulgation d'une idée. La très remarquable étude de M. Maurice Vernes (1) et les statistiques si éloquentes de M. Victor Turquan (2), tirées en édition populaire et distribuées à profusion, auraient eu certainement une autre action, et créé sans doute un important mouvement d'opinion.

La belle propagande des sociétés réformistes étrangères s'est exercée de tout autre façon, — sans gros volume ni études purement scientifiques. Ou plutôt, ces études sérieuses ont été faites et menées à bonne fin. Puis, pour la propagande, on les a revêtues d'une forme claire, simple, concise : et c'est ainsi qu'elles ont fait leur chemin dans le monde.

Publications périodiques d'abord. La première paraît à Genève du 24 décembre 1868 au 9 juin 1870 : c'est un journal hebdomadaire, *Le Réformiste, bulletin de la réforme électorale* (3). L'Association vaudoise publie un bulletin à intervalles irréguliers, de mai 1878 à septembre 1884 (4). Enfin le 28 septembre 1884, l'assemblée des délégués de la Société suisse pour la représentation proportionnelle, réunie à Berne, décide de faire paraître un bulletin écrit en deux langues, français et allemand, le *Bulletin de la Société suisse pour la représentation proportionnelle* (5).

---

(1) P. 3-81.
(2) P. 499-511.
(3) *R. P.*, Bruxelles, 1884, p. 266.
(4) *Id.*, 1885, p. 18.
(5) *R. P.*, Genève, n° 1.

L'Italie a eu aussi un bulletin du 1er juin 1872 au 2 août 1885, les *Atti della Associazione per lo studio della rappresentanza proporzionale* (1), et les Etats-Unis, depuis le Congrès de Chicago d'août 1893, la *The Proportional Representation Review*, a quaterly Magazine, devoted to the reformation of the Method of Electing Representatives (2). La Belgique a fondé le 8 janvier 1882 un journal bi-mensuel (3), devenu à dater de janvier 1883 une revue mensuelle, *La Représentation proportionnelle*. C'est de beaucoup l'organe réformiste le plus important, et pour le grand nombre de ses informations et pour la valeur de ses articles.

Articles de journaux ensuite et brochures. Sur ce point les efforts ont été très grands. Les réformistes ont su pousser la polémique à ce point, que tous les journaux du pays où cette action s'est exercée ont dû prendre part à la lutte et discuter la question. Pour ou contre, peu importe : l'essentiel était que la représentation proportionnelle devînt une idée courante et fût connue de tous. On y est si bien arrivé qu'en Belgique, par exemple, et brevitatis causa, on la désigne toujours par un monogramme : R. P. Quant aux brochures, elles sont extrêmement nombreuses : toujours courtes et très claires, mettant en évidence quelque point important, distribuées gratuitement ou vendues à très bas prix. Je citerai comme modèle du genre une plaquette de XVI pages, écrite sous forme de questionnaire, vendue à 10 centimes par l'Association belge, sous le titre de : *Petit Catéchisme de la représentation pro-*

---

(1) *Revue politique et parlementaire*, 10 septembre 1896, p. 495.
(2) *R. P.*, Bruxelles, 1893, p. 248.
(3) *Id.*, 1885, p. 61.

portionnelle. La Belgique et la Suisse ont tout particulièrement multiplié les brochures populaires.

III. — Propagande par la parole.

Dès l'abord, on saisit de la question les milieux scientifiques et les sociétés savantes. En France, en novembre 1880,
M. Ernest Naville présente à l'Académie des sciences morales et politiques un rapport intitulé : *La Démocratie représentative*. L'assemblée annuelle de la Société d'Economie
sociale et des Unions discute la représentation proportionnelle en 1886 (1) et en 1888 (2). De même le Congrès
d'Economie sociale, le 19 juin 1889 (3), et l'Académie des
sciences morales et politiques en juin 1882 (4), en décembre 1888 (5), en août 1895 (6), et en avril 1896 (7).
En 1888, la Conférence Molé-Tocqueville étudie une loi
électorale proportionnelle (8). Aux Etats libres du Dauphiné
de 1892, M. A. Simon expose la concurrence des listes et
procède à un essai pratique (9). Citons à l'étranger, parmi
les associations saisies de la question, le Congrès interna-
tional pour le progrès des sciences sociales d'Amsterdam
en 1865 (10), en 1883 la Conférence française du barreau
de Liège (11), l'Université d'Heidelberg qui en 1884 met

---

(1) *R. P.*, Bruxelles, 1886, p. 161.
(2) *Id.*, 1890, p. 15.
(3) *Id.*
(4) *Id.*, 1896, p. 7.
(5) *Id.*
(6) *Id.*, p. 21.
(7) *Journal des Débats*, 23 août 1896.
(8) *R. P.*, Bruxelles, 1889, p. 145.
(9) *Id.*, 1892, p. 317.
(10) *Id.*, 1888, p. 131.
(11) *Id.*, 1883, p. 77 et 141.

au concours une étude sur le principe proportionnel (1), en 1885 la Conférence du barreau de Bruxelles (2), l'Académie hongroise des sciences de Budapest en 1886 (3), les 4 et 18 avril 1891 la Société d'études sociales et politiques de Bruxelles (4), l'Université catholique de Louvain en 1894 (5). La tactique des réformistes est ici excellente : ils couvrent leurs derrières. Ces sociétés scientifiques, mal éclairées, eussent pu condamner le principe proportionnel, et le désaveu eût été grave venant de si haut. Il était habile de leur développer, dans toute son ampleur, un principe dont l'évidence s'impose, et de forcer leur adhésion.

Pourtant des critiques se faisaient jour : nombre et complication des systèmes, désaccord des réformistes entre eux. Nouvel effort : les revues étudient avec minutie les plus petits points de détail, les systèmes se simplifient, se perfectionnent et se précisent. Ce n'est pas assez : pour s'entendre rien de tel que de se réunir et de discuter. De là les conférences internationales où les premiers réformistes du monde viennent échanger leurs vues, et qui servent en outre à la divulgation de la cause, grâce à une large publicité. Les Belges ont organisé la première à Anvers les 7, 8 et 9 août 1885 (6). Depuis, les Américains en ont tenu une à Chicago les 10, 11 et 12 août 1893 (7), et le 28 août 1895 une à Saratoga (8). Je ne cite que pour

---

(1) *R. P.*, Bruxelles, 1884, p. 270.
(2) *Id.*, 1885, p. 164 et 202.
(3) *Id.*, 1887, p. 17.
(4) *Id.*, 1891, p. 137.
(5) *R. P.*, Genève, n° 8-9, p. 61.
(6) *R. P.*, Bruxelles, 1885, p. 209.
(7) *Id.*, 1893, p. 179.
(8) *Id.*, 1895, p. 125.

mémoire les travaux des sociétés, soit dans leurs sections locales, soit dans leurs assemblées générales.

Ce n'est pas encore tout : il faut s'adresser aux partis politiques et aux électeurs par des conférences; et, pour lever certains doutes, écarter la peur de l'inconnu, on organisera des essais publics d'application. On exposera d'abord le principe proportionnel, pour en faire comprendre la justesse; puis on expérimentera le système adopté comme dans une véritable élection. Tous comprendront ainsi et la justice du principe et la simplicité de son application. La propagande ainsi comprise n'est pas seulement originale et neuve : elle est remarquable par la continuité d'efforts que s'imposent volontairement des gens de bonne volonté. On peut citer dans les pays les plus divers des conférences suivies d'essais pratiques de ce genre. Ainsi en Norwège, à Christiania, M. Berner le 1er janvier 1886 (1); en Danemark, à Copenhague, le 9 mars 1886, M. Fredrik Bajer au Cercle pédagogique (2); en Hollande, à Amsterdam, le 3 décembre 1888, M. S. Katz à la Burgerwacht (3); et, aux antipodes, une femme, miss Catherine H. Spence, qui, après une campagne dans l'Australie du Sud (4), va porter au Japon son infatigable ardeur (5). A ce point de vue, l'initiative anglaise s'est largement développée. Mais je veux seulement citer à titre d'exemples la Suisse et la Belgique.

En Suisse, les conférences suivies d'essais publics sont d'abord locales, sans lien entre elles. M. Hagenbach-

---

(1) *R. P.*, Bruxelles, 1886, p. 23.
(2) *Id.*, 1886, p. 89.
(3) *Id.*, 1888, p. 325.
(4) *Id.*, 1892, p. 322.
(5) *Id.*, 1895, p. 80.

Bischoff en organise une à Bâle dès 1882 (1); quelques
années plus tard, MM. de Wyss et Wille à Zürich (2);
M. J. Répond en 1885, à Fribourg (3). En 1889 M. Hagenbach-Bischoff décide de porter la question devant l'opinion
publique dans plusieurs cantons à la fois. Le système
choisi est celui de la concurrence des listes avec adjonction du vote cumulatif. Il dirige un essai public à Bâle le
18 février (4). Puis d'autres à Lausanne le 30 mars, à
Genève le 31, à Soleure le 12 mai, à Zürich le 15 juin.
D'autres encore ont lieu, mais sans qu'il les dirige lui-
même, le 6 mars à Lucerne, le 23 à Neuchâtel, et le 6 juin
à Berne (5). Le résultat de la campagne, c'est que tous
ces cantons discutent la réforme d'une manière très approfondie, et que plusieurs l'adoptent. Et la valeur expéri-
mentale de l'essai public s'impose avec une telle force,
qu'en 1891, le Grand Conseil de Genève, étudiant une
nouvelle loi électorale, fait procéder le 13 décembre, au
Bâtiment électoral, à un essai de ce genre, suivant un
projet de loi élaboré par le Conseil d'Etat (6).

En Belgique, les conférences suivies d'essais publics
sont faites simultanément sur tout le territoire et dans
tous les milieux. J'en citerai dans les centres universitaires
et juridiques : en 1882, M. Sérigier à la Société juridique
de l'Université de Louvain (7), et M. Beernaert au Cercle
académique de l'Institut Saint-Louis de Bruxelles (8); le

---

(1) *R. P.*, Genève, n° 1, p. 24.
(2) *Id.*, n° 6, p. 285.
(3) *R. P.*, Bruxelles, 1886, p. 88.
(4) *Id.*, 1889, p. 109.
(5) *R. P.*, Genève, n° 6, p. 285.
(6) *R. P.*, Bruxelles, 1891, p. 299.
(7) *Id.*, 1882, p. 22.
(8) *Id.*, p. 26.

6 mars 1883, M. Beernaert à la Société générale des étudiants de l'Université de Louvain (1) ; le 27 mars 1884, M. Lemaire au Cercle juridique de Louvain (2) ; en 1891, le 12 février, M. Nyssens à la Société générale des étudiants de l'Université de Louvain (3), et le 14 mars à la Conférence du jeune barreau de Bruxelles (4). D'autres ont eu lieu dans les cercles les plus divers : politiques, religieux, agricoles, industriels. Ainsi, le 2 avril 1884, M. J. de Smedt au Cercle des Indépendants de Bruxelles (5) ; le même mois, M. Carlier à la Ligue Wallonne de Bruxelles (6) et à la Société l'Avenir de Mons (7); en 1885, M. Max Gœbel au Cercle des Libres Penseurs de Liège (8); M. de Noël au Cercle des Propriétaires de Verviers (9); M. J. de Smedt au Cercle des Indépendants de Bruxelles (10); MM. J. de Smedt et d'Hondt au Cercle catholique d'Anvers (11) ; M. Carlier à l'Association libérale de Bruxelles (12), à la Fédération des Cercles indépendants et à la Fédération des Cercles catholiques (13); M. d'Hondt au Vtaamsche Kiezersband de Gand (14); le 21 avril 1887, M. J. Mommaert au cercle La Fidélité de Bruxelles (15) ; en mars 1889, M. J. de Smedt au Cercle des Indépendants de

---

(1) *R. P.*, Bruxelles, 1883, p. 75.
(2) *Id.*, 1884, p. 101 et 127.
(3) *Id.*, 1891, p. 126.
(4) *Id.*, p. 129.
(5) *Id.*, 1884, p. 101.
(6) *Id.*, 1884, p. 127.
(7) *Id.*
(8) *Id.*, 1885, p. 62.
(9) *Id.*
(10) *Id.*, p. 91.
(11) *Id.*, p. 126.
(12) *Id.*
(13) *Id.*, p. 136.
(14) *Id.*, p. 445.
(15) *Id.*, 1887, p. 61.

Schaerbeek (1); en 1891, M. Nyssens à la Société La Table Ronde de Louvain (2). Enfin les réformistes s'adressent au corps électoral lui-même. Le programme comporte généralement un meeting, une conférence et un essai pratique. Tels : M. Nyssens le 27 avril 1884 à Boussu-lez-Mons (3); M. Nyssens encore le 2 juin à Courtray (4); MM. Carlier et d'Hondt le 15 à Huy (5); l'année suivante, M. de Monge à Louvain (6); en avril 1887, M. Ch. Grimau à Uccle-lez-Bruxelles (7); le 17 mars 1892, le Comité de l'Association à la Bourse de Bruxelles (8); en novembre 1893, le baron P. de Hauleville à Bruxelles et à Malines (9).

Mais, mémoires aux académies, réunions internationales, conférences et essais publics n'ont fait que populariser le principe proportionnel et préparer l'opinion publique. Il reste à faire aboutir pratiquement la réforme. Les proportionnalistes membres des corps représentatifs déposent des propositions en ce sens, et à tous les membres du Parlement les associations adressent des pétitions, des comptes rendus, des extraits de revues, des brochures de propagande. Je me borne à indiquer ici cette intervention constante et très active auprès des pouvoirs législatifs : et nous allons voir dans la prochaine section qu'elle n'a été ni vaine ni inefficace.

Je tiens cependant à signaler le rapport de cause à effet

---

(1) *R. P.*, Bruxelles, 1889, p. 117.
(2) *Id.*, 1891, p. 182.
(3) *Id.*, 1884, p. 126.
(4) *Id.*, 1884, p. 152.
(5) *Id.*, p. 175.
(6) *Id.*, 1885, p. 62.
(7) *Id.*, 1887, p. 64.
(8) *Id.*, 1892, p. 100.
(9) *Id.*, 1893, p. 317.

que j'établis entre l'action de l'initiative privée et les nombreuses applications du principe proportionnel. Et, en
France surtout, il est utile de méditer et de suivre de tels
exemples. Les sociétés réformistes de France, de Hollande,
de Bohème n'ont été que des centres d'études. Mais toutes
les autres ont été des foyers de propagande. Si je mets
à part le Danemark où la réforme électorale fut l'œuvre d'un
homme très influent, M. Andræ, partout où je vois appliquer la représentation proportionnelle, je trouve une association réformiste : en Suisse, en Italie, en Portugal, en
Angleterre, aux Etats-Unis. Même leur influence passe les
frontières, et il se crée des points secondaires : Allemagne
du Sud, Espagne, colonies anglaises, Amérique centrale.
Seuls, les grands efforts du comité belge n'ont pas été
récompensés par le succès mérité et espéré : mais il ne
faut voir là qu'un effet de circonstances locales et momen-
tanées, et qu'un retard temporaire (1). Quant à l'Amérique
du Sud, qui est un important milieu réformiste, je n'y
connais pas d'associations, mais il en existe peut-être. En
tout cas, là encore, le succès s'expliquerait par l'action
individuelle et l'initiative privée : qu'il suffise de rappeler
l'active propagande à laquelle se livrèrent les hommes de
bonne volonté groupés au Brésil par MM. Cavalcanti
et Alencar, et en Uruguay par M. de Arechaga.

---

(1) Le dernier numéro de la revue belge donne à ce sujet les meilleures
espérances. A la suite des élections des 5 et 12 juillet 1896, le parti socialiste, par l'organe du *Vooruit*, a abandonné la représentation proportionnelle. En revanche, les deux grands partis catholique et libéral semblent
vouloir s'entendre pour faire aboutir la réforme « Nous demeurons fidèles
» à la R. P., écrit le grand journal catholique *Le Bien Public*, et la journée
» du 12 juillet a raffermi nos convictions. » De son côté un des plus importants organes libéraux, *L'Etoile*, dit « que le véritable vaincu de la
» journée du 12, c'est le régime majoritaire. » La victoire semble donc
proche pour ces vaillants proportionnalistes belges qui n'ont jamais fléchi
dans leurs convictions, ni ménagé leurs efforts, ni douté du succès.

SECTION III.

LA REPRÉSENTATION PROPORTIONNELLE ET SES APPLICATIONS.

Nous venons d'étudier l'idée de la représentation proportionnelle dans ses origines et de la suivre dans ses développements. Il nous reste à jeter un regard d'ensemble sur ses applications. Applications d'ordre privé, décisions et règlements parlementaires, propositions et applications d'ordre législatif, voilà trois points principaux qui doivent un instant fixer notre attention : car c'est là la moisson de cette initiative individuelle dont nous venons d'admirer l'efflorescence libre et spontanée, et c'est aussi le gage des moissons futures que désirent et espèrent tous les amis de la justice et du progrès.

ARTICLE 1er. — *Applications d'ordre privé.*

Rien ne prouve plus que les applications de cet ordre la justice évidente qui caractérise l'idée de la représentation proportionnelle. C'est là un point de vue que ne mettraient pas suffisamment en lumière les applications d'ordre législatif, car les assemblées parlementaires se décident trop souvent sur de simples raisons de parti, ou sur des intrigues de couloirs, ou sur des motifs d'opportunité, ou par pure tactique. Mais il s'agit ici de groupes peu nombreux, délibérant en vue de leurs intérêts strictement personnels, et adoptant un système proportionnel parce que sa supériorité sur les théories majoritaires s'impose à leur raison comme l'évidence même.

Je crois devoir être très bref dans le développement de ce paragraphe. Je me bornerai à mettre en lumière deux points qui militent avec une grande force en faveur du principe proportionnel.

Voici le premier. Dans tous les cas que je connais d'application d'un système proportionnel à une association privée, on a pu attaquer les résultats de ce système par comparaison avec ceux que donnerait un autre système du même ordre, mais on n'a jamais contesté que les résultats de ce système proportionnel ne fussent supérieurs aux résultats du système majoritaire. Je puis même citer des cas où, l'adoption d'un système proportionnel ayant été faite dans le but tout empirique de calmer des passions soulevées ou d'apaiser de graves dissentiments, les effets de la réforme ont été entièrement conformes à ce que l'on attendait d'elle.

Ainsi les ouvriers des usines de fer de San Giovanni du Val d'Arno (Toscane) ont une caisse de secours dont ils élisent eux-mêmes les conseillers. Au point de vue professionnel ils sont divisés en trois groupes. L'un de ces groupes, plus nombreux que les autres, peut, suivant le système majoritaire, désigner seul tous les conseillers. Même situation à Sampierdarena (Gênes) pour une Banque ouvrière et une Société coopérative. De là, des dissentiments, des soupçons, des défiances, souvent traduits en accusations passionnées. En 1874 les ouvriers du Val d'Arno ont adopté la concurrence des listes, système de la liste libre, et ceux de Sampierdarena le système du quotient avec transfert de suffrages de Hare (1). Or, nous dit

---

(1) Ernest Naville, *Les Progrès de la réforme électorale en 1874 et 1875*, Genève, 1876, p. 47 et 48.

M. E. Naville, « les élections faites, le résultat a causé une
» satisfaction générale et le calme a remplacé l'agitation
» des esprits; la justice électorale a prévenu la crise que
» l'on prévoyait. Et ce résultat bienfaisant a si vivement
» excité l'attention des membres d'une grande Société de
» construction qui se fonde à Sampierdarena, que la repré-
» sentation proportionnelle a été introduite dans ses sta-
» tuts. »

Autre fait du même ordre. Les guides de Chamonix sont
organisés en une Compagnie, dirigée par un conseil d'administration de neuf membres. En principe chaque guide
fait son service à tour de rôle, mais dans certains cas la
liberté du choix est acquise aux voyageurs. Certains guides,
jouissant d'une réputation bien établie, sont demandés
plus que les autres, occupent une situation privilégiée, et
font de grosses recettes. L'hostilité des autres guides, naturellement un peu jaloux, se traduisit pendant plusieurs
années par l'exclusion systématique du conseil d'administration des guides les plus en vogue. La difficulté a été résolue
en 1871 par l'adoption simultanée du vote limité aux 7/9
et du vote cumulatif (2). Le correspondant du *Journal de
Genève,* qui étudie ce fait après quinze années d'application, dit que la paix est rentrée depuis dans la Compagnie.
La minorité, autrefois exclue du conseil, réussit en général
à faire passer deux de ses candidats.

---

(1) *Journal de Genève,* cité par *R. P.,* Bruxelles, 1887, p. 18, vᵒ Suisse.
— Pour les Belges sans doute, comme pour les Anglais, Chamonix et le
mont Blanc ne sont pas en France.

Règlement des Guides de 1871. — « Pour faciliter la représentation des
» différentes catégories d'intérêts, l'élection se fera au scrutin de liste et
» à la majorité relative, avec la faculté, pour chaque électeur, de porter
» trois fois sur son bulletin le nom du même candidat, sans qu'il y ait
» plus de sept voix exprimées en totalité. »

La seconde idée que je tiens à signaler, c'est non seulement le nombre, mais la grande variété des associations privées qui se sont prononcées pour le principe proportionnel. Je citerai à titre d'exemple des associations religieuses : ainsi, le 1er juin 1870, l'Eglise épiscopale de New-Jersey adopte le vote cumulatif (1), et, en 1872, le Synode général des Eglises réformées de France invite les synodes particuliers à étudier pour les élections synodales un projet de représentation proportionnelle (2); — des milieux universitaires : ainsi, il y a un siècle, l'Institut admettait dans son règlement du 4 avril 1796 le vote gradué présenté par Borda à l'Académie des sciences quelques années auparavant (3); en 1854, l'Université d'Oxford adopte le vote limité pour l'élection de l'Hebdomadal Council (4); et de même l'Université de Harward (Etats-Unis), le 30 avril 1870, le système du quotient avec transfert de suffrages de Hare pour la nomination du conseil de surveillance (5); — des sociétés politiques : telles, en Belgique, l'Association libérale de Gand, qui en 1884 adopte le système du quotient avec transfert de suffrages de Hare pour la désignation de ses candidats (6); l'Association libérale de Bruxelles, qui en 1884 nomme au vote limité la commission de revision du Règlement (7); l'Association libérale de Pâturages, qui en 1886 décide d'appliquer le système d'Hondt à l'élection du comité (8); et de même celle de Verviers en mars

---

(1) *R. P.*, Bruxelles, 1884, p. 299.
(2) *Id.*, 1885, p. 16. Il n'y a pas eu de Synode général depuis 1872.
(3) *Id.*, 1884, p. 205.
(4) Christophle, *De la Représentation proportionnelle*, Paris, 1887, p. 127.
(5) *R. P.*, Bruxelles, 1884, p. 297.
(6) *Id.*, p. 208.
(7) *Id.*, p. 207.
(8) *Id.*, 1886, p. 112.

1887 (1) ; — des sociétés ouvrières, comme celles du Val
d'Arno et de Sampierdarena indiquées plus haut : en 1891,
la Fédération ouvrière suisse, qui compte plus de 100,000
membres — plus que bien des collèges électoraux — a élu
au second degré son comité central suivant le principe
proportionnel (2). Laissant de côté, et les conseils municipaux (3) : ainsi le conseil municipal de Berne, qui avait
adopté depuis longtemps le vote limité pour l'élection de
ses membres, y a substitué la concurrence des listes (vote
populaire du 16 décembre 1894 ; règlement municipal du
5 mai 1895) (4) ; le conseil municipal de Paris a été saisi le
20 juin 1887 d'une proposition de M. Léon Donnat appliquant le vote cumulatif à l'élection de la commission du
contrôle et du budget (5) ; le conseil municipal de Copenhague, après plusieurs essais partiels du système du quotient avec transfert de suffrages d'Andræ pour la nomination de commissions, notamment en 1891 (6), adopte
le même système pour l'élection de ses comités (7), — et
les sociétés financières : soit que leurs membres appliquent
de leur propre initiative un système proportionnel, ainsi le
système du quotient avec transfert de suffrages de Hare
par la Société Kaweah de San Francisco, le 20 octobre 1887,

---

(1) *R. P.*, Bruxelles, 1887, p. 43.

(2) Cité par M. Frey au Grand Conseil de Genève le 27 mai 1891. *Mé-
morial des séances*, 1891, p. 166.

(3) Les conseils municipaux sont toujours libres d'adopter pour les élections de commissions tel système électoral qu'ils jugent convenable. En
outre, dans certains pays la loi électorale municipale n'est pas l'œuvre du
pouvoir législatif, mais du conseil communal ou de son corps électoral.
C'est à ce titre que je cite ici l'exemple de la ville de Berne.

(4) *R. P.*, Bruxelles, 1895, p. 52 et 81.

(5) *Id.*, 1887, p. 114.

(6) *R. P.*, Genève, n° 8-9, p. 64.

(7) *R. P.*, Bruxelles, 1893, p. 274.

pour la nomination de sept directeurs (1), soit que la représentation des minorités soit imposée par un texte législatif, comme dans certains Etats de l'Union où le vote cumulatif est prescrit pour les sociétés par actions (2), — je citerai pèle-mêle des sociétés de toute nature : en 1873 la Conférence du jeune barreau de Bruxelles pour l'élection de son conseil directeur (système du quotient avec transfert de suffrages de Hare) (3); le 10 avril 1874, le Cercle philologique de Florence pour l'élection du conseil, du syndic et des commissions (même système) (4); vers 1880, la commission de la Dette égyptienne; en 1882, l'Association des Etudiants de Copenhague, le Studentersamfundet (concurrence des listes) (5); la même année, l'Association pour la neutralisation du Danemark pour la nomination du comité central (vote cumulatif) (6); en mars 1883, l'Académie des beaux-arts de Copenhague pour la nomination du comité central (système du quotient avec transfert de suffrages d'Andræ) (7); en 1887, la Danks Skole forening de Copenhague pour la nomination du comité directeur (concurrence des listes, système Hagenbach-Bischoff) (8), société dissidente de la Danks Lœrer forening, Fédération des Instituteurs, fondée parce que celle-ci avait rejeté le système d'Hondt le 11 août 1886 (9).

Il faut que la justice d'une réforme s'impose comme

---

(1) *R. P.*, Bruxelles, 1887, p. 225.
(2) Illinois, 1872; Virginie occidentale, 1872; Pensylvanie, 1873; Ohio, 1874; Missouri, 1876; Californie, 1879.
(3) *R. P.*, Bruxelles, 1885, p. 16.
(4) *Id.*, p. 17.
(5) *Id.*, p. 189.
(6) *Id.*, p. 190.
(7) *Id.*, p. 189.
(8) *Id.*, 1889, p. 137.
(9) *Id.*, 1886, p. 111.

l'évidence même pour que cette réforme soit appliquée dans des milieux si divers et comme éducation et comme instruction, et comme tendances et comme but, allant de l'Institut de France à une humble société ouvrière en passant par tous les degrés de l'échelle sociale. Mais il y a une preuve encore plus forte. La représentation proportionnelle s'est imposée, en dehors de toute intervention législative, à des masses électorales : et pourtant de telles foules, mobiles, impulsives, passionnées, allant d'instinct à cette victoire brutale qui veut l'écrasement des vaincus, doivent être accessibles moins que qui que ce soit à un idéal de froide raison et d'impartiale justice. Or on a vu des partis se grouper, avant l'élection, pour présenter une liste commune ou ne présenter que des listes incomplètes, en vue d'assurer une représentation plus ou moins proportionnelle des divers groupes en présence. C'est ce que l'on a appelé le système des listes restreintes (1), assez inexactement d'ailleurs, car on ne saurait voir là un système proportionnel proprement dit : c'est une entente libre et spontanée, suivant des procédés variables, en vue d'une représentation exacte des partis. Il y a là une idée supérieure à celle qui préside souvent en France à des groupements électoraux. Le but n'est pas d'assurer le triomphe d'un parti ou l'écrasement d'un autre, mais de faire de l'assemblée élue la représentation réduite, mais fidèle, du corps électoral (2).

---

(1) Arthur d'Hoffschmidt, *Les Systèmes minoritaires*, Bruxelles, 1891, p. 31.

(2) On aurait tort de compter sur l'éducation du corps électoral pour la multiplication de faits identiques et la généralisation de cette application spontanée de la représentation proportionnelle. La confection de la liste d'un parti sur laquelle figurent des candidats du parti contraire est, sous

Ainsi à Fribourg, en 1880, pour les élections communales, les trois partis présentent une liste commune (1), et de même au Locle (2), et aussi à Zürich le 2 mai pour les élections au Conseil d'Etat (3). A Zürich il était d'usage depuis huit ans de représenter les deux partis dans le Grand Conseil et le Conseil d'Etat avec des proportions presque égales : le seul fait de la continuation de cet accord prouve que les partis n'ont pas à s'en repentir. Citons encore pour les élections de députés au Conseil d'Etat, faites à Bâle en octobre 1881, des listes restreintes aux 2/3 (4); en mars 1882, pour les élections au Grand Conseil du canton de Vaud, des listes restreintes dans plusieurs collèges, notamment Morges, Vevey, Montreux,

---

le régime actuel, un acte très honorable, auquel doivent souscrire les amis de la justice et de la paix; mais si on considère cet acte en lui-même, en oubliant la loi mauvaise qui l'impose, et aux défauts de laquelle il remédie en quelque mesure, on discerne clairement son caractère : il est deux fois absurde.

Il est absurde qu'un citoyen appelé à élire ses représentants place sur sa liste les noms de ses adversaires politiques.

Il est absurde que les représentants d'un parti soient choisis par le parti adverse.

Ce n'est pas seulement au nom de la justice, c'est au nom du bon sens le plus élémentaire qu'il faut réclamer la réforme de lois qui obligent un groupe de citoyens à demander pour lui seul la totalité de la représentation nationale, ou à contribuer à l'élection des représentants de ses adversaires. Il est d'une évidence absolue que chaque parti doit désigner ses propres candidats. Du reste les listes de conciliation ne se produisent que dans les époques d'accalmie Elles supposent des électeurs qui ont sacrifié à l'idée de la justice la répugnance que l'on éprouve à accorder ses suffrages à ses adversaires politiques. Une telle vertu ne se rencontre pas dès que les passions sont excitées.

(1) *Rapport de M. Amédée Roget à l'Assemblée générale de la section genevoise de la Société suisse pour la représentation proportionnelle*, tenue le 29 avril 1881, p. 8.

(2) *Id.*, p. 9.

(3) *Id.*, p. 10.

(4) *R. P.*, Bruxelles, 1882, p. 25.

Yverdon (1); en mars 1882 également, pour les élections
municipales de Lausanne, des listes restreintes aux 7/11 (2);
à Plainpalais (canton de Genève), aux élections municipales
du 8 mai 1882, des listes restreintes aux 2/3 (3). A Ter-
monde (Belgique), en 1885, pour des élections municipales partielles de deux membres, les deux anciens titulaires étant de deux partis, ces deux partis s'entendent
pour ne présenter chacun qu'un candidat (4). A Genève,
en novembre 1887, les deux partis présentent une liste
commune (5). Enfin — et rien ne prouve mieux l'empire
et l'attraction qu'une idée juste peut exercer sur la masse
— à Lausanne, en 1880, pour des élections municipales
de dix conseillers, le comité libéral avait seul adhéré au
projet d'une liste restreinte aux 2/3. Les électeurs limité-
rent eux-mêmes leur vote : aucune liste ne passa entière;
six libéraux et quatre radicaux furent élus (6). Je pourrais
multiplier ces exemples, mais ceux-ci suffisent à ma démonstration. Les applications d'ordre législatif ont plus
d'éclat, plus de notoriété, plus de renom, et servent davantage à la diffusion du principe. Mais celles que nous
venons de voir, ces applications d'ordre privé, fruit de
l'initiative individuelle, montrent avec quelle ampleur le
principe proportionnel s'impose à tous ceux qui l'étudient
sincèrement, et comment il pénètre, lentement il est vrai,
mais sûrement, dans toutes les couches sociales.

---

(1) *R. P.*, Bruxelles, 1882, p. 25.
(2) *Id.*, p. 26.
(3) *Id.*, p. 35.
(4) *Id.*, 1885, p. 444.
(5) *Id.*, 1887, p. 220.
(6) Amédée Roget, *loc. cit.*, p. 9.

ARTICLE 2. — *Décisions et règlements parlementaires.*

J'indique dans un paragraphe distinct les décisions parlementaires. Les assemblées sont maîtresses de leur règlement, mais ce règlement n'est pas une œuvre législative. D'autre part, il ne s'agit pas là de la nomination de corps appelés à prendre une décision, mais de la nomination de commissions chargées d'étudier certaines questions et de faire des rapports. Or personne ne conteste l'application du principe proportionnel à l'élection d'assemblées purement délibérantes. C'est en vertu d'une idée analogue qu'on applique à la nomination des Constituantes d'Etat de l'Union américaine une sorte de système proportionnel. Ces Constituantes, qui se réunissent tous les vingt ans, sont plutôt des Conseils d'Etat temporaires que des assemblées législatives. Il est de principe que toute Constituante doit réunir un nombre à peu près égal de membres des deux grands partis, et compter parmi ses membres les notabilités des deux partis (1).

Au Danemark, le règlement parlementaire prescrit depuis longtemps l'application du système du quotient avec transfert de suffrages d'Andræ à la nomination du Comité de la Chambre, des commissions parlementaires d'enquête, et des secrétaires de la Chambre, lorsque 15 membres du Folkething (Chambre) ou 12 du Landsthing (Sénat) en font la demande (2). Le 28 février 1890, le Folkething, en ce qui le concerne, a perfectionné cet état de choses par la

---

(1) *R. P.*, Paris. p. 173.
(2) *R. P.*, Bruxelles, 1885, p. 180.

substitution de la concurrence des listes, système d'Hondt, au système Andræ (1). En Portugal, le 30 janvier 1880, la Chambre des Pairs adopte le vote limité aux 5/7 pour l'élection des membres de la commission de vérification des pouvoirs (2). Le 9 février 1886, elle décide d'appliquer le vote limité à la nomination des principales commissions (3). Une autre disposition du même genre, qui tire une valeur toute spéciale de la haute situation des personnes qui l'ont édictée, est contenue dans le statut organique de la Roumélie orientale du 14/26 avril 1879, élaboré par une commission internationale instituée aux termes de l'article 18 du traité de Berlin. Le vote limité aux 3/5 est prescrit pour la nomination d'un comité permanent, chargé dans l'Assemblée nationale de la préparation de tous les projets de lois (4).

En dehors de toutes décisions réglementaires, il est d'usage dans certains Parlements d'accorder dans les commissions une certaine représentation à la minorité. Ainsi en Italie, et on se sert généralement dans ce but du vote limité (5). En Angleterre, à la Chambre des Communes, il est admis que les commissions doivent refléter la composition de la Chambre, et dans la même proportion (6). En Espagne, on applique le vote limité à la

---

(1) *R. P.*, Bruxelles, 1890, p. 101.
(2) *R. P.*, Paris, p. 435.
(3) *Id.*, p. 443, note.
(4) Emile de Laveleye, *En deçà et au delà du Danube. Revue des Deux Mondes*, 15 janvier 1886, p. 338. — La Roumélie orientale a perdu son indépendance. La Bulgarie se l'est annexée en septembre 1885. La Porte a d'abord protesté, puis le 5 avril 1886 a nommé le prince de Bulgarie gouverneur de la Roumélie, avec investiture du Sultan, pour cinq ans. Depuis 1891 la situation n'était pas régularisée. En 1895, reconnaissance officielle après le baptème du prince Boris.
(5) *Bulletin de la Société de législation comparée*, 1873, p. 176, note.
(6) *Revue politique et parlementaire*, 1894, p. 464.

nomination du bureau de la Chambre des députés (1). Je cite, en terminant, la France : il est d'usage à la Chambre que tous les groupes soient représentés au bureau, et c'est ce principe qui préside à l'élection des secrétaires.

ARTICLE 3. — *Propositions et applications législatives.*

Il est presque impossible de donner une liste complète des applications et surtout des propositions (2) de ce genre, car pour cela il faudrait pouvoir consulter le journal officiel de tous les Parlements. Je veux seulement faire l'énumération de toutes les décisions législatives que j'ai pu recueillir ; puis indiquer pour chaque pays, mais très succinctement, les grands courants d'opinion qui se sont fait jour dans les Parlements en faveur de la représentation proportionnelle.

I. — Textes législatifs conformes au principe proportionnel.

Voici la liste chronologique des lois qui ont appliqué le principe proportionnel à des élections représentatives. Pour chacune d'elles nous indiquerons le système adopté. Dans le chapitre III, en étudiant en détail chaque système, nous donnerons le texte même de ces lois.

---

(1) *R. P.*, Paris, p. 466.

(2) Ce travail est surtout très difficile en ce qui concerne les Etats-Unis. Le Congrès et quelques assemblées constituantes ont un compte rendu sténographié régulièrement imprimé. Mais la plupart des législatures d'Etat ne tiennent qu'un journal sur lequel on inscrit le texte des propositions soumises au vote et le résultat du scrutin, et non pas la teneur des délibérations.

LISTE CHRONOLOGIQUE DES LOIS

APPLIQUANT LE PRINCIPE PROPORTIONNEL A DES ÉLECTIONS REPRÉSENTATIVES.

DATES	PAYS	TITRES DES LOIS	Simple pluralité.	Vote limité.	Vote cumulatif	Quotient.	Concurrence des listes.
1835.	Etats-Unis, Caroline du Nord.	Loi pour l'élection de la Constituante.	*				
1840.	Australie, Australie Méridionale.	Loi sur les élections municipales d'Adélaïde.				*	
1852.	Ile de Malte.	Constitution. Election du Conseil législatif.		*			
1853.	Cap de Bonne-Espérance.	Constitution. Election du Conseil législatif et des députés de Cape-Town à l'Assemblée législative.			*		
2 octobre 1855.	Danemark.	Loi pour l'élection du Rigsraad.				*	
5 juillet 1856.	Espagne.	Loi sur les élections municipales.		*			
13 décembre 1861.	Ile de Malte.	Ordonnance pour l'élection du Conseil de gouvernement.		*			
4 décembre 1863.	Danemark.	Loi pour l'élection du Landsthing du Rigsraad.				*	
20 mars 1867.	Etats-Unis, New-York.	Loi pour l'élection de la Constituante.		*			
12 juillet 1867.	Danemark.	Loi pour l'élection au second degré du Landsthing du Rigsdag.				*	
30 juillet 1867.	Angleterre.	Acte sur les élections législatives anglaises. Etendu en 1868 aux élec-		*			

Date	Pays	Objet	1	2	3	4	5
		Bloomsburgh. Etendue à d'au- tres bourgs les 6 et 14 avril et 13 mai; à cinq autres les 4, 11, 19 et 26 mai 1871; à tous les bourgs qui n'ont pas de charte spéciale, le 2 juin; et à tous les bourgs du comté de Northumberland, le 8 mars 1872.					
2 juillet 1870.	Etats-Unis, Illinois.	Constitution. Elections législatives.			*		
18 mars 1872.	Etats-Unis, Dézeret (1).	Constitution. Elections législatives.			*		
10 avril 1872.	Etats-Unis, Illinois.	Loi autorisant pour les élections muni- cipales l'emploi facultatif du vote cumulatif.			*		
11 avril 1872.	Etats-Unis, Pensylvanie.	Loi sur l'élection de la Constituante.		*			
29 novembre 1873.	République Argentine, Buenos-Ayres.	Constitution prescrivant les élections législatives et sénatoriales suivant un mode proportionnel. — Loi appli- quant le vote cumulatif.			*		
20 octobre 1875.	Brésil.	Loi pour l'élection de l'Assemblée gé- nérale, des Assemblées provinciales, des Conseils municipaux et des juntes paroissiales et municipales.		*			
23 octobre 1876.	République Argentine, Buenos-Ayres.	Loi sur les élections législatives et sé- natoriales.					
16 décembre 1876.	Espagne.	Loi sur les élections municipales.		*			
28 décembre 1878.	Espagne.	Loi sur les élections législatives.	*	*			
9 janvier 1881.	Brésil.	Loi sur les élections provinciales et municipales.	*				

(1) Cf. *infra* p. 154, note.

DATES	PAYS	TITRES DES LOIS	Simple pluralité.	Vote limité.	Vote cumulatif.	Quotient.	Concurrence des listes
20 août 1882.	Espagne.	Loi sur les élections provinciales.		*			
24 septembre 1882.	Italie.	Loi sur les élections législatives.		*			
1884.	République Argentine, Santiago del Estero.	Constitution prescrivant les élections législatives suivant un mode proportionnel.					
21 mai 1884.	Portugal.	Loi sur les élections législatives.	*	*			
1884.	Etats-Unis, Massachusetts.	Loi sur les élections législatives.		*			
1884.	Chili.	Loi sur les élections législatives et communales.		*	*		
14 octobre 1887.	Brésil.	Loi sur les élections provinciales et municipales.		*			
1888.	Suisse, Neuchâtel.	Loi autorisant pour les élections municipales l'emploi facultatif du vote limité.		*			
22 décembre 1888.	Serbie.	Constitution. Elections législatives.					*
10 février 1889.	Italie.	Loi sur les élections municipales et provinciales.		*			
26 juin 1890.	Espagne.	Loi sur les élections législatives.		*			
1890.	Suisse, Tessin.	Loi pour l'élection de la Constituante.					*

24 novembre 1891.	Suisse, Tessin.	Loi pour les élections du Grand Conseil et de la Constituante.		*
3 septembre 1892.	Suisse, Genève.	Loi sur les élections législatives.		*
2 décembre 1892.	Suisse, Tessin.	Loi sur les élections politiques.		*
12 novembre 1893.	Costa-Rica.	Décret sur les élections législatives.	*	
19 mai 1894.	Suisse, Fribourg.	Loi autorisant pour les élections municipales l'emploi facultatif de la concurrence des listes.		*
1er septembre 1894.	Suisse, Zoug.	Loi. Election du Grand Conseil, du Conseil d'Etat, et autorisation pour les élections municipales de l'emploi facultatif de la concurrence des listes.		*
30 novembre 1894.	Suisse, Soleure.	Loi sur les élections législatives, et autorisation pour les élections municipales de l'emploi facultatif de la concurrence des listes.		*
15 décembre 1894.	République Argentine, Mendoza.	Constitution. Elections populaires.		
6 mai 1895.	République Argentine, Mendoza.	Loi sur les élections municipales.		*
12 septembre 1895.	Belgique.	Loi sur les élections municipales.		*
28 octobre 1895.	République Argentine, Mendoza.	Loi sur les élections législatives.		*
30 novembre 1895.	Suisse, Lucerne.	Loi sur les élections communales.		*

Je n'ai indiqué dans ce tableau que les lois s'appliquant à des élections représentatives : sénatoriales, législatives, provinciales, communales. Mais, dans les pays où le principe proportionnel est connu, appliqué, et par conséquent apprécié, on en fait d'ingénieuses applications : et le champ en est vaste, car nombreux sont les cas où il y a intérêt à représenter les gens de toute opinion. Je cite au hasard la nomination des bureaux électoraux (1), l'élection des commissions de revision des listes électorales (2), la nomination des bureaux de bienfaisance (3), l'élection des directeurs de sociétés par actions (4), la nomination des directeurs ou conseils d'écoles (5), et, dans les pays où les fonctions judiciaires sont électives, les élections judiciaires (6).

---

(1) Pensylvanie. L. 2 juillet 1839 (vote limité). — New-York. 1842 (vote limité). — Portugal. D.-L. 30 décembre 1852 (vote limité). — Brésil. L. 19 septembre 1855 (vote limité). — Italie. L. 24 septembre 1882 (vote limité).

(2) Portugal. D.-L. 30 décembre 1852 (vote limité), et L. 21 mai 1884 (simple pluralité). — Espagne. L. 28 décembre 1878 (vote limité). — Italie. L. 24 septembre 1882 (vote limité), et L. 11 juillet 1894 (simple pluralité). — Massachusets. L. 29 mai 1884 (vote limité).

(3) Pensylvanie. L. 28 mars 1870 (vote cumulatif), et L. 11 octobre 1870 (vote cumulatif).

(4) Illinois. L. 1er juillet 1872 (vote cumulatif). — Virginie occidentale. 1872 (vote cumulatif). — Pensylvanie. 1873 (vote cumulatif). — Missouri. 1875 (vote cumulatif). — Californie. 1879 (vote cumulatif).

(5) Pensylvanie. LL. 4 mars, 6 et 14 avril, 13 mai 1870, 4, 11, 19 et 26 mai 1871 et 8 mars 1872 (vote cumulatif), et LL. 10 février et 2 juin 1871 (vote limité). — Angleterre. Acte du 9 août 1870 (vote cumulatif) étendu à l'Ecosse en 1872.

(6) Lucerne. Constitution de 1867. — New-York. 1867 (vote limité). — Pensylvanie. L. 10 avril 1867 (simple pluralité), LL. 4 mars, 6 et 14 avril, 13 mai 1870, 4, 11, 19 et 26 mai 1871 et 8 mars 1872 (vote cumulatif), et Constitution du 16 décembre 1873 (vote limité). — Vaud. L. 22 janvier 1869 (vote limité). — Illinois. L. 12 mai 1870 (vote limité). — Tessin. L. 2 décembre 1892 (concurrence des listes). — Zoug. L. 1er septembre 1894 (concurrence des listes). — Lucerne. L. 30 novembre 1895 (concurrence des listes).

II. — Débats parlementaires.

ALLEMAGNE.

Grand-Duché de Bade.

Au Landtag (Chambre), en 1893, dépôt d'une proposition pour l'application du système d'Hondt aux élections législatives. Nomination d'une commission le 2 décembre. La proposition est adoptée le 22 juin 1894. M. Eisenlahr, ministre de l'intérieur, déclare que le gouvernement hésite devant une assemblée issue exclusivement d'une élection directe et proportionnelle, et étudie une combinaison n'appliquant la réforme qu'à l'élection d'une partie de la Chambre.

Prusse.

Au Parlement de Francfort, en 1861, MM. Burnitz et Varrentrapp proposent le vote gradué. Ils reprennent leur proposition en 1863 : elle est rejetée en 1864.

Würtemberg.

En 1894, le gouvernement ayant déposé un projet de revision de la Constitution, plusieurs députés demandent la représentation proportionnelle. Le gouvernement retire son projet.

Mais, en 1895, M. de Mittnacht, premier ministre, reprenant plusieurs propositions émanées de l'initiative parlementaire, dépose un projet de loi pour l'application du système d'Hondt à l'élection de 23 députés (sur 93).

ANGLETERRE.

En 1780, le duc de Richmond propose de prendre le quotient électoral pour base de la répartition du nombre des représentants dans les collèges.

En 1831, à la Chambre des Communes, M. Praed propose le vote limité. A la Chambre des Lords, en 1836, lord Grey demande le vote limité aux 5/8 pour les élections municipales irlandaises. En 1854, lord John Russell présente au nom du cabinet Aberdeen un bill de réforme électorale, appliquant le vote limité dans les collèges nommant trois députés.

Le 30 mai 1867, Stuart Mill, à la Chambre des Communes, propose le système du quotient avec transfert de suffrages de Hare pour les élections législatives, et M. Lowe, le 4 juillet, à la même Chambre, le vote cumulatif. La proposition de Stuart Mill est discutée, mais non suivie d'un vote; celle de M. Lowe est rejetée. Lord Cairns, plus heureux, fait adopter le 30 juillet le vote limité aux 2/3 pour les douze collèges trinominaux, et aux 3/4 pour la cité de Londres. Une proposition d'abrogation, déposée le 15 juin 1870 par MM. Hardcastle, Vernon Harcourt et Th. Potter, n'eut aucun succès. Mais l'acte du 30 juillet 1867 est sans application depuis le Redistribution Act de mars 1885 qui a divisé tout le territoire en circonscriptions uninominales.

1870. Discussion du bill de sir Charles Dilke sur l'éducation élémentaire. Lord Fréd. Cavendish propose à la Chambre des Communes le vote cumulatif pour l'élection des Conseils scolaires. Cette proposition devient l'art. 29 de l'acte du 8 août. Une demande d'abrogation de M. Dixon du 12 juillet 1871, présentée sur l'initiative de la Ligue nationale de l'Education, est rejetée. Et en 1872, l'acte du 8 août 1870 est étendu à l'Ecosse sur la proposition de sir Edw. Colebrooke.

La même année (1872), M. Morrisson propose à la Chambre des Communes la division de l'Angleterre en collèges trinominaux et l'application du système du quotient avec transfert de suffrages de Hare; et M. Collins, le 22 avril, le vote cumulatif pour l'élection des aldermen. M. Heygate reprend cette dernière proposition en 1874 et en 1875.

En 1878, M. Blennerhasset soutient à la Chambre des Communes le principe proportionnel et préconise particulièrement le système du quotient avec transfert de suffrages de Hare. Au cours de la discussion M. Courtney propose le vote cumulatif, et MM. Heygate et Parker demandent l'extension de l'acte de 1867 (multiplication des collèges trinominaux avec application du vote limité).

En 1884, au cours de la discussion du bill pour l'extension du droit de suffrage présenté par le ministère Gladstone, MM. Blennerhasset, Clarke, Goschen et sir John Lubbock soutiennent le principe proportionnel. Le bill, adopté à la Chambre des Communes, ayant été repoussé par la Chambre des Lords, le ministère dépose un projet de répartition des sièges qui deviendra le Redistribution Act de 1885. Sir John Lubbock propose par voie d'amendement une variante du système du quotient avec transfert de suffrages de Hare (vote simple transférable).

AUSTRALIE.

Australie Méridionale.

Une loi de 1840 applique aux élections municipales d'Adélaïde le quotient simple de de Villèle.

10

Nouvelle-Galles du Sud.

En juin 1862, le Parlement de Sydney discute et adopte en première lecture un bill appliquant à l'élection de la Chambre Haute le système du quotient avec transfert de suffrages de Hare. Le bill est retiré avant un second débat.

Queensland.

Application partielle de la représentation proportionnelle.

Victoria.

Le Parlement discute en 1863 un projet de loi sur le vote cumulatif. Depuis, il a été fait quelques applications de la représentation proportionnelle.

BELGIQUE.

Dès 1866, M. de Smedt propose le système du quotient avec transfert de suffrages de Hare, et en 1878, au cours de la discussion d'un projet de loi sur l'augmentation du nombre des membres des Chambres législatives, M. Pirmez soutient le principe proportionnel et préconise particulièrement le système de la concurrence des listes.

En 1883, M. le comte Goblet d'Alviella propose à la Chambre des Représentants d'organiser dans ses commissions la représentation des minorités. Le 25 avril de la même année, M. Pirmez demande le vote cumulatif pour l'élection de la commission du budget.

Le 17 janvier 1888, MM. Pirmez et de Smedt proposent à la Chambre des Représentants le système d'Hondt pour toutesles élections. La section centrale dans son rapport propose d'en limiter l'application aux élections provinciales. La même année, le 1er février, ils demandent le vote cumulatif pour les élections des conseils de prud'hommes : rejeté en 1889.

Le 2 février 1892, le ministère Beernaert dépose un projet de loi portant revision de certains articles de la Constitution. Il propose notamment de rédiger l'art. 48 en ce sens qu'une loi électorale éventuelle appliquant le principe proportionnel ne serait pas inconstitutionnelle. La Chambre repousse cette disposition au mois d'avril; mais M. le comte van der Buch la reprend, la fait passer au Sénat le 12 mai, et la Chambre l'adopte à son tour le 20. M. le comte Goblet d'Alviella et M. Steurs proposent alors au Sénat de reconnaître formellement dans l'art. 48 le principe proportionnel. Le 9 novembre, la commission du Sénat conclut en ce sens; le 19, celle de la Chambre déclare se tenir au vote du 20 mai. La Chambre soutient sa commission le 31 mai 1893, et le Sénat vote en ce sens le 12 juillet. Enfin, en mars 1894, malgré un mouvement d'opinion préparé de longue main et des vœux émanant de corps élus (1), les sections de la Chambre repoussent la représentation proportionnelle. M. Beernaert démissionne le 20, et le nouveau premier ministre, M. de Burlet, renonce à la réforme dans sa déclaration ministérielle.

Mais en 1895, M. de Burlet lui-même fait insérer dans la loi communale du 12 septembre une formule transactionnelle : répartition proportionnelle des candidats n'ayant

---

(1) Vœu du Conseil provincial de Liège, 1877 et 7 juillet 1883. — Vœu du Conseil provincial de Limbourg, 18 juillet 1882. — Vœu du Conseil communal de Bruxelles, 8 mai 1893. — Vœu du Conseil provincial de Brabant, 3 juillet 1895, etc.

pas obtenu la majorité absolue entre les différentes listes et au prorata du chiffre des voix obtenues par elles, et fixation d'un *quorum*. M. Lorand avait proposé par voie d'amendement l'application de la représentation proportionnelle à toutes les élections communales et sans *quorum*, et M. Helleputte à titre d'expérience aux seules communes de plus de 20,000 âmes.

BRÉSIL.

Le 6 juillet 1848, M. Paula e Souza, président du Conseil, propose au Sénat le vote limité à 1/2 pour l'élection des membres des bureaux électoraux. Cette disposition prend place dans la loi du 19 septembre 1855.

Dès lors les propositions se multiplient. Le 18 juin 1864, M. Barros Barreto le vote limité à 1/2 pour l'élection des juges de paix, proposition reprise le 6 août 1866; et le même jour (6 août 1866), le système de simple pluralité avec minimum pour l'élection des conseillers municipaux, des membres des assemblées provinciales, des députés, et des électeurs dans les assemblées, primaires. M. de S. Vicente, au Sénat, le 22 mai 1869, le vote limité pour l'élection des électeurs et des députés dans les collèges nommant plus de deux députés. A la Chambre, le 27 août 1869, M. Cruz Machado le vote limité pour l'élection des électeurs, des députés et des membres des assemblées provinciales. Le 13 août 1870, à la Chambre, M. Mendes de Almeida le système du quotient avec transfert de suffrage de Hare pour l'élection des députés généraux et provinciaux et de leurs suppléants, et le système de simple pluralité pour l'élection des électeurs, de leurs suppléants, et des membres des juntes de recensement, des bureaux des assemblées primaires et des bureaux des collèges électoraux. A la Chambre, le 12 février 1873, M. Alencar le système de la concurrence des listes pour l'élection des députés généraux et provinciaux, des sénateurs et du Régent de l'Empire, et le 13 février le système de simple pluralité avec minimum pour l'élection des électeurs et des membres des bureaux des assemblées primaires.

Enfin le 30 avril 1873, M. Correia de Oliveira, ministre de l'intérieur, propose le système de simple pluralité pour l'élection des électeurs, députés généraux et provinciaux, sénateurs, conseillers municipaux, juges de paix. M. Mendes de Almeida, rapporteur de la commission, demande le système de transfert de suffrages de sir Walter Baily. La loi du 20 octobre 1875 adopte le vote limité pour toutes les élections, sauf celles des sénateurs et juges de paix, et la loi du 9 janvier 1881 le système de simple pluralité pour les élections provinciales et municipales.

En 1883, M. Tavares propose à la Chambre le vote cumulatif pour les élections législatives. Une motion du 23 juillet 1884 pour la mise à l'ordre du jour de la proposition Tavares n'a pas de suite. Au Sénat, le 17 avril 1882, on demande l'application du vote limité aux élections communales ; puis divers amendements sur la restriction ou l'extension de cette application : le tout est rejeté le 23 juin 1886. La même année (1886), on écarte un amendement de M. Soares de Souza, proposant le système de simple pluralité pour l'élection du conseiller spécial de chaque paroisse. Néanmoins la loi du 14 octobre 1887 sur les élections provinciales et municipales adopte le vote limité aux 2/3.

CAP DE BONNE-ESPÉRANCE.

En 1850, dépôt d'un projet de Constitution appliquant le vote cumulatif. La Constitution de 1853 prescrit le vote cumulatif pour l'élection des membres du Conseil législatif (Sénat) et des quatre députés de Cape-Town à l'Assemblée législative (Chambre). Cette disposition est maintenue en 1865 et 1874.

CHILI.

La loi du 9 janvier 1884 applique le vote cumulatif aux élections législatives, et le vote limité aux 2/3 aux élections municipales.

COSTA-RICA.

Un décret du 12 novembre 1893 prescrit le système du quotient avec transfert de suffrages de Hare pour les élections dans les collèges nommant plus de deux députés.

DANEMARK.

A côté du Rigsdag danois, la loi électorale provisoire du 29 août 1855 crée une assemblée unique, le Rigsraad, élue suivant le système du quotient avec transfert de suffrages d'Andræ, ministre des finances. La Constitution du 18 novembre 1863 divise le Rigsraad en deux Chambres et la loi du 4 décembre limite l'application du système Andræ à l'élection du Landsthing (Sénat) du Rigsraad. Mais la Constitution du 28 juillet 1866 supprime le Rigsraad. La loi du 12 juillet 1867 adopte le système Andræ pour l'élection au second degré du Landsthing (Sénat) du Rigsdag.

Le 4 octobre 1870, M. Halle, ministre des affaires ecclésiastiques, propose le système Andræ pour l'élection des
membres de la commission pour la nomination des pas-
teurs de l'Eglise nationale. M. Hœgsbro demande que la
commission désigne suivant le même système trois postu-
lants, parmi lesquels les électeurs ecclésiastiques de la
paroisse choisiraient le pasteur : le Folkething seul se
prononce en ce sens.

Une proposition de M. Tauber du 16 octobre 1874,
pour l'application du système Andræ aux élections du premier degré du Landsthing, est rejetée le 29 octobre. Au
cours de la discussion, M. Fredrik Bajer propose le système de la concurrence des listes pour les élections municipales de Copenhague. La même proposition, reprise
en 1879, est adoptée par le Folkething le 12 février et
rejetée par le Landsthing le 17. Reprise encore le 9 novembre 1880, elle est adoptée par le Folkething le
8 mars 1881 et rejetée par le Landsthing le 31 mai, malgré une pétition.

En 1885, M. Fredrik Bajer demande le système d'Hondt
pour les élections législatives. Il dépose à nouveau sa proposition de loi sur les élections municipales de Copenhague,
le 9 février 1887 avec le système Hagenbach-Bischoff :
adoptée par le Folkething le 25 mars, et rejetée par le
Landsthing le 29 mars ; et le 7 novembre 1893 avec le
système Andræ.

Le 28 février 1890, le Folkething, ensuite de diverses
propositions de M. Fredrik Bajer, substitue dans son règlement le système d'Hondt au système Andræ pour l'élection
du comité de la Chambre, des secrétaires et des commissions. Le Landsthing applique toujours le système
Andræ.

ÉGYPTE.

La Commission de la Dette égyptienne est nommée suivant le principe proportionnel.

ESPAGNE.

La loi du 5 juillet 1856 applique le vote limité aux élections municipales. Mais elle est rapportée par décret royal du 16 octobre. En 1860, le vote limité aux 2/3 est demandé pour les élections municipales; M. Polo de Bernabé propose en 1868 le vote limité pour les élections municipales et provinciales, et M. Benoit reprend cette proposition.

Le 24 mai 1876, le gouvernement dépose un projet de loi tendant à modifier les lois municipale et provinciale du 20 août 1870. La commission propose pour les élections municipales le vote limité aux 3/4 et aux 4/5, et M. Merelles demande par voie d'amendement l'application du vote limité aux 2/3 aux élections provinciales. La loi du 16 décembre limite le vote pour les seules élections municipales au nombre de conseillers à élire diminué d'une unité. Le 15 juillet 1878, le gouvernement dépose un projet de loi, élaboré par la commission mixte instituée par la loi provisoire du 20 juillet 1877 : application du vote limité aux 2/3, 3/4, 3/5 et 5/7 dans 26 circonscriptions législatives et, concurremment, du système de simple pluralité avec minimum de 10,000 voix pour dix sièges seulement. Ce projet est reproduit dans la loi du 28 décembre, qui prescrit en outre le vote limité à 1/2 pour l'élection des membres du comité d'inspection du cens électoral. — Le 20 mars 1882, le gouvernement dépose un projet de loi appliquant aux élections provinciales le vote limité aux 2/3, 3/4 ou 4/5. La loi du 20 août, suivant le rapport de la commission du 15 juin, le limite uniformément aux 3/4. — La loi du 26 juin 1890 prescrit le vote limité pour les élections législatives dans les collèges plurinominaux.

ÉTATS-UNIS.

M. Buckalew propose au Sénat du Congrès, le 11 juillet 1867, le vote cumulatif pour l'élection des représentants des Etats du Sud. Le 2 mars 1869, M. Wade, au nom d'une commission nommée sur l'initiative de M. Buckalew, demande le vote cumulatif pour l'élection des représentants au Congrès.

Californie.

Le Code civil de 1878 prescrit le vote cumulatif pour la nomination des conseils d'administration des sociétés financières et industrielles par actions. Cette disposition prend place dans la Constitution de 1879 (section XII, art. 12).

A la Chambre des Représentants, M. Leverson dépose en 1884 un bill pour l'application de la représentation proportionnelle à la nomination des commissaires de chemins de fer. En 1885, M. Days, sénateur, ayant déposé un bill pour l'adoption du scrutin de liste, MM. Hayward et Weaver, députés, demandent par voie d'amendement le scrutin de liste proportionnel : M. Days se rallie à l'amendement. En 1892, M. Tom L. Johnson propose la représentation proportionnelle pour les élections législatives.

Caroline du Nord.

Une loi de 1835 adopte le système de simple pluralité pour l'élection de la Constituante.

Caroline du Sud.

Une proposition d'application du vote cumulatif aux élections législatives est rejetée le 28 novembre 1871.

Dézeret (1).

La Constitution du 18 mars 1872 prescrit le vote cumulatif pour les élections législatives.

Illinois.

Un grand effort législatif à la Constituante de 1869-1870. Le 17 décembre 1869, M. Hanna propose le vote limité aux 2/3 pour l'élection des représentants ; M. Champlin, le 6 janvier 1870, le système de simple pluralité; M. Eldridge, le 10, le système Boutmy avec circonscriptions uninominales; et M. Benjamin, le 12, concurremment avec le système majoritaire, le transfert des votes attribués à des candidats évincés, et au choix de ces candidats, à d'autres candidats ayant un quotient fixe de 1/5 des voix. Le 10 février, M. Joseph Medill propose au nom de la

---

(1) L'exactitude de ce renseignement est affirmée par M. Ernest Naville, *R. P.*, Bruxelles, 1885, p. 13. Mais le Dézeret ne figure pas sur la liste des Etats et territoires de l'Union, et je n'ai trouvé le mot dans aucune encyclopédie. C'est sans doute le nom d'un comté, comme ces comtés de Colombie et Northumberland auxquels la législature de Pensylvanie a limité l'application des lois du 11 octobre 1870 et 8 mars 1872. Mais je ne sais dans quel Etat il faut le ranger.

commission de la réforme électorale le vote cumulatif pour l'élection des sénateurs et des représentants. Le 6 mai, il restreint cette réforme à l'élection des représentants, et la Constitution ainsi amendée est ratifiée par le peuple le 2 juillet.

Le 8 janvier, M. Medill demande le vote cumulatif pour les élections dans les sociétés par actions : cette proposition devient la loi du 1er juillet 1872. M. Browning fait adopter, le 11 mai 1870, en première lecture seulement, le vote cumulatif pour une élection complémentaire de trois juges à la Cour d'appel; et le 12 mai le vote limité aux 3/4 est prescrit à cet effet. Enfin la loi du 10 avril 1872, modifiée en 1874 et 1883, autorise les villes à adopter le vote cumulatif pour les élections municipales.

Massachusetts.

En 1884, le vote limité est adopté par la loi du 29 mai pour la nomination de la commission chargée de dresser les listes électorales. La même année, le vote limité est prescrit pour les élections législatives. En février 1895, la commission de la réforme électorale dépose un bill pour que la représentation proportionnelle soit substituée au vote limité.

Missouri.

Une loi de 1875 applique le vote cumulatif aux élections dans les sociétés par actions.

New-York.

Une loi de 1842 applique le vote limité aux 2/3 à la nomination des bureaux électoraux. L'acte du 29 mars 1867, rendu sur l'initiative de M. Fenton, gouverneur de l'Etat, adopte le vote limité à 1/2 pour l'élection de la Constituante.

A la Constituante, M. Horace Greeley propose, le 1er août, le vote cumulatif pour l'élection des sénateurs et députés; M. Parker, le 6, le vote limité aux 3/4 pour celle des sénateurs; et MM. Paige et Field, le 20, la représentation proportionnelle pour les élections dans les sociétés par actions. La Constituante adopte, le 5 décembre, une proposition de M. Comstock pour l'application du vote limité aux 2/3 à l'élection des juges de la Cour d'appel. En 1872, le gouverneur oppose son véto à une loi adoptant le vote limité aux 2/3 pour la nomination des aldermen.

Ohio.

A la Constituante, en 1873, M. Ewing propose le vote limité à la moitié plus un pour les élections judiciaires, motion restreinte le 21 janvier à l'élection des membres de la Cour suprême et des Cours d'appel; et M. Powell, le 6 mai 1871, le vote limité pour les élections sénatoriales et législatives. La Constituante adopte le vote cumulatif pour les élections dans les sociétés par actions, le vote limité aux 3/5 pour la nomination des juges à la Cour suprême, et une proposition de M. Corbery du 4 mai appliquant le vote cumulatif aux élections législatives dans les circonscriptions nommant plus de deux députés, proposition étendue le 6 mai par M. Neal aux élections sénatoriales. Mais la Constitution ainsi revisée n'est pas ratifiée par le vote populaire.

Une loi du 9 avril 1884, prescrivant le vote limité à 1/2 pour la nomination des commissaires de police, est déclarée inconstitutionnelle par la Cour suprême.

Orégon.

En 1885, sur l'initiative de M. Alfred Denton Cridge,
M. Alexander Downing propose la concurrence des listes
pour les élections législatives et sénatoriales dans les comtés nommant plus de deux députés. Dans son rapport, le
comité judiciaire de la Chambre déclare cette motion
inconstitutionnelle.

Pensylvanie.

Le 27 juin 1837, M. Thomas Earle propose à la Constituante le vote limité pour l'élection du président et des
deux assesseurs du bureau électoral. Loi du 2 juillet 1839,
rendue sur la proposition faite par M. Brown au Sénat,
appliquant le vote limité aux 2/3 à l'élection des juges et
surveillants d'élection. Loi du 10 avril 1867, prescrivant
le système de simple pluralité pour la nomination des commissaires de jury. Loi du 28 mars 1870, édictant le vote
cumulatif pour l'élection des trois membres du bureau de
bienfaisance du district de Bloom. Lois du 10 février 1870
et 2 juin 1871, appliquant le vote limité à 1/2 et aux 2/3
à la nomination des directeurs d'écoles dans certaines
communes. Loi du 11 octobre 1870, édictant le vote cumulatif pour la nomination des trois membres du bureau de
l'assistance publique du comté de Colombie. Loi du 4 mars
1870, prescrivant le vote cumulatif pour les élections municipales de la ville de Bloomsburgh, étendue par les lois
des 6 et 14 avril, et 13 mai 1870, 4, 11, 19 et 26 mai 1871,
8 mars 1872, à huit bourgs et à tous les bourgs du comté
de Northumberland. En 1871 M. Buckalew propose au
Sénat de l'étendre à tous les bourgs (à l'exclusion des

villes et des communes rurales) n'ayant pas de charte spéciale : cette proposition devient la loi du 2 juin, mais celle-ci est rapportée le 28 mars 1873.

La loi du 11 avril 1872 prescrit le vote limité pour l'élection de la Constituante. A la Constituante, M. Dallas propose, le 2 mai 1873, le vote cumulatif pour les élections judiciaires, M. Purviance, le 11, le système de simple pluralité, M. Carson, le même jour, le système de simple pluralité et le vote limité à deux noms ; et le même jour encore, M. Campbell, le vote cumulatif pour la nomination des membres des tribunaux de police. Le 27 mai M. Buckalew demande le vote cumulatif pour la nomination des trois administrateurs de comté ; et le 11 juin, au nom de la commission de réforme électorale, le vote limité à la moitié plus un pour les élections législatives et sénatoriales ; le 12, M. Armstrong, le vote limité à la moitié plus deux pour les élections sénatoriales ; et M. Biddell, le 13, pour les mêmes élections la concurrence des listes, système du double vote simultané.

La Constituante adopte, le 11 mai, le système de simple pluralité et le vote limité aux 2/3 pour la nomination des juges de la Cour d'appel et pour une élection complémentaire de deux juges au tribunal de Philadelphie, et le même jour, une proposition de M. Buckalew appliquant le vote limité aux 2/3 à la nomination des membres des tribunaux de police et de paix de Philadelphie ; le 28 mai, une proposition de M. Mann prescrivant le vote limité aux 2/3 pour l'élection des trois administrateurs et des trois contrôleurs de comté ; le 24 juin, une proposition de M. Lear du 20 mai appliquant le vote cumulatif aux élections dans les sociétés par actions. La Constitution ainsi revisée est ratifiée par le vote populaire le 16 décembre.

Utah.

La Constitution préliminaire du 18 mars 1872, faite en vue de la réunion de l'Utah à l'Union, admet le vote cumu-latif pour les élections sénatoriales.

Virginie Occidentale.

La Constituante de 1872 adopte le vote cumulatif pour les élections dans les sociétés par actions, et prend en considération l'application de la représentation proportion-nelle aux élections sénatoriales.

FRANCE.

Les 15 et 16 février 1793, Condorcet présente à la Con-vention un projet de Constitution appliquant le vote limité à l'élection des bureaux des assemblées primaires, et le système de simple pluralité à l'élection des jurés par les assemblées primaires. Le 24 juin de la même année, Saint-Just propose le système de simple pluralité avec unité de collège pour les élections législatives. En 1848, Pierre Leroux soumet un projet de loi en ce sens au ministre de l'intérieur.

En 1870, M. Léon Say demande le vote cumulatif pour les élections municipales de Paris. M. Mortimer-Ternaux reprend cette proposition le 12 avril 1871. Le 24 juillet 1873, M. Pernolet propose le système de simple pluralité avec minimum pour la nomination de la commission de permanence, et le 2 décembre pour la nomination des commissions extraordinaires ; M. de Tillancourt, le 4 dé-cembre, le vote limité aux 2/3 pour la nomination des commissions; M. Pernolet, le 26 décembre, le système du quotient avec transfert de suffrages de Hare pour les élections législatives, et le 7 février 1874 pour la nomination des membres du bureau de l'Assemblée; M. de Rambure, le 16, le vote plural et le système du quotient avec transfert de suffrages de sir Walter Baily pour les élections municipales, départementales et législatives. Le même mois encore, M. Paul Bethmont demande le vote cumulatif pour les élections municipales : malgré un avis favorable de la commission, cette motion est rejetée. Le 1er mars 1875, M. Pernolet propose le système de simple pluralité avec minimum pour la nomination du bureau et des commissions ; en novembre, au cours de la discussion de la loi électorale, le vote limité pour les circonscriptions législatives plurinominales ; et en 1879, par voie de pétition à la Chambre et au Sénat, l'application de la représentation proportionnelle aux élections municipales.

Le 25 novembre 1880, M. Cantagrel propose pour les élections législatives le système de la concurrence des listes avec une moyenne analogue au commun diviseur d'Hondt. La proposition est reprise en 1881 au Sénat par M. Eymard-Duvernay, à la Chambre par M. de Gasté, et pour les élections municipales par M. Amat. En 1884, nouvelle pétition de M. Pernolet à la Chambre et au Sénat. La même année, M. Ribot demande à la Chambre des députés de prendre le quotient électoral pour base de la répartition du nombre des députés entre les collèges. Enfin en 1885, au cours du débat sur le rétablissement du scrutin de liste, trois amendements : un de M. Courmeaux, le 22 mars, demandant un système proportionnel, qui est rejeté ; un de M. Bienvenu, le 24, proposant le vote cumulatif, qui est retiré par son auteur ; et un de M. Pieyre, le

même jour, appliquant le vote cumulatif (1), qui est
rejeté.

Les dernières tentatives réformistes sont une pétition de
M. A. Simon du 23 mars 1896, et le dépôt d'un projet de
loi de M. l'abbé Lemire.

GRÈCE.

En novembre 1871, le ministère Coumondouros propose le système de simple pluralité avec minimum et collèges de 14 ou 15 députés. Le projet n'est pas discuté par
suite de la chute du ministère.

HOLLANDE.

A la seconde Chambre, en 1883, MM. Fabius, Godin
de Beaufort et Branten Van den Zyp proposent par voie
d'amendement au projet de réforme électorale l'application du système d'Hondt pour les élections législatives
dans les circonscriptions plurinominales. Le projet de loi
électorale est retiré par le ministère.

ILE DE MALTE.

L'ordonnance du 13 décembre 1861 applique le vote
limité aux 4/7 à l'élection du Conseil de gouvernement, et
la Constitution de 1852 à l'élection du Conseil législatif.

ITALIE.

En 1874, M. Genala propose le système de simple pluralité pour la nomination des bureaux électoraux, et le

---

(1) M. Pieyre, dans son amendement, le qualifie inexactement de système de Hare.

16 mai, la commission nommée pour étudier la proposition Cairoli sur le suffrage universel demande dans son rapport le système de simple pluralité.

Projet de loi électorale de M. Cairoli du 24 février 1880. Amendement de MM. Genala et Minghetti demandant la représentation proportionnelle (juin 1880). Rapport de la commission : elle se prononce pour le vote limité au nombre de députés à élire diminué d'une unité dans les collèges nommant plus de trois députés. Amendement de M. Genala, proposant au premier tour le système de simple pluralité avec minimum, et au second tour le vote limité (1881). Rapport de la commission : elle demande le vote limité au nombre de députés à élire diminué d'une unité dans les collèges nommant plus de deux députés, et un minimum de suffrages de 1/8 des inscrits. Le tout aboutit à la loi électorale du 22 janvier 1882 et à la loi sur le scrutin de liste du 2 mai, texte unique approuvé par décret royal du 24 septembre : vote limité aux 4/5 pour 35 collèges électoraux, vote limité aux 3/5 pour la nomination des bureaux électoraux, vote limité aux 2/3 pour l'élection des membres de la commission d'appel pour la revision des listes électorales politiques. Cette loi est sans application depuis que la loi de 1892 a substitué le vote uninominal au scrutin de liste, substitution proposée en 1889 par MM. Bonghi et Nicotera. Au cours de la discussion, M. Genala a demandé le système de simple pluralité avec collèges multiples et minimum.

En juillet 1888, M. Pantano propose le vote limité pour les élections communales et provinciales. La loi du 10 février 1889 adopte le vote limité aux 4/5 pour les élections communales et provinciales de plus de cinq membres. Enfin la loi du 11 juillet 1894 prescrit le système de simple plu-

ralité avec minimum pour la nomination de la commission
de revision et de la commission d'appel de revision des
listes électorales politiques et administratives.

NORWÈGE.

En 1883, M. Saxild demande pour les élections législatives le système du quotient avec transfert de suffrages
d'Andræ. En 1886, M. Stang ayant déposé une semblable
proposition pour les élections municipales, son extension
aux élections législatives est demandée par voie d'amendement. La même année, M. Berner demande pour les
élections municipales une application particulière du système du quotient avec transfert de suffrages de Hare, le
vote simple transférable; et MM. Sivius Smitt et Ard. Roll
la représentation proportionnelle pour les élections législatives.

NOUVELLE-ZÉLANDE.

Application partielle de la représentation proportionnelle.

PORTUGAL.

Le décret-loi du 30 décembre 1852, sur la composition
des commissions de recensement des électeurs et des bureaux des sections de vote, applique le vote limité aux 4/7
si la minorité comprend plus du quart des électeurs. Le
14 décembre 1870, l'évêque de Vizeu, premier ministre,
dépose un projet de loi appliquant aux élections législatives le système du quotient avec transfert de suffrages de
Hare. Et en 1878, au cours de la discussion du projet de
Code administratif, M. Jose Luciano de Castro propose d'ap-

pliquer la concurrence des listes à toutes les élections administratives.

En 1880, M. Jose Luciano de Castro, ministre de l'intérieur, dépose un projet de loi sur l'élection des membres de la Chambre des députés et de la commission de vérification des pouvoirs : vote limité aux 2/3 et aux 3/4, et, concurremment, système de simple pluralité avec minimum de 5,000 voix. Il tombe avec le ministère Braamcamp en mars 1881, et renouvelle sa proposition le 31 janvier 1882. Le 20 janvier, M. J. Dias Ferreira avait demandé le système de simple pluralité avec minimum de 6,000 voix. Enfin, le 20 février 1883, M. Fontes, premier ministre, dépose un projet de loi sur les élections législatives : quotient électoral du 1/8 du nombre des électeurs inscrits, dans onze circonscriptions vote limité au nombre de députés à élire diminué d'une unité, et pour six sièges seulement système de simple pluralité avec minimum de 6,000 voix. Ce projet modifié aboutit à la loi du 21 mai 1884 : pas de quotient électoral, vote limité aux 2/3 et aux 3/4 dans vingt-deux circonscriptions, et minimum abaissé à 5,000 voix.

Deux décisions de la Chambre des Pairs : du 30 janvier 1880 pour l'application du vote limité aux 5/7 à la nomination de la commission de vérification des pouvoirs, et du 9 février 1886 pour l'application du vote limité à la nomination des principales commissions.

RÉPUBLIQUE ARGENTINE.

Buenos-Ayres.

L'art. 49 de la Constitution du 29 novembre 1873 prescrit d'assurer la proportionnalité de la représentation. La loi de 1873 sur les élections législatives adopte le vote cumulatif; la loi du 23 octobre 1876 y substitue la concurrence des listes, système du libre choix.

Mendoza.

L'article 57 de la Constitution du 15 décembre 1894 prescrit l'application du quotient électoral à toutes les élections. La concurrence des listes, système du libre choix, est consacrée par la loi municipale du 6 mai 1895 et la loi électorale du 28 octobre.

Santiago del Estero.

L'article 54 de la Constitution de 1884 prescrit la représentation proportionnelle pour les élections législatives.

ROUMANIE.

Propositions d'application de la représentation proportionnelle.

ROUMÉLIE ORIENTALE.

Le statut organique du 14/26 avril 1879, élaboré par une commission internationale instituée aux termes de l'article 18 du Traité de Berlin, applique le vote limité aux 3/5 à la nomination d'un comité permanent chargé dans l'Assemblée nationale de la préparation de tous les projets de lois (1).

---

(1) Cf. *supra*, p. 136, note 4, ce qu'il est advenu de l'indépendance de la Roumélie orientale.

SERBIE.

La Constitution du 22 décembre 1888/3 janvier 1889 prescrit la concurrence des listes pour les élections législatives. Elle a été abrogée par un oukase royal du 9/21 mai 1894, remettant en vigueur la Constitution de 1869 et la loi électorale des 10/22 octobre 1870.

SUÈDE.

M. Rydin propose en 1878 le système du quotient avec transfert de suffrages d'Andræ pour les élections du Riksdag.

SUISSE.

En juillet 1871, au Conseil national, M. Herzog Weber, appuyé par des pétitions des associations réformistes de Genève et Zürich, propose le système du transfert de suffrages de Hare : rejeté le 15 janvier 1872. L'année suivante, le 3 mai 1873, l'Association réformiste de Genève adresse au Conseil Fédéral un mémoire de M. Ernest Naville. En 1877, lettre publique de M. Ernest Naville à M. Œpli, président du Conseil National, et pétition de l'Association suisse pour la représentation proportionnelle : malgré l'appui de M. Studer, elle n'est pas prise en considération.

L'Association suisse pour la représentation proportionnelle adresse au Conseil National, le 6 février 1881, une pétition tendant à l'adoption du vote limité aux 2/3 : la commission est entièrement hostile. On présente alors et on fait adopter une motion invitant le Conseil Fédéral à préparer un projet de loi électorale. L'année suivante,

nouvelles pétitions de l'Association suisse pour la représentation proportionnelle : M. Schenk, chef du département fédéral de l'intérieur, demande le 6 janvier 1882
deux préavis à M. Wille, président de l'Association suisse
(rapport favorable), et à M. Hilty, professeur de droit à
l'Université de Berne (rapport défavorable). En 1884, le
Conseil National renvoie au Conseil Fédéral quatorze propositions en faveur de la représentation proportionnelle,
dont une de M. Zemp, en l'invitant à présenter un rapport
sur la question électorale.

Le 19 février 1889, pétition de l'Association suisse pour
la représentation proportionnelle aux présidents du Conseil
Fédéral et du Conseil National. En juin 1890, au Conseil
National, proposition de représentation proportionnelle.

Bâle-Ville.

En 1875, au Grand Conseil, M. Hagenbach-Bischoff fait
éliminer de la Constitution la prescription suivant laquelle
les élections cantonales devaient être faites en conformité
du principe majoritaire, mais il ne peut faire adopter le
vote limité pour les élections du Grand Conseil. Il demande en 1880 la représentation proportionnelle : rejeté
le 21 juin 1883. En 1888, il propose le système d'Hondt
combiné avec le vote cumulatif. Enfin, le 11 mai 1889, il
reprend ce dernier projet, appuyé par une adresse de
l'Association réformiste bâloise et par une demande émanant de l'initiative populaire : le Grand Conseil le rejette
le 31 octobre 1890, et le rejet est validé par un vote
populaire du 23 novembre.

Depuis 1882, plusieurs propositions d'application de la
représentation proportionnelle aux élections synodales.

Berne.

Au Grand Conseil, en 1892, proposition d'application du principe proportionnel, et contre-proposition tendant à la proclamation de l'inconstitutionnalité de ce principe.

Le conseil communal de la ville de Berne, qui est maître de son règlement électoral, a adopté depuis 1880 (?) le vote limité aux 3/4 pour les élections municipales, et depuis le 5 mai 1895 la concurrence des listes (vote populaire du 17 décembre 1894 demandant la réforme, malgré un préavis en sens contraire du conseil municipal).

Fribourg.

Le 14 mai 1894, le Grand Conseil adopte un projet du Conseil d'Etat, autorisant les communes à adopter la représentation proportionnelle pour les élections municipales, et permettant aux électeurs d'en exiger l'emploi par une pétition réunissant un nombre fixé de signatures.

Genève.

En 1842, sur l'initiative de Victor Considérant, M. Hoffmann demande au Grand Conseil l'application de la représentation proportionnelle aux élections législatives. Le 20 octobre 1846, Victor Considérant soutient la même idée dans une lettre adressée à la Constituante. M. Antoine Morin pour l'élection du Grand Conseil, M. Jean Rivoire pour les élections municipales proposent au Grand Conseil en 1862 la concurrence des listes : rejeté le 4 septembre. En 1870, pour l'élection du Grand Conseil, M. Amédée Roget demande la concurrence des listes, et M. A. Martin le vote limité aux 2/3. Proposition Ed. Pictet de 1879 :

mémoire de M. Ernest Naville. La commission se prononce
pour le vote limité aux 3/4 dans les élections législatives
et les élections municipales de la ville de Genève, mais
ajournement indéfini le 14 juin. En 1882, M. Falletti demande le vote limité aux 3/4.

Le 17 septembre 1890, M. Wyss propose la concurrence
des listes pour l'élection du Grand Conseil : ajourné le
8 octobre, sur la proposition de la commission qui se
déclare favorable au principe, mais juge que le temps fait
défaut à la fin de la législature. Le 6 décembre M. Dubois-
Miéville demande de réformer la loi électorale suivant un
système proportionnel : cette proposition, renvoyée à une
commission le 10 janvier 1891, est retirée par son auteur
le 19 octobre 1892. Le 10 janvier 1891, sur l'initiative de
M. A. Frey, une commission spéciale est nommée pour la
préparation d'un projet de loi sur la représentation proportionnelle. Le 27 mai M. Favon demande l'ajournement
indéfini, et M. Ducellier le renvoi jusqu'à un essai pratique
et public : la proposition de M. Faovn est retirée, celle
de M. Ducellier est adoptée. Le Grand Conseil prescrit et
réglemente cet essai le 14 octobre, il a lieu le 13 décembre
au Bâtiment Electoral, et la commission rapporte à ce
sujet le 2 avril 1892. Le 29 juin M. Fazy demande le vote
limité : rejeté le 2 juillet. Le même jour (2 juillet), M. Du
bois-Miéville propose d'étendre la réforme aux élections
municipales : rejeté. Le 6 juillet le Grand Conseil rejette
une proposition de M. Dubois-Miéville sur le collège
unique, la concurrence des listes et le quotient comme
chiffre répartiteur, adopte un projet de loi constitutionnelle appliquant la concurrence des listes à l'élection du
Grand Conseil, et s'en réfère pour les détails d'exécution
à une loi organique. Ce projet de loi est ratifié par le vote

populaire le 7 août. Le 15, le Conseil d'Etat saisit le Grand Conseil d'un projet de loi électorale : la commission rapporte le 31 août et la loi est votée le 3 septembre. M. Dubois-Miéville propose le 31 mai 1893 l'application de la représentation proportionnelle aux élections municipales. Rapport de la commission le 21 octobre. Ajournement.

Lucerne.

La Constitution de 1867 prescrit d'assurer autant que possible la représentation des minorités dans les élections administratives et judiciaires. En 1882, proposition d'application de la représentation proportionnelle à la nomination des cinq membres du Conseil d'instruction publique, et en 1888, à la nomination des tribunaux de districts et des conseils de communes. Le 27 août 1890, le Grand Conseil rejette un projet de loi présenté par le Conseil d'Etat sur la concurrence des listes combinée avec le vote cumulatif pour les élections du Grand Conseil et de la Constituante. Rejet au vote populaire, le 17 décembre 1893, d'un projet de réforme électorale émanant de la société ouvrière Le Grütli. Mais le 30 novembre 1895 le Grand Conseil adopte la représentation proportionnelle pour les élections communales et les élections des membres des tribunaux de district.

Neuchâtel.

Sur l'initiative de M. Cantagrel, M. Philippin propose à la Constituante, en 1858, la concurrence des listes. Au Grand Conseil, M. Henri du Pasquier demande en 1869 le système de transfert de suffrages de Hare, M. Frédéric Soguel en mai 1885 la concurrence des listes.

La loi du 24 février 1888 autorise les municipalités à
établir pour l'élection des Conseils généraux des communes le vote limité, et accorde aux minorités le droit
d'en exiger l'emploi par une pétition signée d'un nombre
d'électeurs égal au 1/20 de la population. Le 19 février
1889, MM. Frédéric Soguel et Jeanhenry proposent la
concurrence des listes pour les élections législatives :
ainsi voté, loi du 28 octobre 1891, sur deux rapports
favorables du Conseil d'Etat et de la commission du Grand
Conseil. La loi de 1891 a été maintenue le 22 novembre 1894 à la revision triennale prescrite par l'article 78.

Saint-Gall.

L'article 5 de la Constitution du 4 septembre 1890,
ratifié par le vote populaire, impose à l'autorité législative
le devoir d'étudier un projet de représentation proportionnelle. Propositions d'application aux élections législatives
en 1890, 1892, 1893, et aux élections communales
en 1893. La réforme a été votée par le Grand Conseil le
26 novembre 1892, mais rejetée au vote populaire le
29 janvier 1893.

Soleure.

La Constitution prescrit le système majoritaire. La
question de la revision s'étant posée en 1892, M. Fürholz
demande au Grand Conseil, le 21 juillet, d'inviter le
Conseil d'Etat à appliquer la représentation proportionnelle : mais le principe même de la revision est rejeté au
vote populaire le 15 janvier 1893. M. Fürholz reprend sa
proposition le 30 mai ; sur l'invitation du Conseil d'Etat,
le département prépare un projet en ce sens, et le Grand

Conseil nomme une commission en avril 1894. La Constitution du 23 octobre 1894, adoptée au vote populaire le 17 mars 1895, adopte la concurrence des listes pour l'élection du Grand Conseil, et en autorise l'emploi facultatif pour les élections communales.

Tessin.

Une loi de 1890 prescrit la concurrence des listes pour l'élection de la Constituante. La Constituante élue le 11 janvier 1891, après avoir consacré le principe dans la Constitution du 8 mars, adopte le même système par la loi du 22 mai pour les élections municipales, et par la loi du 24 novembre pour l'élection du Grand Conseil et de la Constituante. La nouvelle Constituante sanctionne à nouveau le principe proportionnel dans la Constitution du 2 juillet 1892, ratifiée au vote populaire le 2 octobre, et applique la concurrence des listes par deux lois du 2 décembre, l'une sur les élections politiques, l'autre sur les élections judiciaires.

Valais.

Une loi de 1852 permet à une ou plusieurs communes d'un même district de s'ériger en cercle électoral distinct, si elles renferment la population nécessaire pour correspondre à un ou plusieurs députés. En 1875, au cours de la revision constitutionnelle, le gouvernement, sur l'initiative de M. Bioley, demande le vote cumulatif pour les élections législatives. Au mois de novembre 1893, M. le docteur Beck propose la représentation proportionnelle : la motion, adoptée en principe, est renvoyée à l'étude du Conseil d'Etat. Adoptée en première lecture le 19 novembre 1895, elle est rejetée en mars 1896.

Vaud.

La loi du 22 janvier 1867 sur les élections judiciaires prescrit le vote limité à 1/2 pour le premier tour de scrutin.

Propositions : en 1871, de M. Pilicier par voie de pétition pour le vote cumulatif; en 1875, de l'Association réformiste pour la représentation proportionnelle, également par voie de pétition ; en 1878, pour la représentation proportionnelle; en 1881, pour le vote limité. En 1884, la commission de la Constituante le 4 avril, puis la Constituante le 15 septembre, rejettent une motion de M. Cuénoud en faveur du principe proportionnel et spécialement du vote limité.

Dans un projet de loi sur l'exercice des droits politiques présenté en 1893 au Grand Conseil par le Conseil d'Etat, une disposition accorde aux communes la faculté de faire procéder aux élections municipales suivant le vote limité ou suivant la concurrence des listes. Amendement de MM. Kaufmann et Nœf, rendant la représentation proportionnelle obligatoire dans toutes les élections. Le tout est rejeté le 25 août.

Zoug.

Le gouvernement dépose en 1891 un projet de loi. La Constitution du 31 janvier 1894, adoptée à la votation populaire le 18 mars, prescrit la représentation proportionnelle : dans les élections législatives et judiciaires, lorsqu'il y a plus de deux membres à nommer dans la même circonscription ; pour les élections communales, lorsque 1/10 des voix autorisées le demande à temps et par écrit. Les détails d'application ont été réglés par l'ordonnance du

1ᵉʳ septembre 1894, modifiée par l'ordonnance du 10 octobre.

La Constituante rejette en 1868 un projet de représentation proportionnelle. En 1874, M. Georges de Wyss propose au Grand Conseil la représentation proportionnelle, en février pour la nomination du tribunal d'appel, en mars pour les élections législatives. Le Grand Conseil renvoie en 1889 une proposition du même ordre à une commission, mais la rejette le 15 septembre 1891, malgré un rapport favorable. Le 30 octobre 1893 il rejette encore une pétition de la Société ouvrière Le Grütli.

URUGUAY.

M. J. de Arechaga soumet au gouvernement, en 1872, un projet de loi appliquant aux élections législatives la concurrence des listes, système du double vote simultané. En 1878, le Conseil consultatif pour la réforme des lois électorales soumet au gouvernement un projet de loi combinant le même système avec le vote gradué.

SECTION IV.

LA REPRÉSENTATION PROPORTIONNELLE DANS L'AVENIR.
CONCLUSIONS.

Dégageons de cette étude historique deux idées essentielles.

La première, c'est que la représentation proportionnelle par le nombre et la répartition géographique de ses appli-

cations est aujourd'hui une idée véritablement universelle.
Discutée dans plus de soixante Etats, appliquée dans plus
de trente, elle se révèle à nous sur tous les points du
globe. La moitié de l'Europe l'a adoptée : tous les pays
latins moins la France, Espagne, Portugal et Italie; dans
les pays anglo-saxons, l'Angleterre ; dans les pays scandi-
naves, le Danemarck ; elle pénètre dans les pays germa-
niques par la Suisse, la Belgique et l'Allemagne du Sud,
et dans les pays balkaniques par la Roumélie, la Roumanie
et la Serbie. En Amérique elle s'implante de toutes parts :
l'Amérique du Nord presque entière avec les Etats-Unis ;
l'Amérique du Sud presque entière également avec le Brésil, la République Argentine, le Chili ; et depuis peu l'Amérique centrale avec Costa-Rica. Enfin par les colonies anglaises on la retrouve jusque dans le sud de l'Afrique, et
aux antipodes — en Australie.

La seconde, c'est que la représentation proportionnelle,
aujourd'hui connue dans tous les pays civilisés, est en
somme une idée née d'hier. Sa fortune a été singulière :
comme l'on dit vulgairement, elle a fait tache d'huile. Il
suffit d'étudier chronologiquement la question pour se
rendre compte de ce fait. Rares et isolées au début, les
applications se multiplient depuis trente ans, et se multiplient territorialement. Je veux dire que tout pays qui
adopte la réforme devient un centre de propagande ; et
lentement, mais sûrement, croît l'étendue du cercle d'application.

Grand nombre et nombre toujours croissant des applications, — voilà deux idées qui nous permettent d'augurer pour la représentation proportionnelle un brillant
avenir. Il est vrai que ce n'est là qu'une conjecture. Mais il
n'y a pas d'effet sans cause : si l'évolution de la représen-

tation proportionnelle obéit à une loi, cette loi peut être déterminée. Et alors nos présomptions deviendraient des certitudes. Or cette loi existe et on peut, je crois, la formuler ainsi : la représentation proportionnelle est un correctif et un correctif nécessaire du suffrage universel, toute constitution prescrivant le suffrage universel tend donc à l'adoption de la représentation proportionnelle, et cette adoption est d'autant plus prochaine que la constitution prescrivant le suffrage universel pur est plus ancienne.

Le suffrage universel (1), en noyant les individus dans le nombre infini des médiocrités et des faiblesses, rétablit contre l'intelligence, contre la volonté, contre la vie, la loi du plus fort. La démocratie a subordonné l'intérêt général à ses convoitises égoïstes. Elle a sacrifié la liberté à l'égalité. Elle va tête baissée du libéralisme au socialisme. Contrairement au principe même de la Révolution française, dont les réformes tendaient malgré tout à encourager l'initiative personnelle, la réussite des meilleurs, le triomphe de l'élite, la démocratie a consacré par ses lois, par ses préférences, par l'étrange répartition de ses honneurs publics la royauté des médiocres. Course à l'argent, assaut des places, conflit d'intérêts cherchant vainement à s'équilibrer par des expédients de législation, voilà notre état social. « Les principes de la société politique ne sont ni universels » ni absolus comme l'évidence. La légitimité du commandement n'est pas dans la popularité mais dans la com-

---

(1) Je n'ai pas à rappeler ici toutes les attaques dirigées contre lui. Consulter notamment des études dont M. Charles Benoist a commencé la publication dans la *Revue des Deux Mondes* du 1er juillet 1895 sous le titre de : *De l'Organisation du suffrage universel*. Elles résument magistralement ces critiques.

» pétence; il n'y a pas entre les hommes égalité mais
» hiérarchie d'aptitudes; la supériorité des dons person-
» nels faisant les chefs, le nombre n'a pas à créer l'autorité,
» mais seulement à se soumettre à elle; l'autorité descend
» d'en haut, et rien, sinon la révolte, ne saurait monter
» d'en bas (1). »

Est-ce à dire qu'il faille supprimer le suffrage universel?
La question est oiseuse : il est des courants que l'on ne
remonte point. Le plus sage est de les canaliser, de les en-
diguer et d'en diriger le cours. Je crois d'ailleurs que
malgré des arrêts et des mouvements de recul, le progrès
suit une marche ascendante, continue et indéfinie. « Il ne
» faut pas ramener le monde en arrière, car, d'après le
» mythe profond de la Bible, ceux qui se retournent sont
» changés en statues (2). » Et ceci confirme ce que je disais
au début de cet ouvrage. Le suffrage universel est la meilleure base du gouvernement représentatif. Ne le suppri-
mons pas, organisons-le.

Cette organisation s'impose. Et en effet, si l'élite prend
part à la lutte, elle est vaincue par le nombre; si les meilleurs veulent faire leur devoir, ils sont écrasés par les
médiocres. C'est alors l'abstention au profit des plus violents, des plus ambitieux et des pires, et le corps électoral
tout entier ressent une incurable lassitude et un invincible
dégoût. Le remède? la représentation proportionnelle, qui
n'est plus ici un idéal de justice ou une formule des théoriciens du droit constitutionnel, mais un procédé empirique
capable de produire l'apaisement, une condition nécessaire

---

(1) Etienne Lamy, *Les Ennemis de l'armée. Revue des Deux Mondes*
15 mars 1894, p. 454.
(2) Augustin Filon, *M. Gladstone et la Chambre des Lords. Revue
des Deux Mondes*, 17 janvier 1894, p. 122.

de la vie sociale dans un gouvernement représentatif, un correctif indispensable du suffrage universel.

Mais, dira-t-on, cette réforme lèse bien des intérêts et trouble bien des égoïsmes. La majorité l'écartera, car elle a le pouvoir; la minorité, car elle pense l'avoir un jour. Ceci est vrai et surtout en France, où si peu de personnes prennent pour précepte de vie la belle pensée de Jules Simon : « Il faut aimer la liberté surtout pour ses adver-
» saires. Quand on ne l'aime que pour soi seul, on ne
» l'aime pas, on n'est pas digne de l'aimer, on n'est pas
» digne de la comprendre (1). » Mais si l'on peut constater là un sentiment et un état d'esprit dont il ne faut rien espérer de bon, il se fait, dans d'autres régions de l'opi- nion, et dans tous les pays simultanément, un travail en sens inverse. La paix, la civilisation paraissent à tous ceux qui réfléchissent des intérêts assez élevés pour qu'on y sacrifie certains mouvements de l'égoïsme. Et d'autre part on comprend que la civilisation, la paix requièrent un certain respect de la justice. Je n'irai pas jusqu'à dire que cette notion de la justice soit dès à présent parfaitement nette et claire dans toutes les consciences. On sourirait d'un optimisme aussi manifestement en contradiction avec tant de faits, et des plus considérables. Mais cette notion me paraît en voie de s'élaborer, et si elle n'a pas encore trouvé sa formule, elle la cherche.

Déjà, à propos d'incidents qui à d'autres époques eus- sent été longuement et follement exploités, ce souci d'une solution équitable et pacificatrice gagne de proche en proche. Il finit par saisir ceux de qui dépend la résolution à prendre. Il leur communique, avec la volonté de bien

---

(1) Discours au Sénat contre l'art. 7.

faire, le courage nécessaire pour résister, soit aux mauvais conseils, soit à la crainte d'un blâme, venus des éléments inférieurs de l'opinion. Et ce n'est pas l'un des spectacles les moins intéressants ou les moins nobles du temps où nous vivons, que ce progrès lent, mais continu, de la conscience. Je dis : du temps où nous vivons, car la préoccupation de la justice, si elle s'universalise, comme je le souhaite et l'espère, sera une conquête très précieuse et très certaine des temps modernes. Là comme ailleurs s'explique le mot célèbre de Henri de Saint-Simon : « L'âge d'or de l'humanité n'est pas » derrière nous : il est devant nous, » et celui de Paul Albert : « Les poètes ont placé l'âge d'or en arrière » comme un éternel souvenir. Nous le mettons en avant » comme une invincible espérance. »

Ce mot, où bien des illusions du siècle qui s'achève trouvent leur explication, mérite de demeurer dans les esprits pour les aider à prendre confiance et en eux-mêmes et en l'avenir. Persuadons-nous que la justice et le droit, loin d'avoir dit leur dernier mot, ont à peine commencé de faire entendre une voix qui sera sûrement écoutée quelque jour : et tel est l'avenir de la représentation proportionnelle, avenir d'autant plus prochain que nous y travaillerons davantage. Partout où nous voyons se produire quelque acte individuel ou collectif qui nous paraît s'inspirer du droit et de la justice, saluons-le, pour rendre hommage à la conscience dont il est sorti et pour encourager l'éclosion d'actes analogues. Ne nous laissons pas aller à penser qu'un sentiment individuel est un ressort bien faible pour mouvoir la grande masse des Etats. Si ce sentiment se propage, ce n'est plus quelques individus, c'est l'Etat lui-même qui y obéira dans toute sa conduite. Il y a là d'assez belles perspectives pour que chacun se sente animé — et aussi obligé — à prendre sa part dans ce qu'un grand juriste de l'Allemagne contemporaine a appelé *la lutte pour le droit.*

CHAPITRE III.

———

Les systèmes d'application de la représentation proportionnelle.

═══

Nous avons vu qu'il importe de distinguer la représentation des minorités de la représentation proportionnelle. L'une n'a d'autre but que de faire contrepoids à la toute-puissance des majorités triomphantes en assurant à la minorité une certaine représentation : les systèmes d'application de cette théorie sont dits systèmes minoritaires. L'autre vise plus haut. Elle tend à assurer à tout groupement d'électeurs un nombre de députés proportionnel à son importance numérique. Elle s'applique à tous les partis, quels qu'ils soient, et nous avons précisé cette idée en la qualifiant de représentation proportionnelle de la majorité et des minorités : les systèmes d'application sont dits systèmes proportionnels. Nous aurons à étudier les uns et les autres. Les premiers sont certainement insuffisants et inexacts, mais ils ont une grande valeur historique. La représentation des minorités a été une forme de transition entre la représentation de la seule majorité et la représentation proportionnelle : l'étude des systèmes minoritaires est indispensable pour bien comprendre la genèse des systèmes proportionnels.

A un autre point de vue nous devons distinguer deux sortes de vote : le vote uninominal et le vote plurinominal. Il ne faut pas confondre le vote uninominal avec le collège uninominal. Nous savons que les circonscriptions plurinominales seules peuvent assurer un bon exercice du droit de représentation ; c'est pourquoi systèmes minoritaires et systèmes proportionnels reposent sur le scrutin de liste. Le scrutin d'arrondissement serait une base absolument fausse : là où il n'y a qu'un élu, un seul parti peut être représenté. Mais, dans un collège plurinominal, on peut : ou bien n'autoriser l'électeur à porter qu'un seul nom sur son bulletin, et c'est le vote uninominal ; ou bien lui permettre d'en inscrire plusieurs, et c'est le vote plurinominal.

Nous avons ainsi deux bases de classification. D'une part, systèmes minoritaires et systèmes proportionnels. De l'autre, systèmes reposant sur le vote uninomimal et systèmes reposant sur le vote plurinominal. Ces deux divisions doivent naturellement être combinées. Nous prendrons la première comme base principale de classification. Puis nous subdiviserons les systèmes minoritaires et les systèmes proportionnels, suivant qu'ils sont établis sur le vote uninominal ou sur le vote plurinominal.

Systèmes minoritaires. Un seul système reposant sur le vote uninominal : c'est le système de simple pluralité. Chaque électeur ne porte qu'un nom sur son bulletin, et

les candidats qui ont obtenu le plus de voix sont élus jusqu'à concurrence du nombre fixé. On désigne aussi ce
système sous le nom de vote limité uninominal, — le
terme de voté limité étant une appellation générique,
s'appliquant à tous les systèmes dans lesquels l'électeur
ne porte sur son bulletin qu'une partie du nombre des
députés à élire.

Avec le vote plurinominal, on peut : ou bien restreindre
le droit de l'électeur, et c'est le vote limité plurinominal;
ou bien lui en laisser le libre exercice, et c'est le vote
cumulatif. Le vote limité proprement dit se subdivise en
deux systèmes. Dans le vote limité proprement dit, l'électeur ne porte sur son bulletin qu'une partie du nombre
des députés à élire. Dans le vote gradué, l'électeur inscrit sur sa liste autant de noms qu'il y a de députés à
élire : mais le premier de ces noms a seul une valeur
égale à l'unité, les autres ayant une valeur décroissante
suivant une progression arithmétique. Quant au vote
cumulatif, il permet à l'électeur, soit de répartir ses voix
entre les divers candidats, soit de les accumuler sur un
seul, soit de les grouper sur plusieurs d'entre eux.

Systèmes proportionnels. Le vice de tous les systèmes
minoritaires, c'est qu'il y a des suffrages perdus, et par
conséquent des électeurs non représentés. Avec le vote
uninominal on peut éliminer cette cause d'erreur de deux
manières : soit en accordant aux députés des valeurs
représentatives inégales, mais proportionnelles au nombre
de suffrages qui se sont portés sur leurs noms, c'est le
système de la proportionnalité des suffrages électoraux et
des voix parlementaires ; soit en groupant derrière tous les
députés des nombres égaux d'électeurs, ce qui leur assure
une valeur représentative égale, c'est le système du quotient.

Le système du quotient se subdivise : ou bien les électeurs se réunissent eux-mêmes en groupes égaux au quotient électoral, et déclarent le nom du candidat de leur choix, c'est le quotient simple ; ou bien ils votent comme dans le système de simple pluralité. Mais il faut alors éviter les suffrages perdus, c'est-à-dire permettre de transporter à un autre candidat le bénéfice des suffrages accordés à un candidat déjà nommé, comme ayant réuni sur son nom le quotient électoral : c'est le transfert de suffrages. Il y a transfert au choix des candidats, lorsque les députés élus ont le pouvoir de transmettre les suffrages superflus qui leur ont été accordés, ce qui constitue un élément d'élection au second degré ; et transfert au choix des électeurs, lorsque ceux-ci rédigent un bulletin par ordre de préférence.

Avec le scrutin plurinominal, la représentation proportionnelle peut être assurée : soit, sans transfert de suffrages, par un nombre mobile de députés, c'est le système du nombre mobile de représentants ; soit par la présentation de listes, le transfert de suffrages résultant de la solidarité qui relie les candidats portés sur la même liste, c'est le système de la concurrence des listes. Dans le système du nombre mobile de représentants, la majorité choisit ses députés comme aujourd'hui, puis on accorde à la minorité un nombre de députés supplémentaires dans la proportion de son importance numérique. Dans le système de la concurrence des listes quatre procédés d'application sont possibles : voter pour des listes entières, sur lesquelles les candidats sont rangés par ordre de préférence et que l'électeur ne peut modifier, système du vote par listes ou de la liste libre ; voter pour des candidats de n'importe quelle liste, le chiffre électoral de chaque liste étant déterminé par la somme des suffrages accordés à ses candidats exclusifs, système du vote par candidats ou du libre choix ; voter pour une liste entière, l'électeur déterminant lui-même l'ordre de préférence, système du double vote simultané sans panachage ; enfin voter en principe pour une liste entière, avec faculté de choisir ses noms sur plusieurs listes, système du double vote simultané avec panachage.

Nous pouvons donc dresser le tableau suivant.

CLASSIFICATION DES SYSTÈMES.

Systèmes minoritaires ou empiriques.
- Vote uninominal. — Vote limité uninominal ou de simple pluralité.
- Vote plurinominal.
  - Vote limité plurinominal.
    - Vote limité.
    - Vote gradué.
  - Vote cumulatif.

Systèmes proportionnels ou rationnels.
- Vote uninominal.
  - Proportionnalité des suffrages électoraux et des voix parlementaires.
  - Quotient.
    - Quotient simple.
    - Quotient avec transfert de suffrages.
      - Au choix des candidats.
      - Au choix des électeurs.
- Vote plurinominal.
  - Nombre mobile de représentants.
  - Concurrence des listes.
    - Vote par listes.
    - Vote par candidats.
    - Double vote simultané.
      - Sans panachage.
      - Avec panachage.

Ce tableau ne nous indique que les systèmes types. Il ne saurait rentrer dans le cadre de cette étude de faire la critique des systèmes infiniment nombreux qui se sont fait jour, soit par combinaison des premiers, soit par simples modifications de détails. Nous nous limiterons donc en principe aux systèmes portés sur le tableau ci-dessus, sauf à faire connaître à l'occasion les systèmes combinés et les procédés de détail, qui nous paraîtront avoir une importance réelle.

SECTION I.

SYSTÈMES MINORITAIRES OU EMPIRIQUES.

§ 1er. — Systèmes minoritaires à vote uninominal.

ARTICLE UNIQUE. — *Vote limité uninominal ou système de simple pluralité.*

A. *Exposé et défense.* — Le système de simple pluralité est indiqué pour la première fois par Condorcet en 1793 (1). M. Emile de Girardin l'a si ardemment soutenu vers le milieu de ce siècle qu'il lui a en quelque sorte attaché son nom (2).

C'est un système aussi simple que possible. Chaque votant porte un seul nom sur son bulletin : sont élus les n candidats ayant obtenu le plus de voix. Le rôle de l'élec-

---

(1) *Projet de Constitution française*, titre x. sect. II, art. 9.
(2) *Questions de mon temps*, t. VIII, Paris, 1849. — *Abolition des zones électorales. Unité de collège. Bulletin uninominal*, Paris, 1874.

teur est facile, celui des bureaux ne l'est pas moins : c'est un grand avantage.

D'autre part, le système de simple pluralité assure aux minorités une large représentation. Toutes les opinions de quelque importance sont représentées : à moins d'une majorité écrasante, aucun parti ne peut priver les autres de délégués. On supprime ainsi l'omnipotence des majorités. C'est ce que démontre l'expérience faite au Brésil. « Le scrutin uninominal, nous dit le baron d'Ourém, a été » favorable aux minorités, ayant produit en général de » bons résultats : c'est ce qui a été assuré positivement et » à plusieurs reprises dans les Chambres (1). »

Enfin le système de simple pluralité réorganise les partis sous l'influence des idées plutôt que des intérêts. Il fait disparaître les influences locales et assure la nomination des hommes de valeur du pays. M. Ernest Naville, étudiant la loi espagnole du 28 décembre 1878, le constate en ces termes : « C'est l'introduction de l'unité de collège pour dix » sièges. Des hommes très importants, MM. Sagasta et » Castelar par exemple, ont été élus ainsi (2). Il est

----

(1) *R. P.*, Paris, p. 315.

(2) Il ne faut pas approuver sans réserves cette attribution d'un certain nombre de sièges à des candidats, repoussés par les collèges électoraux ordinaires, mais ayant groupé autour de leur nom, dans le pays tout entier, un minimum d'électeurs déterminé. On appelle ainsi à participer à la gestion des affaires publiques certains hommes marquants qui, dépourvus d'attaches locales, seraient dans l'impossibilité de trouver un collège disposé à les élire. Mais, si ce mode d'élection peut être pratiqué sans inconvénient dans un pays doté d'institutions monarchiques, il présenterait quelque danger dans un Etat régi par une Constitution républicaine. On pourrait craindre que des personnalités bruyantes et audacieuses n'en profitassent pour organiser une sorte de plébiscite sur leur nom : de quel prestige en effet serait revêtu un député à qui l'ensemble des circonscriptions électorales aurait accordé plusieurs centaines de mille de voix, et combien prépondérante serait sa situation au regard de collègues élus par quelques milliers de suffrages seulement !

» arrivé une fois, aux élections anglaises, que M. Glads-
» tone n'a obtenu qu'avec beaucoup de peine la majorité
» d'un collège local. La loi espagnole prévient la possibi-
» lité d'un fait pareil, et assure l'élection d'hommes qui
» peuvent avoir de nombreux partisans dans le pays, sans
» avoir les chances d'une élection facile dans un cercle
» local (1). »

B. *Critiques. Conclusions.* — Le système que nous étu-
dions se présente sous deux formes théoriques : avec unité
de collège et sans minimum, système Emile de Girardin (2); avec pluralité de collèges et minimum, système
du baron de Layre (3). Cette double correction apportée au
système primitif ne suffit pas à le soustraire à la critique.

Prenons d'abord la question du minimum. La pratique,
d'accord en cela avec la théorie, montre qu'un nombre
considérable de suffrages se portent, en pure perte pour
leur parti, sur quelques hommes populaires. Le vice fondamental du système c'est donc l'accumulation, possible et
probable, sur un petit nombre de noms, de la presque
unanimité des suffrages : autant de voix perdues, qui eussent été efficacement utilisées si elles avaient été réparties
entre un plus grand nombre de candidats. Pour éviter une
disproportion choquante entre le premier et le dernier
élu, on a imaginé d'établir un minimum de suffrages fixé
à une quote-part des inscrits. La modification est insuffisante : elle diminue l'écart, mais ne le supprime pas. Dans
un exemple que je donnerai tout à l'heure, 100,000 électeurs étant inscrits, le nombre des voix attribuées aux élus

---

(1) *R. P.*, Genève, n° 1, p. 5.
(2) *Loc. cit.*
(3) *Les Minorités et le suffrage universel*, Paris, 1868.

peut varier de 35,000 à 9,000. Supposons un minimum du 1/10 des inscrits : l'écart est toujours de 35,000 à 10,000.

L'exemple du Brésil nous apprend d'ailleurs combien il est facile, même avec le minimum, d'avoir des élus ne représentant qu'un nombre infime d'électeurs. Le Brésil n'a pas déterminé un minimum fixe : son point de vue est plus exact, et il adopte comme mètre électoral le quotient calculé sur le nombre des votants. D'après la nature même de ce procédé, il est impossible pour tous les candidats d'atteindre le quotient : le ballottage devient donc indispensable. L'élection se fait alors sans minimum, et l'on aboutit à des résultats dérisoires. M. le baron de Cotegipe, président du Conseil, signalait au Sénat, le 15 juin 1886, de petites communes où des élus avaient été nommés par 6, 5, 4 et même 3 voix (1). Il ne semble pas d'ailleurs que l'expérience ait été plus concluante dans les grandes villes. La capitale de l'empire, Rio de Janeiro, nomme 21 conseillers : aux élections de 1882, personne n'est nommé au premier tour, et 4 seulement aux élections de 1886 (2). Les vices auxquels on veut remédier par la fixation d'un minimum sont graves et patents, et il les atténue dans une certaine mesure : c'est pourquoi, dans toutes les applications du système de simple pluralité, un minimum légal est déterminé. Mais ce n'est pas un correctif, c'est un palliatif : il ne peut pas empêcher qu'une très grande quantité de suffrages ne soit perdue.

Quant à l'unité de collège, elle se heurte à une double impossibilité : impossibilité résultant de l'étendue des na-

---

(1) *R. P.*, Paris, p. 225.
(2) *R. P.*, Paris, p. 315, note 1, et p. 330, note 4.

tions modernes et du grand nombre d'électeurs qu'elles renferment, impossibilité résultant du groupement d'idées différentes sous une même étiquette politique. Le premier point se comprend aisément. Le second, à la réflexion, n'est pas moins net : supposons par exemple dans deux circonscriptions deux élus du même parti, mais l'un s'est déclaré libre-échangiste, l'autre protectionniste. Multiplions ces divergences, et nous comprendrons aisément que, dans un grand pays où les intérêts locaux peuvent être si divers, et où les aspirations politiques peuvent être nuancées par des différences de race et de tempérament, il est impossible de fusionner en des unités de même nature les votes de tout le corps électoral.

Le système de simple pluralité ne donne pas des résultats proportionnels. Et c'est pour atténuer dans une certaine mesure cette erreur fondamentale que l'on a songé à substituer la pluralité de collèges au collège unique. Emile de Girardin lui-même avait prévu cette atténuation nécessaire. Il ressort d'une communication, faite le 8 août 1885 par M. Edouard Hervé à la conférence internationale d'Anvers, qu'Emile de Girardin n'était pas un proportionnaliste, mais un plébiscitaire : son but était de permettre à la nation de désigner son chef par l'accumulation des votes sur un homme. Mais il estimait que, pour avoir une représentation de tous les partis, il faudrait substituer au collège unique des circonscriptions nommant cinq députés (1). Est-ce à dire qu'avec la pluralité de collèges le système de simple pluralité soit proportionnel? Nullement. Nous allons voir à quelles conséquences il conduit. Et je rappelle une fois pour toutes que ces conséquences seraient exa-

---

(1) *R. P.*, Bruxelles, 1885, p. 333, 334.

gérées — et par conséquent aggravées — avec le collège
unique.

Le vice du système — et il faut toujours en revenir là
— c'est l'accumulation des suffrages sur un petit nombre
de noms. Il y a dès lors des suffrages perdus, et voici le
danger : parce qu'un homme célèbre a concentré sur lui les
suffrages, un groupe important n'obtiendra qu'un représentant, et d'infimes minorités profiteront de ce groupement
pour enlever un ou plusieurs sièges. La victoire appartient
donc au parti le mieux discipliné, c'est-à-dire à celui qui
abdique toute indépendance entre les mains d'un chef ou
d'un comité pour arriver à l'écrasement plus ou moins
complet de ses adversaires.

Ainsi supposons un collège de 100,000 électeurs ayant
à nommer 5 députés. La majorité comprend 60,000 électeurs et la minorité 40,000 (1).

Première hypothèse.	*Deuxième hypothèse.*
Majorité : 60,000	Majorité : 60,000
A 22,000 élu.	A 55,000 élu.
B 14,000 élu.	B 8,500
C 12,000 élu.	C 8,000
D 12,000 élu.	D 8,000
Minorité : 40,000	Minorité : 40,000
L 23,000 élu.	L 12,000 élu.
M 9,000	M 10,000 élu.
N 8,000	N 9,000 élu.
	O 9,000 élu.
Conclusion : écrasement de la minorité par une majorité disciplinée.	Conclusion : représentation excessive de la minorité en présence d'une majorité indisciplinée.

(1) Campagnole, *De la Représentation proportionnelle dans un gouvernement représentatif*, Toulouse, 1892, p. 144, 145.

Dans les deux cas la représentation est faussée, et les décisions de la Chambre ont toutes les chances d'être en désaccord avec la volonté du pays.

Concluons. Le système de simple pluralité assure l'égalité de l'électeur devant le scrutin, puisque chacun ne vote que pour un nom ; il est facile à comprendre, facile à pra- tiquer ; enfin il assure à la minorité une part représentative. Mais il inutilise un grand nombre de suffrages ; par suite il prive de toute représentation un grand nombre d'électeurs ; enfin il viole manifestement l'égalité dans la personne des élus, puisque ceux-ci sont nommés avec des nombres de voix très inégaux. Les avantages ne balancent pas les inconvénients, et il ne faut pas hésiter à rejeter comme insuffisant le système de simple pluralité.

C. *Texte des lois appliquant le système de simple pluralité.*

Etats-Unis. Caroline du Nord. L. de 1835.

Election de la Constituante, l'Etat formant un collège unique.

Etats-Unis. Pensylvanie. L. du 2 juillet 1839.

« Sect. 3. — Les électeurs des divers quartiers, circonscriptions et communes se réuniront chaque année aux temps et lieu de l'élection des constables de ces quartiers, circonscriptions ou communes, et là nommeront comme il est dit ci-après deux surveillants et un juge d'élections.

» Sect. 4. — Chaque électeur votera pour une personne comme juge et pour une personne comme surveillant d'élections. La personne qui aura le plus de suffrages comme juge sera publiquement déclarée juge, et les deux personnes qui auront le plus de suffrages comme surveillants seront de même déclarées élues surveillants d'élections. »

13

Etats-Unis. Pensylvanie. L. du 10 avril 1867.

« Sect. 1re. — ...... Tous les trois ans, les électeurs des divers
comtés de l'Etat éliront, comme s'élisent les autres officiers de
comtés, deux personnes de conduite, d'intelligence, de jugement,
qui serviront dans chaque comté de commissaires du jury, et les
deux candidats qui auront obtenu le plus de suffrages seront déclarés dûment commissaires du jury. »

Espagne. L. du 28 décembre 1878.

« Art. 115. — Seront aussi admis et proclamés députés par le
Congrès les candidats qui, sans avoir été élus par aucun district
électoral, réclament néanmoins leur admission en se fondant sur
ce qu'à l'élection générale ils ont obtenu dans divers districts, en
minorité ou à égalité de suffrages pour chaque district en particulier, des votes qui réunis font plus de 10,000 voix.
»..... 2°). On ne pourra cumuler en aucun cas aux fins de cet
article les votes obtenus dans les districts qui ont à élire trois députés ou davantage ni dans les élections partielles, quel que soit le
nombre des uns ou des autres.
»..... 5°). Il ne pourra être admis en vertu de ce droit plus de
dix députés dans chaque Congrès ; seront proclamés les dix qui
auront obtenu le plus grand nombre de suffrages parmi ceux qui
sollicitent ce genre d'admission. »

Brésil. L. du 9 janvier 1881.

« Art. 18. § 3. — Dans l'élection des membres des assemblées
provinciales le vote est uninominal. Sont élus les citoyens réunissant un nombre de voix égal au moins au quotient électoral, calculé
sur le total des électeurs qui ont pris part à l'élection. Si tous les
membres ne sont pas nommés, l'élection continue vingt jours après,
sous la présidence du bureau qui a dirigé le premier tour de scrutin, ceux qui ont le plus de voix après les élus pouvant seuls
entrer en ballottage. »
(Rég. gén. art. 183. §§ 3 et 4. — La liste de ceux qui entrent
en ballottage doit contenir deux fois autant de noms qu'il y a de

membres restant à élire ; et, en cas d'égalité de suffrages, le plus âgé est préféré.)

« ..... Art. 22. — Le vote pour l'élection des vereadores (conseillers municipaux) est uninominal.

» Seront élus conseillers les citoyens, comptés jusqu'au nombre déterminé pour la composition du conseil municipal, qui auront réuni un nombre de voix égal au moins au quotient électoral, calculé sur le total des électeurs qui ont pris part à l'élection. Si tous les conseillers à élire n'ont pas été nommés, il y aura un nouveau scrutin aux termes de l'art. 18, § 3. »

Portugal. L. du 21 mai 1884.

Art. 1er. — « L'élection des députés de la nation portugaise aura lieu comme suit :

» ..... 3°). Par suffrages accumulés pour les six députés qui auront obtenu chacun 5,000 suffrages au moins sur le continent et dans les îles adjacentes.

» ..... Art. 4. — Après vérification de toutes les élections du continent et des îles adjacentes, la Chambre fera dresser le tableau de tous les citoyens qui auront obtenu des voix dans les diverses circonscriptions du continent et des îles, à l'exception toutefois de ceux qui auront été admis à prendre siège ; ceux qui auront obtenu le plus de voix, pourvu que le nombre de ces voix atteigne au moins 5,000, seront proclamés députés ; mais les députés de cette catégorie seront au nombre de six seulement.

» § 1er. Les ministres d'Etat ne peuvent être élus par suffrages accumulés.

» .... Art. 5. § 4. — Si le siège vacant est celui d'un député élu par suffrages accumulés, on y appelle le candidat qui a obtenu le plus de voix après celui des députés qui en a obtenu le moins, pourvu toutefois qu'il en ait obtenu au moins 5,000.

» ..... Art. 27. — Pour les opérations de recensement, chacun des quartiers de Lisbonne et de Porto est divisé en cinq sections comprenant une ou plusieurs paroisses.

» § 1er. Dans chaque section, l'assemblée des quarante plus forts contribuables élira une commission de cinq membres titulaires et cinq suppléants, choisis parmi ceux qui sont imposés aux contributions municipales, pour, en se conformant aux règles des lois en vigueur sur les commissions de recensement, opérer le recensement électoral dans la section.

» § 2. L'élection aura lieu par section et au scrutin secret, celle des membres titulaires séparément de celle des suppléants ; chaque électeur n'inscrira sur son bulletin qu'un seul nom ; le vote terminé, seront proclamés élus les cinq citoyens qui auront réuni le plus de voix.

» Art. 28. — Les membres titulaires et suppléants des commissions de section de chaque quartier éliront une commission de sept membres effectifs et de sept suppléants, pris parmi les présents.

» § 1er. Les membres titulaires et suppléants des commissions de quartier seront élus suivant les règles énoncées au § 1er de l'article précédent. »

Italie. L. du 11 juillet 1894.

La revision annuelle des listes politiques et administratives est exécutée : 1). Au premier degré, par une commission communale, composée du syndic, président, et de quatre ou six membres selon la population. Ces membres sont élus par le conseil communal parmi tous les électeurs. Chaque conseiller votera pour un seul nom : seront élus les quatre ou les six qui auront obtenu le plus de voix, pourvu qu'ils en aient eu au moins trois. 2). Au second degré par une commission provinciale, composée du Président du tribunal local, président, d'un conseiller de préfecture, et de trois citoyens nommés par le conseil provincial. Ici aussi l'élection est faite au vote uninominal et les élus doivent avoir obtenu au moins cinq voix.

§ 2. — **Systèmes minoritaires à vote plurinominal.**

Article 1er. — *Vote limité plurinominal.*

Nous avons dit que le vote limité plurinominal revêtait deux formes : le vote limité proprement dit et le vote gradué.

I. — Vote limité.

A. *Exposé et défense.* — C'est en 1793 que le vote limité est signalé pour la première fois par Condorcet (1). C'est d'Angleterre que lui vint sa fortune, avec G.-L. Craik, Grey et lord J. Russel.

Avec le vote limité, le rôle de l'électeur ne diffère pas de celui qu'il joue dans le scrutin de liste. Mais il ne porte sur son bulletin qu'une partie du nombre des candidats à élire.

En ce sens, c'est un procédé véritablement pratique. Les systèmes plus compliqués, qui théoriquement donnent des résultats plus exacts, ne peuvent être mis en usage que par des électeurs très éclairés et parfaitement disciplinés. Le vote limité est simple, facile à comprendre. Il n'exige pour fonctionner convenablement ni calculs ni raisonnements préalables, et le contrôle des opérations est des plus aisés. Il s'adapte parfaitement à des pays où la masse des électeurs a une intelligence moyenne et une éducation politique incomplète. C'est pourquoi la plupart des Etats qui rompent avec les vieux errements l'adoptent généralement, au moins à titre transitoire.

B. *Critique. Conclusions.* — Le vote limité ne saurait cependant nous satisfaire. Il assure une part représentative à la minorité : la lutte est ainsi moins violente, et la défaite, partielle seulement, est moins amère. Mais la minorité obtient-elle avec certitude la part qui lui est assignée par la loi? Nullement. Et il est facile de comprendre comment celle-ci peut être tournée par une habile manœuvre.

---

(1) *Œuvres,* Paris, 1804, t. XVIII, p. 285.

La majorité peut en effet se scinder artificiellement et créer une minorité factice qui exclut la minorité véritable. Supposons une circonscription comprenant 9,000 électeurs, 6,000 d'un parti, 3,000 de l'autre. Il s'agit d'élire trois députés. La majorité compose trois listes, sur chacune desquelles elle porte deux noms : A et B, B et C, C et D. Elle donne ensuite 2,000 voix à chacune de ses listes, ce qui fait 4,000 pour chacun de ses candidats. La minorité est ainsi exclue totalement de la représentation, puisqu'elle ne peut attribuer à ses candidats plus de 3,000 voix. On a calculé que dans un collège à trois représentants la minorité doit dépasser les 2/5 du corps électoral pour être assurée, avec le vote limité, d'élire un député (1).

Et ce n'est pas là une hypothèse théorique. Le fait s'est notamment produit en 1868 à Londres, où l'on vit échouer le plus populaire des candidats, le baron Lionel de Rothschild (2). La manœuvre est d'ailleurs dangereuse. Un faux calcul de la majorité désireuse de s'assurer toute la représentation peut faire attribuer la majorité des représentants à la minorité des électeurs. Le fait est rare. Mais on l'a constaté cette même année 1868 à Birmingham : les conservateurs, qui étaient en minorité notoire, l'emportèrent (3).

L'exemple du Brésil est là pour nous prouver que le vote limité est souvent impuissant à assurer la représentation de la minorité. A la première épreuve, la loi du 20 octobre 1875 n'avait pas donné complètement à la minorité le tiers des représentants qu'on lui avait fait espérer.

---

(1) Christophle, *De la Représentation proportionnelle,* Paris, 1887, p. 83, 84.
(2) *R. P.*, Bruxelles, 1883, p. 254.
(3) *Id.*

A la seconde épreuve ce fut bien pis. La majorité s'était organisée, et la minorité fut écrasée sur toute la ligne. Si cette épreuve, disait le ministre de l'intérieur dans son rapport aux Chambres, « a profité en quelque chose à la » question de la liberté, ce n'est qu'en montrant l'ineffi- » cacité de cette mesure, puisque, dans plusieurs loca- » lités, l'urne a donné pour résultat l'unanimité du » vote (1). » Et un sénateur constatait le 22 octobre 1880 en séance publique, que la minorité n'avait sa place ni au Sénat, ni à la Chambre des députés, ni dans les Assem- blées législatives provinciales, et que « la loi de 1875 a » été aussi impuissante que les lois antérieures à extirper » les vices et les abus qui se sont enracinés dans le sys- » tème électoral actuel et qui le dégradent (2). »

Les élections assurent-elles une certaine place à la mi- norité, il suffit d'élections partielles pour que la majorité reprenne tout son pouvoir. La loi portugaise du 21 mai 1884 est des plus sages en appelant à la vacance du siège le candidat de la minorité qui a eu le plus de voix après les élus. Procéder à une élection partielle pour un siège attribué à la minorité, c'est livrer ce siège à la majorité : le fait a été notamment constaté plusieurs fois en Angleterre (3). Le collège électoral devient en effet pour un instant collège uninominal, et nous savons que le scrutin d'arrondissement est exclusif de toute idée de représentation des minorités.

Le vote limité est donc un procédé imparfait, puisqu'il n'accorde pas nécessairement à la minorité une part

(1) *R. P.*, Paris, p. 301.
(2) *Id.*
(3) *Id.*, p. 116.

représentative. Il ne faut pas cependant exagérer cette critique. Elle suffit à condamner théoriquement le vote limité : la première condition d'un système minoritaire est d'assurer avec une absolue certitude la représentation de la minorité. Mais en pratique les résultats du vote limité sont généralement conformes aux prévisions. Ce qui constitue le vice irréductible de ce système, c'est qu'il n'est pas proportionnel. Il n'existe aucun rapport entre la part assignée par lui à la minorité et l'importance numérique de celle-ci.

Le vote limité ne tient pas compte de la puissance des partis en lutte. Il fixe d'une manière arbitraire le nombre des sièges que la majorité pourra conquérir. Or la force des partis en présence doit être établie par l'élection même. Le dépouillement du scrutin peut seul nous dire quelle est leur importance et à quelle part chacun d'eux a droit dans le partage des places à conférer. Dans le système du vote limité, au contraire, c'est la loi qui, par anticipation et d'une manière générale, fixe la part de représentation respective des partis en présence. Combien le parti qui l'emporte aura-t-il de députés? Combien en aura le groupe qui succombe? La loi le dit; l'élection n'a plus de raison d'être; le vote des partis est connu d'avance; son résultat est fixé par la loi.

Que la minorité soit forte, presque égale à la majorité, ne perdant peut-être la bataille électorale qu'à une seule voix: ou bien qu'elle soit faible, possédant à peine un quart, un cinquième des voix, sa part reste la même. Ici elle a moins qu'elle ne mérite, là elle obtient trop. Dans une circonscription électorale, elle reste écrasée par la majorité, après avoir obtenu une satisfaction insuffisante; dans l'autre elle empiète sur les droits de la majorité.

Minorité et majorité peuvent ainsi être frustrées tour à tour. L'arbitraire du législateur est sur ce point sans limites. Lorsque le duc d'Ayen (1) proposait de diviser la France en collèges à deux députés, les bulletins électoraux ne portant qu'un nom, il accordait à la minorité une part trop forte : la majorité ne pouvait avoir qu'un siège, les minorités se disputaient le second, et l'une d'elles était certaine de l'emporter. Inversement, la plupart des lois qui appliquent le vote limité mesurent visiblement la part de la minorité. En Angleterre, l'acte du 30 juillet 1867 accorde à la minorité 1/3 des représentants dans 12 collèges, 1/4 dans un autre et c'est tout. La loi italienne du 24 septembre 1882 ne lui donne que 1/5 dans 25 circonscriptions sur 135. La loi espagnole est encore plus significative : sur 371 collèges, elle en compte 345 à un député, et elle attribue à la minorité 1/4 dans un collège, 2/3 dans 22, 3/5 dans 2 et 3/4 dans 1. De telles complications ne peuvent guère s'expliquer que par la géographie électorale, l'art de fausser sciemment la représentation. En tout cas elles manquent de souplesse et d'exactitude : elles ne peuvent pas se plier à la réalité des faits.

D'autre part, il y a généralement plusieurs partis d'opposition, plusieurs minorités. Or le vote limité ne reconnaît que deux partis. Il peut aboutir à la représentation d'une minorité, il est impuissant à réaliser la représentation de plusieurs minorités. Que devront-elles faire pour obtenir une part de représentation? Devront-elles réunir en une seule liste, par un esprit d'opposition systématique, les fractions les plus opposées, les côtés extrêmes peut-être des deux clans ennemis? Ou tenteront-elles, chacune de

____

(1) *De la Représentation des minorités*, Paris, 1870.

son côté, les chances d'une élection, se faisant échec l'une
à l'autre et s'évinçant réciproquement d'un droit que la loi
croyait leur assurer ? Dans le premier cas la nécessité des
coalitions subsiste avec toutes ses conséquences : et rien
n'est plus irrationnel, immoral, dangereux, que la concentration sous une même bannière des partisans des doctrines les plus contradictoires, dont l'unique lien est la
haine commune. Dans le second cas la représentation de
la minorité n'est plus qu'une fiction : grâce à la division
et aux luttes des partis d'opposition, la majorité conquiert
tous les sièges.

Autre objection et non moins sérieuse. Le vote limité
n'assure la représentation que d'une minorité, alors même
qu'il y en a plusieurs. Et s'il n'y en a pas ? Les assemblées
sont conduites à en créer une artificiellement. On a vu
ainsi des sièges attribués par le hasard d'une surprise à
des personnages inconnus, sur lesquels s'étaient égarées
les voix de dissidents, parfois les voix d'électeurs en
quête de plaisanteries. L'établissement d'un minimum ne
parerait à ce danger que d'une façon insuffisante.

Au reste, les applications du vote limité sont assez
nombreuses pour que l'on sache exactement ce qu'il peut
donner. Généralement la majorité parlementaire correspond à la majorité réelle du pays, et la minorité a une
certaine part représentative. Mais, même en ce cas, les
Chambres ne sont qu'une image bien imparfaite et bien
inexacte du corps électoral. A l'assemblée générale de
l'Association réformiste belge du 17 mars 1891, M. Dumont
signalait des élections espagnoles. Avec 944,950 voix, les
libéraux n'obtenaient que 97 sièges, et 25 les républicains
avec 234,891, tandis que les conservateurs avec 1,908,943
suffrages atteignaient l'énorme proportion de 289 repré-

sentants (1). Même parfois le vote limité s'est révélé absolument impuissant à atténuer les fâcheux effets du régime majoritaire. C'est ainsi que l'on a vu en Italie le parti ministériel enlever la majorité des sièges avec 643,299 voix : or les partis opposants de tous genres avaient groupé 839,716 suffrages (2).

Il ne faut donc pas hésiter à rejeter le vote limité. Il est d'une application facile, mais il est trop imparfait, trop inexact, trop aléatoire pour pouvoir être admis. C'est l'avis qu'émettait à la Chambre des communes le 26 mai 1884 un éminent homme d'Etat, M. Gladstone, le jour même où il déclarait « au nom du gouvernement, qu'à ses yeux et
» aux yeux de ses collègues, l'étude la plus consciencieuse
» du principe de la représentation des minorités forme
» une partie essentielle de la grande question de la repré-
» sentation du peuple (3). »

C. *Texte des lois appliquant le vote limité.*

Etats-Unis. New-York. L. de 1842.

Les bureaux électoraux se composent de trois surveillants. Aucun électeur ne peut porter plus de deux noms sur son bulletin : les deux candidats qui ont le plus de suffrages sont déclarés élus ; le troisième surveillant est choisi par le bureau électoral parmi les deux candidats qui ont obtenu ensuite le plus de suffrages.

Ile de Malte. Constitution de 1852.

Pour l'élection du Conseil législatif composé de sept membres, chaque bulletin ne doit contenir que quatre noms.

---

(1) *R. P.*, Bruxelles, 1891, p. 109.
(2) *Id.*
(3) *R. P.*, Paris, p. 149.

Portugal. D.-L. du 30 décembre 1852.

Pour composer les commissions de recensement des électeurs, le maire soumet aux quarante électeurs les plus imposés sur les rôles des contributions publiques une liste de sept candidats par lui choisis. Si cette liste est acceptée par plus de la moitié, mais par moins des trois quarts des électeurs, les quatre premiers candidats sont seuls élus : les trois autres membres de la commission sont choisis par la minorité de l'assemblée, soit par acclamation, soit au scrutin secret (art. 24).

Il est procédé de la même manière à l'élection des membres des bureaux des sections de vote (art. 46).

Brésil. L. du 19 septembre 1855.

Les membres des bureaux électoraux sont élus par les électeurs, chaque bulletin ne portant que deux noms : les deux qui réunissent le plus de voix sont secrétaires, ceux qui viennent immédiatement après scrutateurs, et en cas de parité, le sort décide.

Espagne. L. du 5 juillet 1856.

Elections municipales.

Ile de Malte. Ordonnance de 1861.

Election du Conseil de gouvernement.

Etats-Unis. New-York. L. du 29 mars 1867.

« Le quatrième mardi d'avril aura lieu une élection de délégués, qui se réuniront en Constituante pour reviser et amender la Constitution de l'Etat.

» Les délégués à choisir seront au nombre de 160 : 128 élus à raison de 4 par circonscription sénatoriale, et 32 élus au scrutin de liste de l'Etat.

» Tout électeur pourra prendre part à l'élection de ces derniers délégués, mais il ne pourra voter pour plus de 16 noms, et les 32 candidats qui auront ainsi obtenu le plus grand nombre de suffrages seront déclarés élus. »

Angleterre. Acte du 30 juillet 1867.

« Dans les bourgs ou comtés où il y a plus de trois membres à élire, l'électeur ne peut voter que pour deux candidats. A Londres, l'électeur ne peut voter que pour trois candidats, quand il y a quatre députés et au delà à élire. »

Etats-Unis. New-York. Constitution de 1867.

La Cour d'appel se compose d'un président et de six juges. Les électeurs portent sur leur bulletin un nom pour le président et quatre pour les juges (art. 6, § 2).

Angleterre. Acte de 1868.

Extension à l'Ecosse de l'acte de 1867.

Suisse. Vaud. L. du 22 janvier 1869.

« Les candidats judiciaires sont élus au scrutin de liste à la majorité relative d'au moins le quart des votants. Au premier tour de scrutin l'électeur ne peut porter sur son bulletin que la moitié du nombre des candidats à élire. Si un second tour de scrutin est nécessaire, l'électeur peut inscrire sur son bulletin la totalité du nombre des candidats qui restent à élire. »

Etats-Unis. Illinois. Constitution du 2 juillet 1870.

« Article transitoire. § 7. — Pour l'élection de trois juges de la Cour de circuit du comté de Cook, aucun électeur ne votera pour plus de deux candidats. »

Etats-Unis. Pensylvanie. L. du 10 février 1871.

« Désormais, pour l'élection des directeurs d'écoles des 22e, 24e et 27e quartiers de Philadelphie, chaque électeur vote pour quatre personnes, et les six candidats qui auront le plus de suffrages seront déclarés élus pour trois ans. »

Etats-Unis. Pensylvanie. L. du 2 juin 1871.

« Dorénavant, les directeurs d'écoles de la commune de Smithfield et des communes de Franklin et Apolorous seront choisis comme suit. Quand les vacances à remplir seront en nombre pair, chaque électeur aura le droit de voter pour la moitié des membres à nommer; quand elles seront en nombre impair, chaque électeur pourra voter pour la moitié plus un des membres à élire. Les candidats qui auront le plus de suffrages seront déclarés élus. »

Etats-Unis. Pensylvanie. L. du 11 avril 1872.

« Sect. 1re. — A l'élection générale du deuxième mardi d'octobre, les électeurs de l'Etat nommeront des délégués à une Convention chargée de reviser et d'amender la Constitution de l'Etat. Cette Convention se composera de 133 membres à élire comme suit. 28 membres seront élus au scrutin de liste dans l'Etat : aucun électeur ne pourra voter pour plus de 14 candidats, et les 28 candidats qui auront obtenu le plus de suffrages seront déclarés élus. 99 délégués seront répartis dans les différentes circonscriptions sénatoriales, pour être élus à raison de 3 délégués par sénateur : en nommant les délégués de district, aucun électeur ne pourra voter pour plus de 2 membres à choisir, et les 3 candidats qui auront obtenu le plus de suffrages seront déclarés élus. Par exception, dans le comté d'Alleghany, formant la 23e circonscription sénatoriale, aucun électeur ne pourra voter pour plus de 6 candidats, et les 9 candidats qui auront le plus de suffrages seront élus. Dans les comtés de Lucerne, Monroë et Pike, formant la 13e circonscription sénatoriale, aucun électeur ne votera pour plus de 4 candidats, et les 6 candidats qui auront le plus de suffrages seront élus. La ville de Philadelphie choisira 6 délégués additionnels au scrutin de liste : aucun électeur ne pourra voter pour plus de 3 candidats, et les 6 candidats qui auront le plus de suffrages seront déclarés élus. »

Etats-Unis. Pensylvanie. Constitution du 16 décembre 1873.

« Art. 5. Sect. 12. — A Philadelphie un tribunal de police et de paix pour les causes ne dépassant pas 500 francs sera créé à raison de un par 30,000 habitants. Les juges seront nommés pour cinq ans au scrutin de liste. A toute élection de ces magistrats, aucun électeur ne pourra voter pour plus des 2/3 des candidats, s'il y a plus d'un magistrat à choisir.

»..... Sect. 16. — Quand il y aura à élire deux juges de la Cour suprême pour le même terme, l'électeur ne pourra voter pour plus d'un candidat ; ou pour plus de deux lorsqu'il y en aura trois à nommer. Les candidats qui auront le plus de suffrages seront déclarés élus.

»......Art. transitoire. Sect. 19. — Les deux nouveaux juges supplémentaires du tribunal de Philadelphie seront élus comme les nouveaux juges de la Cour suprême.

»..... Art. 14. Sect. 7. — Trois administrateurs et trois contrôleurs de comté seront élus dans les comtés qui ont ces officiers, en 1875 et ensuite tous les trois ans. Dans ces élections, l'électeur ne pourra voter pour plus de deux candidats, et les trois candidats qui auront le plus de suffrages seront déclarés élus. »

Brésil. L. du 20 octobre 1875.

« § 17. — Dans les provinces nommant trois députés ou plus, pour l'élection des députés à l'Assemblée générale ou aux assemblées législatives provinciales, chaque électeur votera pour un nombre de candidats égal aux deux tiers du nombre total fixé pour la province.

» ..... Pour l'élection des vereadores des Chambres municipales, le bulletin contiendra les noms de six citoyens éligibles aux fonctions de vereadores si le municipe doit en nommer neuf, et de cinq citoyens si le municipe doit en nommer sept. »

Espagne. L. du 16 décembre 1876.

Les groupes municipaux sont divisés en autant de collèges électoraux que le Conseil municipal le juge convenable, mais le sectionnement doit être opéré de telle sorte que chaque collège ait à élire quatre conseillers ou le nombre qui en approche le plus. Chaque électeur vote pour deux conseillers seulement s'il faut en élire trois, pour trois s'il faut en élire quatre, pour quatre s'il faut en élire cinq ou six, pour cinq s'il faut en élire sept. L'élection a lieu au premier tour de scrutin et à la majorité relative.

Espagne. L. du 28 décembre 1878.

« Art. 84. — Dans les districts où on ne doit élire qu'un député, chaque électeur ne pourra écrire sur son bulletin que le nom d'un seul candidat.

» Dans les districts où l'on doit élire trois députés, chaque électeur ne pourra voter que pour deux candidats et par un seul bulletin de vote.

» Dans les districts où l'on doit élire quatre ou cinq députés, chaque électeur ne pourra donner sa voix qu'à trois candidats au plus, dans la même forme.

» De même, s'il y a six députés à élire, chaque électeur ne pourra voter par son bulletin que pour quatre candidats, cinq s'il y a sept députés, et six s'il y a huit députés à élire dans le district. »

Roumélie orientale. Statut organique du 14/26 avril 1879.

L'Assemblée nationale élit au scrutin de liste un comité permanent composé de dix membres : il est chargé de la préparation des projets de loi. Nul bulletin ne peut contenir plus de six noms.

*Portugal. Décision de la Chambre des Pairs
du 30 janvier 1880.*

Election au scrutin de liste d'une commission de vérification des pouvoirs composée de sept membres. Chaque bulletin de vote ne doit porter que cinq noms.

Espagne. L. du 20 août 1882.

« Art. 8. — Il y aura dans chaque province un nombre de députés à raison de quatre par district.

» ..... Art. 11.— Chaque électeur votera pour trois candidats. Si les bulletins de vote en contiennent davantage, le vote ne sera valable que pour les trois premiers inscrits. »

Italie. L. du 24 septembre 1882.

« Art. 65. — L'électeur appelé s'assied à une des tables à ce destinées, et sur le bulletin qui lui a été remis, il écrit :

» *a.* Quatre noms dans les collèges qui ont à élire quatre ou cinq députés.

» *b.* Trois noms dans les collèges qui ont à élire trois députés.

» *c.* Deux noms dans les collèges qui ont à élire deux députés. »

Portugal. L. du 21 mai 1884.

« Art. 1ᵉʳ. — L'élection des députés de la nation portugaise aura lieu comme suit :

» 1°) Au scrutin de liste dans les circonscriptions ayant pour chefs-lieux les capitales des districts du continent et des îles adjacentes. Dans ce cas, les bulletins de vote pour les cercles de trois députés porteront deux noms au plus ; ceux pour les circonscriptions de quatre députés trois noms au plus ; ceux pour les cercles de six députés, quatre noms au plus. Seront réputés non écrits les noms en excès, s'il y en a, dans l'ordre de leur inscription.

» ..... Art. 5. § 2. — En cas de vacance de l'un des sièges d'une circonscription plurinominale, si ce siège était attribué à un député de la minorité, on appelle pour l'occuper le candidat qui a obtenu le plus de voix après ce député, pourvu qu'il en ait obtenu au moins 500. Si ce siège était attribué à un député de la majorité, ou s'il n'y a pas de candidat qui ait obtenu le nombre de voix nécessaire, il est procédé à une nouvelle élection. »

Etats-Unis. Massachusetts. 1884.

Elections législatives.

Etats-Unis. Massachusetts. L. du 29 mai 1884.

La municipalité de chaque ville désignera trois citoyens capables, électeurs dans la localité, qui n'exerceront aucune autre fonction, et qui composeront, avec le secrétaire de la mairie, un bureau chargé de l'inscription des électeurs. Ce bureau devra comprendre des représentants en nombre égal des deux partis politiques qui ont obtenu le plus de suffrages aux élections précédentes, et il ne doit pas se trouver dans le bureau plus de deux représentants du même parti politique.

Chili. L. du 9 janvier 1884.

Elections municipales suivant le vote limité aux 2/3.

Portugal. Décision de la Chambre des Pairs
du 9 février 1886.

Election des principales commissions.

Brésil. L. du 14 octobre 1887.

« Art. 1er. — Lors de l'élection des membres des assemblées législatives provinciales, chaque électeur vote pour un nombre de noms correspondant aux deux tiers des membres de ces assemblées à élire par chaque district électoral.

» ..... § 1er. 2me alin. — Dans les districts où il y aura à élire seulement quatre ou cinq membres, l'électeur, dans le premier cas, inscrira trois noms sur sa liste, et quatre dans le deuxième.

» § 2. — Pour remplir les vacances des membres desdites assemblées, chaque électeur votera pour un ou deux noms, si les places vacantes sont au nombre d'une ou de deux ; et de la manière établie dans cet article et dans le paragraphe précédent, si les places vacantes sont de trois ou plus.

» Art. 2. — L'élection des conseillers municipaux aura lieu de la manière établie dans l'article 1er. Pour combler les vacances des conseillers municipaux, chaque électeur votera de la manière établie par l'art. 1er, § 2.

» Si le nombre des conseillers municipaux excède un multiple de trois, chaque électeur ajoutera aux deux tiers un ou deux noms selon l'excédent. »

Suisse. Neuchâtel. L. du 5 mars 1888.

Toute commune est administrée par un conseil communal. Dans les communes dont la population dépasse 400 habitants, le conseil général est élu pour trois ans par le suffrage universel et direct des électeurs communaux. En principe, l'élection se fait à la majorité absolue des suffrages, mais le conseil général a la faculté d'adopter par règlement un système électoral propre à assurer un quart au moins des sièges aux minorités électorales. Il est même tenu d'élaborer ce règlement lorsqu'un nombre d'électeurs correspondant aux 5/100 de la population totale en fait la demande. (Titre II, art. 17-40.)

Italie. L. du 10 février 1889.

Vote limité aux 4/5 pour les élections communales et provinciales de plus de cinq membres.

Espagne. L. du 26 juin 1890.

Si le district doit nommer un député, chaque électeur ne peut donner valablement son vote à plus d'une personne. S'il doit en nommer plusieurs, chaque électeur n'a le droit de voter que pour un nombre de candidats inférieur de un, de deux ou de trois au nombre de députés à élire, suivant que ce nombre est de deux à quatre, de plus de quatre ou de plus de huit (art. 22).

II. — Vote gradué.

A. *Exposé.* — Le vote gradué a été imaginé par Borda qui en fit, le 16 juin 1770, l'objet d'une communication à l'Académie des sciences, puis en 1781 d'un rapport intitulé : *Mémoire sur les élections par scrutin* (1). Il a été discuté par des savants de premier ordre : Laplace, Condorcet, Lacroix. Assez récemment il a été étudié en Allemagne (2) et en France (3). Mais il n'a été nulle part consacré législativement (4).

.Le vote gradué repose sur cette présomption que tous les électeurs n'ont point la même préférence pour tous les candidats qu'ils mettent sur leur liste : les noms seront écrits par l'électeur dans l'ordre de ses préférences. Les suffrages ont ainsi une valeur inégale : on détermine cette valeur par une progression arithmétique. Deux procédés sont en présence. Ou bien donner au premier candidat inscrit un suffrage entier, au deuxième un demi-suffrage,

---

(1) *Histoire de l'Académie des Sciences*, année 1781, p. 657-665.

(2) Gustave Burnitz et Georges Varrentrapp, *Methode bei jeder Art von Wahlen*, Francfürt am Mein, 1863.

(3) *Journal des Economistes*, juin 1869, janvier 1874.

(4) Il a été introduit dans quelques sociétés privées. Cf. Règlement de l'Institut national du 4 avril 1796.

au troisième un tiers de suffrage, et ainsi de suite ; ou bien, ce qui évite l'emploi des fractions, donner au premier candidat inscrit un nombre de suffrages égal à celui des représentants à élire, ce nombre diminuant d'une unité pour chaque candidat jusqu'au dernier, qui reçoit un suffrage unique.

Le vote gradué n'est qu'un vote limité. Soit trois députés à nommer. L'électeur donne au premier un suffrage entier, au second un demi-suffrage et un tiers de suffrage au troisième. Il perd l'exercice d'un demi-suffrage et de deux tiers de suffrage. On peut même trouver la formule qui détermine dans quelle mesure le vote est limité. Cette mesure varie suivant le nombre de députés à élire. Si on appelle x ce nombre, la fraction du vote limité est donnée par la formule suivante : $\dfrac{x + (x - 1) + (x - 2) + \dots}{x^2}$, le numérateur étant trouvé lorsque l'on est à la quantité : $x - x$.

Les deux procédés de vote gradué aboutissent à l'élection des mêmes candidats : l'ordre seul dans lequel ils sont proclamés élus varie. Supposons deux partis, l'un de 7,000 électeurs, l'autre de 3,000, et 10 députés à élire. Les deux partis ont voté pour des listes compactes, sans panacher (1). Avec le premier procédé les candidats proclamés élus le sont dans l'ordre suivant : A, B, C, D, E, F, A', G, B', C'; et, avec le second procédé : A, B, A', C, D, B', E, F, C', G. Dans les deux cas ce sont les mêmes noms : A, B, C, D, E, F, G, A', B', C'.

---

(1) Christophle, *loc. cit.*, p. 102.

Premier procédé.					*Deuxième procédé.*			
Candidats	Multipli-cateur	Suffrages	Ordre d'élection		Candidats	Multipli-cateur	Suffrages	Ordre d'élection

Premier parti : 7,000 voix.

Candidats	Multiplicateur	Suffrages	Ordre		Candidats	Multiplicateur	Suffrages	Ordre
A	10	70,000	1		A	1	7,000	1'
B	9	63,000	2		B	1/2	3,500	2'
C	8	56,000	3		C	1/3	2,333	4'
D	7	49,000	4		D	1/4	1,750	5'
E	6	42,000	5		E	1/5	1,400	7'
F	5	35,000	6		F	1/6	1,166	8'
G	4	28,000	8		G	1/7	1,000	10'
H	3	21,000			H	1/8	875	

Deuxième parti : 3,000 voix.

Candidats	Multiplicateur	Suffrages	Ordre		Candidats	Multiplicateur	Suffrages	Ordre
A'	10	30,000	7		A'	1	3,000	3'
B'	9	27,000	9		B'	1/2	1,500	6'
C'	8	24,000	10		C'	1/3	1,000	9'
D'	7	21,000			D'	1/4	750	

B. *Critiques. Conclusions.* — L'exemple que nous venons de donner permet de constater que le vote gradué rend la proportionnalité possible. 7,000 électeurs obtiennent 7 députés, 3,000 en obtiennent 3. Mais ce n'est pas là un résultat certain. Et ce système ouvre la porte à des calculs qui peuvent altérer la sincérité de la représentation (1). Soit un collège de 72,000 électeurs ayant 8 représentants à nommer. Les électeurs sont divisés en deux partis égaux de 36,000. Le premier parti vote d'une ma-

---

(1) Cf. une étude de M. Droop dans *Le Réformiste* du 14 octobre 1869.

nière compacte pour les candidats A, B, C, D, E, F, G, et le second parti donne

6,000 suffrages à	K, L, M, N, O, P
6,000 »	L, M, N, O, P, K
6,000 »	M, N, O, P, K, L
6,000 »	N, O, P, K, L, M
6,000 »	O, P, K, L, M, N
6,000 »	P, K, L, M, N, O

Le résutat est le suivant : A, 36,000 voix ; B, 18,000 ; C, 12,000 ; D, 9,000 ..... et les six candidats de l'autre parti $6,000 + 3,000 + 2,000 + 1,500 + 1,200 + 1,000 = 14,700$ suffrages. Le premier parti obtient donc 2 représentants, et 6 le second parti : or ils sont égaux et devraient avoir une représentation identique. Il est facile, d'après cet exemple, de déterminer le vice du système. Le parti, qui s'est scindé en différents groupes présentant chacun une liste, a utilisé tous ses suffrages, tandis que le premier parti a accumulé un grand nombre de votes superflus sur ses deux premiers candidats. Pour réaliser la proportionnalité, il aurait fallu qu'un mode de transfert fût établi par la loi, en sorte que l'excédent des suffrages des candidats A et B fût passé aux candidats C et D. Chacun des deux partis égaux aurait alors obtenu quatre représentants. Le transfert de suffrages est donc la condition absolue d'un système vraiment proportionnel. C'est pourquoi je classe le vote gradué, non dans les systèmes proportionnels, mais dans les systèmes minoritaires.

On peut démontrer — et nous l'avons fait — que, si l'ordre d'inscription des candidats est strictement maintenu, il conduit à une juste représentation de tous les partis. Mais précisément cet ordre constant d'inscription, qui est

la condition essentielle du fonctionnement du système, est
impraticable. Aurait-on des bulletins officiels avec interdiction du panachage et de l'interversion des noms? Mais
alors quel sera l'ordre des noms? Si on les range alpha-
bétiquement, heureux les candidats dont les noms ont
pour tête une des premières lettres de l'alphabet. Si les
présentateurs de listes reçoivent le droit de classer les
noms, on leur donne en même temps le droit exorbitant
de faire attribuer par tous les électeurs un suffrage double,
triple, décuple aux candidats qu'ils désigneront. Pur hasard
dans le premier cas, arbitraire des comités électoraux
dans le second, violation de la liberté des électeurs dans
l'un et dans l'autre. Admettra-t-on au contraire la libre
confection des bulletins? C'est livrer le sort de l'élection
aux hasards d'une rédaction et d'un panachage plus ou
moins de fantaisie.

Le vote gradué est ainsi enfermé dans un dilemme. Ou
bien les partis sont parfaitement disciplinés, les électeurs
obéissent ponctuellement et inscrivent sur leurs bulletins
les noms des candidats dans le même ordre. La représentation est alors proportionnelle. Mais l'exactitude de la
répartition n'est qu'apparente. L'électeur n'est pas libre,
ce n'est pas le corps électoral que représente le corps élu,
c'est le groupe remuant et peu digne d'intérêt des comités
électoraux. Ou bien le panachage est admis, l'électeur
rédige son bulletin à son gré, inscrit les candidats de son
choix suivant un ordre de préférence adopté par lui, en
un mot l'élection est sincère : mais le résultat est douteux,
inexact, non proportionnel le plus souvent, pas même
minoritaire peut-être.

Article 2. — *Vote cumulatif.*

A. *Exposé et défense.* — Le vote cumulatif apparaît en 1850 dans un projet de constitution du Cap de Bonne-Espérance. Il a été en quelque sorte divulgué trois ans plus tard par James Garth Marshall (1). Ses études eurent une telle notoriété qu'on le considère en quelque sorte comme l'auteur de ce système.

Le vote cumulatif séduit d'abord par sa simplicité. Un électeur, appelé à nommer par exemple dix députés, dispose en réalité de dix voix. Dès lors pourquoi l'obliger à répartir ses dix suffrages entre dix candidats différents? Pourquoi ne pas l'autoriser à les grouper sur plusieurs candidats ou même à les accumuler sur un seul? Rien de plus facile que l'application d'un tel système : l'expérience permet de l'affirmer. En 1876, M. Ernest Naville constatait que l'on n'avait pas signalé la moindre difficulté pratique, ni pour les électeurs, ni pour les opérations du dépouillement. Or à cette époque il n'y avait pas eu moins de 2,000 élections faites avec le vote cumulatif, dans des collèges élisant jusqu'à 15 représentants, par des masses électorales souvent très importantes : plus de 140,000 électeurs à Londres, plus de 400,000 dans l'Illinois (2). Le vote cumulatif est un système simple.

Le vote cumulatif est un système juste. Il fait disparaître une grave iniquité du scrutin de liste, qui est d'obliger

---

(1) *Letter to lord John Russell on parliamentary Reform*, London, 1853.

(2) *Les Progrès de la réforme électorale en 1874 et 1875*, Genève, 1876, p. 27 et 30.

l'électeur à voter pour des candidats inconnus ou pour des candidats qui ne sont pas de son choix. Le vote cumulatif permet à l'électeur d'opérer exactement comme sous le régime actuel, puisqu'il est libre de prendre la liste de son parti et de la mettre dans l'urne sans autre examen. Mais il lui permet aussi d'agir autrement, au grand bénéfice de sa liberté et de sa dignité : il n'est plus obligé de disperser ses suffrages sur des hommes que souvent il ne connaît pas ou qu'il connaît trop bien, mais, sans rien perdre de son pouvoir électoral, il peut voter pour les seuls candidats qu'il apprécie et dont il désire véritablement l'élection. « Prenons un exemple pratique. Genève nomme
» quatre députés au Conseil National suisse, et l'élection
» de ces quatre députés donne lieu à la présentation de
» quatre candidats pour chacun des deux partis qui se
» disputent le pouvoir, c'est-à-dire de huit candidats en
» tout. Je me rappelle une de ces élections, où, sur huit
» candidats présentés, il n'y en avait qu'un seul auquel il
» me fût honorablement possible d'accorder mon suffrage.
» J'en ai donc nommé un seul, en remplissant le reste
» de ma liste par les noms d'hommes impossibles. A la
» même époque, je rencontrai l'un de nos citoyens du
» canton de Vaud appartenant à un collège qui nomme
» aussi quatre conseillers nationaux. Il me raconta que
» sur les candidats proposés il n'y en avait que deux aux-
» quels sa conscience d'homme libre lui permît d'accorder
» son suffrage; il n'en avait nommé que deux. La loi
» vaudoise ne renferme pas la prescription inutilement
» gênante de la loi de Genève, qui annule les bulletins ne
» portant pas un nombre de noms égal au nombre de
» députés à élire. Nous avons donc, mon compagnon du
» canton de Vaud et moi, perdu l'un la moitié et l'autre

» les trois quarts de notre valeur électorale, parce que
» nous ne voulions pas nommer des hommes qui nous
» étaient inconnus ou hostiles. Remarquez à ce propos un
» des effets des lois actuelles. Les électeurs qui jettent
» dans l'urne, sans autre examen, la liste dressée par des
» chefs de parti, usent de toute leur puissance électorale,
» tandis que ceux qui n'accordent leurs suffrages qu'après
» un examen personnel en perdent presque toujours une
» bonne partie, c'est-à-dire que les élections à la majorité
» ont pour inévitable effet d'accroître la puissance des
» électeurs en raison inverse de leur indépendance (1). »

L'expérience nous révèle en effet que, dans tous les pays
où le vote cumulatif a été établi, les électeurs ont largement usé de la faculté de distribuer les suffrages à leur
gré : il répondait donc bien à un besoin réel. Un seul
exemple. Aux élections pour le Conseil d'école de Hackney
(Angleterre), le premier élu, M. Reed, est nommé par
5,631 électeurs ainsi répartis : 715 avec 5 suffrages (le
maximum), 52 avec 4 ; 1,123 avec 3 ; 1,854 avec 2 ; et 1,617
avec un seul. Au total 12,477 suffrages (2). Or, sans le
vote cumulatif, ces 5,631 électeurs n'eussent pu donner à
M. Reed que 5,631 voix. Conséquences : ce chiffre se serait
trouvé insuffisant pour assurer son élection, et 6,846 voix
se seraient perdues, soit qu'elles aient été inutilisées, soit
qu'elles aient été portées sur des candidats hostiles à l'électeur. On saisit là quelle liberté le vote cumulatif donne
au corps électoral, et avec quelle souplesse il se proportionne à tous les degrés de capacité. Il permet également

---

(1) Ernest Naville, *Les Progrès de la réforme électorale en 1873,*
Genève, 1874, p. 45, 46.
(2) Ernest Naville, *Les Progrès de la réforme électorale en 1874 et
1875,* Genève, 1876, p. 27.

de faire une liste complète, d'établir une liste partielle, ou de n'adopter qu'un seul candidat. Dans les trois cas l'exercice complet du droit de l'électeur est assuré.

B. *Critiques. Conclusions.* — En ce sens qu'il assure l'exercice complet du droit de l'électeur, le vote cumulatif est un système juste. Nous avons déjà dit qu'il était simple. Est-il exact, proportionnel? D'une manière certaine, non. Il permet la proportionnalité, il ne la garantit pas.

Il permet la proportionnalité : soit 100,000 électeurs répartis en deux groupes de 60,000 et 40,000, et 10 députés à élire. Le premier parti accumule ses voix sur six candidats qui obtiennent chacun 100,000 voix et sont élus ; la minorité concentre ses suffrages sur quatre candidats, qui sont de même élus chacun avec 100,000 voix. Bien mieux, toute minorité comptant 10,000 électeurs est assurée d'obtenir un représentant, en accumulant tous ses suffrages sur un seul candidat et en lui donnant par conséquent 100,000 voix (1). La pratique a parfois consacré la théorie. En 1872, dans l'Illinois, pour les élections représentatives, deux partis étaient en présence, et on avait constaté avec précision le nombre de leurs adhérents pour l'élection du Président des Etats-Unis. Ils ont obtenu à une unité près une représentation exactement proportionnelle (2).

Sans donner toujours des résultats aussi parfaits, le vote cumulatif est généralement satisfaisant. Il assure la représentation des diverses opinions, et il le fait d'une manière sensiblement juste puisqu'il a pour effet de pacifier le corps électoral et d'atténuer l'ardeur des luttes poli-

---

(1) Campagnole, *loc. cit.*, p. 146, 147.
(2) Ernest Naville, *loc. cit.*, p. 27.

tiques, chaque parti se rendant compte, en quelque sorte, qu'il a obtenu tout ce qu'il peut légitimement espérer. Ainsi, en novembre 1874, élection partielle de deux membres au Conseil d'école de Birmingham. L'un de ces membres était libéral et l'autre conservateur. Chacun des deux partis a présenté un seul candidat, et le remplacement s'est trouvé fait à l'amiable, conformément à l'équité la plus évidente, et sans l'apparence d'une lutte (1). L'ensemble des élections anglaises pour les Conseils d'école permet de formuler encore quelques conclusions du plus haut intérêt. Le vote cumulatif n'a pas ce pouvoir de dispersion qui empêcherait une majorité réelle de se manifester. S'il existe sur une question donnée un courant d'opinions véritablement dominant, il le traduit sans difficultés. La signification du scrutin est des plus claires ; la minorité obtient sa part de représentation ; et la formation d'une majorité très nette n'empêche pas les divers groupes qui la composent de choisir ses véritables représentants, au lieu d'être obligés de se concentrer sur une liste unique au grand détriment de l'indépendance et de la liberté des votants. La libre formation des groupes est ainsi pratiquement réalisée. Enfin, le vote cumulatif n'envoie pas dans les corps élus des hommes d'opinions fort tranchées, se heurtant avec violence dans les délibérations. Chacun, se sentant en présence d'adhérents d'opinions très opposées aux siennes, respecte les convictions d'autrui et fait preuve de modération. Rien ne prouve mieux la valeur pratique du vote cumulatif que le fait suivant : partout où il a été adopté, il a été maintenu et étendu dans son application.

Quand je dis : maintenu, j'entends que l'on n'est jamais

____

(1) Ernest Naville, *loc. cit.*, p. 28.

revenu du vote cumulatif au système majoritaire. Mais souvent un système vraiment proportionnel a été substitué au vote cumulatif. Et en effet, pour le proportionnaliste convaincu, quelle que soit sa supériorité sur le système actuel, le vote cumulatif n'est qu'un procédé imparfait. Il permet la représentation proportionnelle, il ne l'assure pas. Il laisse se perdre un grand nombre de suffrages, et cette perte ouvre la porte à la disproportion entre les élé- ments du corps électoral et les éléments du corps élu.

De même que dans le système de simple pluralité, des voix nombreuses, de beaucoup supérieures à celles qui lui sont strictement nécessaires, pourront se porter sur tel candidat que le parti veut à tout prix voir arriver, même en lui sacrifiant l'élection possible des autres candidats de la même liste. C'est ce qui a lieu si les électeurs, livrés à leurs propres inspirations, votent par bulletins manuscrits, ou par bulletins imprimés sur lesquels certains noms sont rayés et remplacés par celui plusieurs fois répété du candidat populaire du parti. C'est ce qui a encore lieu si, les électeurs votant par bulletins imprimés sans y apporter la moindre modification, le comité accumule les suffrages sur le candidat favori pour assurer son succès. Lui seul est élu, alors que le nombre de ses adhérents donnerait à son parti le droit d'avoir deux ou trois représentants. Ainsi, pour les élections anglaises au Conseil d'école, à Marylebone, miss Garret est élue avec 47,858 suffrages, M. Watson avec 8,355 (1); à Finsburg, M. Tabrun avec 27,858 et M. Lucraft avec 5,990 (2). Il y

____

(1) Ernest Naville, *La Réforme électorale en France,* Paris, 1871, p. 87.

(2) Ernest Naville, *Les Progrès de la réforme électorale en 1874 et 1875,* Genève, 1876, p. 31.

a 39,503 voix perdues sur miss Garret, 21,868 sur
M. Tabrun. Rien de moins proportionnel : 8,355 suffrages
obtiennent une même représentation que 47,858, et 5,990
que 27,858.

Inversement, si les chefs de parti, voulant remédier à la
déperdition des suffrages, répartissent les voix accumulées
de leurs adhérents entre plusieurs candidats, — indépen-
damment de l'atteinte grave qui est portée à la liberté de
l'électeur transformé en machine à voter, sans droit propre
et sans initiative, — il pourra arriver que les calculs
soient inexacts, les prévisions mal fondées : c'est alors la
minorité des électeurs qui obtiendra la majorité des représentants. Ainsi, à Bloomsburgh, pour des élections municipales, les républicains qui auraient dû obtenir trois sièges
sur six n'en ont gagné que deux ; à Manchester, pour la
nomination du Conseil d'école, les épiscopaux cinq sièges
au lieu de six, — les uns et les autres par suite d'une trop
grande dispersion. De même en 1870 à Birmingham : les
libéraux devaient avoir huit représentants et la majorité,
ils en ont eu six ; les conservateurs devaient en avoir cinq,
ils en ont eu huit et la majorité (1).

Avec le vote cumulatif toute élection présente donc un
aléa. Son adoption constitue cependant un immense progrès sur le système majoritaire. Il ne faut pas toujours
comparer les projets de réforme à la perfection, mais à
l'état de choses qu'il s'agit de remplacer. A ce point de
vue, quelle différence ! Avec le vote cumulatif, l'écart de
la représentation résulte d'une erreur des partis qui calculent mal leurs chances ; un calcul plus juste les rétablit

----

(1) Ernest Naville, *loc. cit.*, p. 32.

dans leurs droits. C'est ainsi qu'aux deuxièmes élections de Birmingham, les libéraux, ayant acquis la conscience de leurs forces réelles, ont renoncé à prétendre à un plus grand nombre de sièges que celui auquel ils avaient droit : en concentrant leurs suffrages ils ont obtenu huit sièges sur quinze et la majorité (1). Le défaut du vote cumulatif trouve donc son remède dans une pratique intelligente, tandis que dans nos lois actuelles l'écrasement des minorités résulte de la loi et ne souffre pas de remède. Le vote cumulatif est assez avantageux pour que son adoption soit un triomphe pour la cause de la réforme, sans être cependant de nature à satisfaire pleinement.

En effet, où se trouve le remède aux inconvénients du vote cumulatif? Dans un calcul fait par les chefs de partis et dans l'exacte discipline de leurs adhérents. Cette discipline nécessaire détruit l'indépendance individuelle : pour réaliser la justice entre les partis, il faut sacrifier une part de la liberté des électeurs.

Donc le vote cumulatif ne donne que des résultats proportionnels hypothétiques. A condition de ne pas respecter la liberté des électeurs, il donne des résultats proportionnels plus assurés, mais encore incertains. En somme, c'est le meilleur des systèmes minoritaires, mais il est trop imparfait pour nous satisfaire.

Le vice du vote cumulatif, c'est la masse des votes superflus ou perdus. Pour réaliser la proportionnalité, il faudrait un mode de transfert utilisant l'excédent de suffrages. Ceci montre une fois de plus que le transfert de suffrages est la condition absolue d'un système vraiment proportionnel.

---

(1) Ernest Naville, *loc. cit.*, p. 33.

C. *Texte des lois appliquant le vote cumulatif.*

Cap de Bonne-Espérance. Constitution de 1853.

Election du Conseil législatif et des quatre députés de Cape-Town à l'Assemblée législative.

Etats-Unis. Pensylvanie. L. du 4 mars 1870.

Election annuelle du Conseil municipal, de deux constables, de deux assesseurs d'impôts ; élection triennale de trois auditeurs municipaux, de deux aides assesseurs et de deux des directeurs d'écoles communales ; élection quinquennale des juges de paix.

« Sect. 4. — Afin que les électeurs de Bloomsburgh puissent exercer librement et sans contrainte leur droit de suffrage et obtenir une représentation complète pour leur administration locale, le système du vote libre sera légal et est ici permis pour l'élection des officiers de la ville et de tous les officiers exclusivement nommés par ces élections. Chaque fois que plus d'une personne devra être choisie dans cette ville pour la même fonction, à la même époque et pour la même durée de service, chaque électeur aura autant de votes qu'il y aura de personnes à choisir et il pourra disposer de ses votes comme il suit :

» 1° S'il y a deux personnes à choisir, il pourra donner 1 vote à deux candidats respectifs ou 2 votes à un seul.

» 2° S'il y a trois personnes à choisir, il pourra donner 1 vote à trois candidats respectifs, 2 votes à un candidat et 1 vote à un autre, 1 vote 1/2 à deux candidats respectifs, ou 3 votes à un seul candidat.

» 3° S'il y a quatre personnes à choisir, il pourra donner un vote à quatre candidats respectifs, 1 vote 1/3 à trois candidats respectifs, 2 votes à deux ou 4 votes à un seul.

» 4° S'il y a six personnes à choisir, il pourra donner 1 vote à six candidats respectifs, 1 vote 1/2 à quatre candidats, 2 votes à trois, 3 votes à deux ou 6 votes à un seul.

» Dans tous les cas, les candidats qui auront le plus de suffrages seront déclarés élus. »

Etats-Unis. Pensylvanie. L. du 28 mars 1870.

« Sect. 1re. — Le second mardi d'octobre 1870 et ensuite tous les trois ans, à la date des élections communales, les électeurs de Bloomsburgh et des diverses communes qui constituent le district de Bloom, nommeront trois directeurs des pauvres du district.

» ..... Sect. 2. — Pour l'élection de ces directeurs, qu'il s'agisse de l'élection ordinaire ou seulement de vacances à pourvoir, chaque électeur peut répartir à son gré ses votes entre les candidats ou les donner tous à un seul candidat. S'il y a trois directeurs à choisir, il peut donner respectivement un vote et demi à deux candidats. Les directeurs qui auront obtenu le plus de suffrages seront nommés. »

Etats-Unis. Pensylvanie. LL. des 6 et 14 avril, 13 mai 1870.

Application à trois bourgs de la loi du 4 mars 1870.

Etats-Unis. Illinois. Constitution du 2 juillet 1870.

« Art. 4, § 7. — La Chambre des représentants aura trois fois plus de membres que le Sénat : ils seront nommés pour deux ans. Dans chaque district sénatorial, trois représentants seront élus aux élections générales de 1872, puis de deux en deux ans. Auxdites élections de représentants, tout électeur peut donner à un seul candidat autant de votes qu'il y a de représentants à élire, ou distribuer à son gré ces mêmes votes ou fractions égales de ces votes entre les candidats, et les candidats qui auront le plus de suffrages seront déclarés élus. »

Angleterre. Acte du 9 août 1870.

« Art. 29. — ..... Aux élections pour le conseil scolaire, chaque votant aura droit à un nombre de voix égal au nombre des membres à élire, et pourra donner toutes ses voix au même candidat ou les répartir comme il lui conviendra. »

Etats-Unis. Pensylvanie. L. du 11 octobre 1870.

Application à l'élection des trois membres du bureau de l'assistance publique du comté de Colombie de la loi du 28 mars 1870.

Etats-Unis. Pensylvanie. LL. des 4, 11, 19 et 26 mai 1871.

Application à cinq bourgs de la loi du 4 mars 1870.

Etats-Unis. Pensylvanie. L. du 2 juin 1871.

« Sect. 2. — Le nombre des membres du conseil municipal d'un bourg (à l'exclusion des villes et communes rurales) est porté à 6 là où il est de 5 ; il sera désormais de 6 pour les bourgs qui s'organiseront sous le régime commun.

»..... Sect. 3. — Aux élections des conseillers municipaux, tout électeur pourra à son gré donner ses votes divisément à six candidats ou les grouper sur un moindre nombre, comme il est dit à la section 4 de la loi du 4 mars 1870 qui régit la commune de Bloomsburgh. »

Etats-Unis. Pensylvanie. L. du 8 mars 1872.

Application à tous les bourgs du comté de Northumberland de la loi du 4 mars 1870.

Etats-Unis. Dézeret (1). Constitution du 18 mars 1872.

« Dans toutes les élections pour des représentants, l'électeur dispose d'autant de suffrages qu'il y a de députés à élire par son collège, et il peut les accorder à un seul candidat ou les distribuer entre plusieurs. Les candidats qui ont réuni le plus grand nombre de suffrages sont élus. »

Etats-Unis. Illinois. L. du 10 avril 1872.

« Quand la présente loi sera soumise à l'agrément des électeurs d'une ville, on posera en même temps la question de l'adoption ou du rejet de la représentation de la minorité dans le conseil municipal de cette ville. Le bulletin de vote devra alors porter ces

---

(1) Cf. *supra* p. 154, note.

mots : Pour la représentation de la minorité dans le conseil municipal, ou : Contre la représentation de la minorité dans le conseil
municipal. A toute époque ultérieure, sur la demande du huitième
des électeurs qui ont pris part aux dernières élections générales
municipales, le conseil municipal devra prendre des mesures pour
que la question de la représentation de la nouvelle minorité soit
soumise comme il est dit ici aux électeurs de la ville, à la condition
que la question ne soit pas posée plus d'une fois tous les deux ans.
Les bureaux électoraux remettront le compte de ces votes au conseil
municipal, qui devra les totaliser et porter les totaux au registre de
ses délibérations. Si la majorité des votes ainsi obtenus est pour la
représentation intégrale dans le conseil municipal, les membres de
ce conseil devront dorénavant être élus comme suit.

» ..... § 7 ..... Aux élections de conseillers, l'électeur pourra déposer autant de votes qu'il y a de conseillers à élire dans la circonscription. Il pourra aussi distribuer ces votes ou fractions égales de
ces votes entre les candidats à son gré, et les candidats qui auront
le plus de suffrages seront déclarés élus. »

Etats-Unis. Illinois. L. du 1ᵉʳ juillet 1872.

« Dans les élections de directeurs et d'administrateurs de com-
pagnies incorporées, tout actionnaire aura le droit de voter en personne ou par mandataire, en proportion du nombre d'actions qu'il
possède, pour autant de candidats qu'il y aura de directeurs ou
d'administrateurs à élire : il pourra encore, ou cumuler ses actions
et donner à un candidat autant de votes que le nombre des directeurs
multiplié par ses actions, ou distribuer ces suffrages entre autant de
candidats qu'il jugera bon. »

Etats-Unis. Virginie occidentale. Constitution de 1872.

Reproduction de la loi du 1ᵉʳ juillet 1872 de l'Illinois.

Angleterre. Acte de 1872.

Application à l'Ecosse de l'acte du 9 août 1870.

Etats-Unis. Pensylvanie. L. du 24 juin 1873.

« Aux élections de directeurs de société, tout membre ou actionnaire peut grouper ses votes sur un seul candidat, ou les répartir à son choix entre deux candidats ou plus. »

République Argentine. Buenos-Ayres. L. de 1873.
Elections législatives et sénatoriales.

Etats-Unis. Missouri. Constitution de 1875.
Reproduction de la loi du 1er juillet 1872 de l'Illinois.

Etats-Unis. Californie. 1879.
Election des directeurs de sociétés par actions.

Chili. 1884.
Elections législatives.

APPENDICE. — *Liste fractionnaire ou vote limité-cumulatif.*

On a proposé de combiner le vote limité avec le vote cumulatif. Le plus connu de ces procédés est celui publié par M. Séverin de la Chapelle, sous le nom de liste fractionnaire (1). Il le formule en deux règles : les bulletins des électeurs ne peuvent porter qu'un nom dans les cir-

______

(1) *Le Scrutin de liste et la représentation proportionnelle*, Guingamp, 1884. La préface est de Jules Simon, mais le système ne saurait pour autant se recommander de son autorité. Il résume admirablement la théorie de la représentation proportionnelle dont il est un partisan convaincu, mais déclare formellement : « Quoique je trouve les raisons expo- » sées par M. Séverin de la Chapelle très ingénieuses et presque toujours » concluantes, je ne veux pas prendre parti pour son système. » *Adde* du même auteur : *La Liste fractionnaire dans les élections plurinominales et l'égalité proportionnelle pour tous*, Paris, 1886, et : *Exposé historique et critique des procédés et des systèmes de représentation proportionnelle*, Grenoble, 1888.

conscriptions duonominales, et dans les autres la moitié
plus un ; dans cette limite, les électeurs sont libres de porter sur leurs listes soit des noms différents, soit un seul
ou plusieurs noms plusieurs fois répétés.

M. Séverin de la Chapelle constate la supériorité du
scrutin de liste sur le scrutin d'arrondissement, mais il
constate aussi qu'il produit entre les électeurs des inégalités de puissance, résultant de l'inégalité des circonscriptions. Il cherche dans un procédé qui, respectant la répartition actuelle des collèges électoraux, réduise ces inégalités
de telle manière qu'elles laissent place à l'égalité efficace
des droits. « L'expérience acquise du vote limité et du
» vote cumulatif simple a prouvé que, lorsqu'ils sont em-
» ployés séparément, le premier laisse encore place à
» l'arbitraire des majorités oppressives, et que le second
» fait la place trop large aux minorités habiles. Les deux
» règles combinées se complètent et se corrigent l'une par
» l'autre...... En réduisant la puissance propre de chaque
» électeur à la moitié de la puissance totale et parlemen-
» taire de chaque circonscription, on ne fait encore que
» ramener à la moitié de leur importance les inégalités du
» scrutin de liste, on lui laisse un caractère excessif tel
» que les majorités électorales pourraient en abuser. Cet
» inconvénient disparaît définitivement par la faculté du
» bulletin cumulatif...... Reste à justifier rationnellement
» partout l'addition du plus un. Dans la division par 2 de
» tous les chiffres impairs il y a un reste 1 qu'il n'est pas
» permis de négliger. Cet 1 représente en effet un siège
» de représentant : empiriquement il est clair que si l'on
» procédait dans les circonscriptions impaires à un second
» tour de scrutin, la majorité l'emporterait et rationnelle-
» ment elle y a droit. Mais il faut éviter le second tour de

» scrutin. Et toutes les fractions de la circonscription ont
» le droit au tour unique, le seul que le principe propor-
» tionnel comporte, de se disputer le siège inoccupé, mal-
» gré la certitude mathématique où l'on est que la majo-
» rité seule doit le prendre. Dès lors, en vertu de l'égalité
» de tous les électeurs et de toutes les frations quelles
» qu'elles soient, le plus un devra être ajouté dans les cir-
» conscriptions impaires à toutes les listes, aussi bien de
» minorité que de majorité. Et comme cette addition ne
» peut être faite au droit personnel des électeurs dans les
» circonscriptions impaires sans que le droit personnel des
» électeurs des circonscriptions paires en profite, le plus
» un devra être ajouté à toutes les listes dans toutes les
» circonscriptions (1). »

Le système de M. Séverin de la Chapelle n'est en somme
qu'une modification du vote limité. Et s'il est vrai que l'adjonction du vote cumulatif fortifie la minorité, lui donne
plus de cohésion, plus de poids et plus d'action, lui pro-
cure ainsi des chances nouvelles d'atteindre cette part
représentative que le vote limité seul ne lui assure pas toujours, il n'en faut pas moins reconnaître que, même ainsi
modifié, le vote limité prête le flanc à de graves critiques.
Le vote limité-cumulatif, comme le vote limité pur, détermine arbitrairement la part qui revient à la minorité ;
comme lui il suppose nécessairement l'existence d'un
parti d'opposition et le crée artificiellement là où il n'existe
pas ; comme lui il ne reconnaît qu'un parti d'opposition et
ne permet la représentation que d'une minorité, non des
minorités ; comme lui en un mot il fait d'avance et arbi-

---

(1) *La Liste fractionnaire dans les élections plurinominales et l'égalité proportionnelle pour tous*, Paris, 1886, p. 30-32.

trairement la part de chacun, empiétant sur le rôle qui doit être en bonne justice et en stricte équité laissé à l'électeur seul, sous peine de porter atteinte à l'essence même du régime représentatif.

Le vote limité-cumulatif, tel qu'il est préconisé par M. Séverin de la Chapelle sous le nom de liste fractionnaire, accuse en outre une tendance des plus dangereuses : il exagère la part qu'il convient d'attribuer à la minorité. Il prévoit des collèges de deux ordres : ceux qui nomment deux députés, ceux qui en nomment davantage. Dans les premiers le bulletin de vote est limité à un nom : ceci c'est du vote limité pur, sans le correctif du vote cumulatif, et c'est même la forme la plus regrettable du vote limité, celle qu'avait imaginée le duc d'Ayen. Les minorités se disputent la moitié des sièges, la majorité n'a pour elle que l'autre moitié. Dans les circonscriptions de la seconde classe, M. Séverin de la Chapelle réserve à la majorité la moitié plus un des places à prendre, c'est-à-dire sur l'ensemble du pays un nombre de sièges égal à la moitié des représentants à élire plus le nombre des collèges. La part attribuée ainsi à la minorité est beaucoup trop forte. Et le vote cumulatif, au lieu d'être un correctif du vote limité, devient alors une cause d'erreur. En effet, le vote cumulatif permet l'utilisation presque complète des forces de la minorité et lui donne une représentation sensiblement proportionnelle à son importance, — résultat précieux encore qu'imparfait lorsque l'élection seule révèle la force des partis, comme dans le vote cumulatif pur. Mais ce qui était là un avantage peut devenir un danger si la loi détermine arbitrairement et à l'avance la part de la minorité. Si cette part est trop forte, le vote limité pur est peut-être préférable à la liste fractionnaire : avec le vote limité, la majorité lésée a des chances, à l'aide d'une bonne organisation, de reconquérir sur la minorité les sièges dont la frustre la loi; avec la liste fractionnaire, la minorité fortifiée par le vote cumulatif garde intégralement toutes les places qui lui sont réservées, résultat conforme à l'esprit de la loi mais contraire à l'équité. Or M. de la Chapelle attribue à la minorité sensiblement la moitié des sièges. Comment ne pas juger que cette proportion est trop forte et exagérée?

Et remarquons que dans l'esprit de son auteur la liste fractionnaire devrait donner à la minorité l'exacte moitié des sièges. Ne nous dit-il pas que le vote limité à la moitié est un procédé imparfait, mais que tout inconvénient disparaît si on le combine avec le mode cumulatif? Voilà donc en théorie ce qui lui paraît le meilleur. Si en pratique il substitue le vote limité à la moitié plus un au vote limité à la moitié, c'est qu'on ne peut agir autrement dans les circonscriptions impaires, et qu'il faut bien appliquer partout la même règle pour respecter l'égalité des électeurs. M. Séverin de la Chapelle n'a d'ailleurs pas même l'air de se douter qu'il réserve ainsi à la minorité une part trop forte. Avec le vote cumulatif joint au vote limité à la moitié, dit-il, — et je transcris sans commentaires cette explication qui m'a paru incompréhensible, — « les électeurs de toute
» minorité sont maîtres de fortifier leur droit personnel,
» en accumulant sur lui une moitié de puissance générale,
» égale à celle qui est laissée en trop aux électeurs de la
» majorité. La balance est rétablie, l'équilibre existe : et
» aucun chiffre autre que le chiffre 2 ne pourrait pro-
» duire cet effet complexe, parce qu'aucun n'est à la fois
» le plus petit commun diviseur et le plus petit multi-
» plicateur commun de la puissance complexe, parle-

» mentaire et électorale dans toutes les circonscrip-
» tions (1). »

Au fond il ne faut peut-être pas demander à un système
ce qu'il n'a pas voulu donner. La liste fractionnaire est
empirique et non théorique. Mais cette tendance nous paraît
dangereuse. Sans doute il faut largement tenir compte,
dans tout projet modifiant le régime électoral d'un pays,
des mœurs de ce pays, de ses usages et du degré moyen
d'intelligence des électeurs. Il ne faut pas cependant vouloir trouver à tout prix des solutions simples, des règles
immuables, limitant le rôle de l'électeur et lui évitant tout
travail intellectuel. On risque ainsi de donner prise aux critiques des gens éclairés, on aliène leur concours et l'on
compromet, au lieu de la servir, la cause réformiste. Or
on sait quelle est la valeur du vote limité : en Angleterre,
en Italie, en Espagne il a provoqué la plus fâcheuse réac-
tion. Le vote limité à la moitié ou à la moitié plus un est plus
dangereux encore : avec lui la représentation proportionnelle n'est plus une mesure de justice pour tous, ni même
un procédé de défense à l'usage des minorités, mais une
arme de guerre dirigée contre la majorité pour lui enlever
non seulement les places qu'elle usurpe, mais celles auxquelles elle a droit.

Les systèmes rationnels sont infiniment supérieurs aux
systèmes empiriques : ils se basent à la fois sur la liberté
pleine et entière des partis et des électeurs, et sur une loi
mathématique que nul ne peut contester. Cela ne vaut-il

----

(1) *La Liste fractionnaire dans les élections plurinominales et l'égalité proportionnelle pour tous*, Paris, 1886, p. 31. M. Séverin de la Chapelle, dont je ne conteste d'ailleurs ni l'esprit chercheur ni l'intelligence
élevée, est coutumier des idées nuageuses et des formules sybillines. Cf. *La
Loi du nombre, la Loi du renoncement chrétien, et la Loi politique
de la balance des contrastes, par les proportions*, 1892.

pas mieux que d'imaginer des barrières pour les uns, des exceptions pour les autres? Vainement parlerait-on de l'éducation insuffisante du corps électoral. Nous répondrons avec sir John Lubbock que de deux choses l'une : ou bien l'électeur est intelligent, et il comprendra sans peine une chose dont on lui a démontré l'exactitude sur les bancs de l'école, le quotient, la règle de trois, la théorie du commun diviseur; ou bien il est inintelligent, et dès lors il est absurde de conférer à un homme, incapable de faire le plus simple des calculs, le droit de choisir les mandataires de la nation et de décider de la direction qu'il convient d'imprimer aux affaires du pays. Au lieu donc de recourir à dés systèmes empiriques, qui provoqueront des critiques de principe, — les plus dangereuses de toutes, — il faut aller droit à la véritable solution du problème. « Si l'on » doit manger des merles à défaut de grives, disait M. Beer-» naert, il faut, quand on possède des grives, les mettre » sur la table et laisser les merles à de moins difficiles. » Depuis que l'on a trouvé les systèmes proportionnels, les systèmes minoritaires ne devraient plus avoir d'adhérents. Ils n'en ont d'ailleurs plus guère : et ce n'est pas en combinant leurs imperfections — comme dans la liste fractionnaire (1) — que l'on en augmentera le nombre.

---

(1) La revue belge, dont la haute compétence en ces matières est indiscutable, s'est prononcée formellement contre le système de M. Séverin de la Chapelle. En le signalant dès son apparition, elle déclare qu'il lui est « impossible de l'approuver » (R. P., Bruxelles, 1884, p. 284) et qu'il est « ingénieux peut-être, mais à coup sûr paradoxal » (Id., p 286); et, peu après, répondant à une lettre de M. de la Chapelle, elle maintient son jugement en affirmant que la liste fractionnaire est un procédé empirique « qui déplace le mal sans le guérir » (Id., 1885, p. 28). Depuis lors, M. Jean Mommaert en a fait l'objet d'une étude très fouillée dont les conclusions sont définitives : « né de l'union du vote limité et du vote cumulatif sim-» ple, il ne leur est pas supérieur; des deux côtés il a reçu des vices » héréditaires dont il ne se guérira pas;... il est absolument inadmis-» sible » (Id., 1888, p. 323).

SECTION II.

SYSTÈMES PROPORTIONNELS OU RATIONNELS.

§ 1er. — Systèmes proportionnels à vote uninominal.

ARTICLE 1er. — *Système de la proportionnalité des suffrages électoraux et des voix parlementaires.*

Ce système a été proposé par M. Boutmy dans *La Liberté* du 21 août 1867. C'est une pure conception de théoricien qui n'a jamais été appliquée et qui n'a aucune chance de l'être. A l'origine il a cependant été adopté par la *The personal representation Society* de New-Nork (1), et le 10 janvier 1871 M. Eldridge l'a proposé à la Constituante de l'Illinois (2). Il est désigné quelquefois sous le nom de système Pourret (3).

Le système de M. Boutmy est un système simple. On détermine d'abord le quotient électoral en divisant le nombre des votants par le nombre de députés à élire. Puis on donne à chaque député un nombre de votes parlementaires proportionnel au nombre de suffrages électoraux obtenus par lui, c'est-à-dire autant de votes que son chiffre d'élec-

----

(1) Ernest Naville, *La Question électorale en Europe et en Amérique*, Genève, 1871, p. 139.

(2) *R. P.*, Paris, p. 182.

(3) Arthur d'Hoffschmidt, *Les Systèmes minoritaires*, Bruxelles, 1891, p. 37.

tion contient de fois ou de fractions de fois le quotient.
Ainsi, si le quotient est 10,000, une voix au député élu
avec moins de 10,000 suffrages, deux voix au député élu
avec moins de 20,000 et plus de 10,000.

Le système Boutmy est un système juste, car il respecte
d'une manière parfaite le droit électoral des électeurs. Il le
respecte dans son principe, chaque électeur obtenant avec
exactitude la part représentative qui lui revient; il le respecte dans son exercice, chaque électeur étant représenté
par le candidat de son choix.

Enfin le système Boutmy est un système proportionnel.
Cela résulte de l'emploi du quotient comme base des
calculs de répartition. Il y a bien une légère cause d'erreur : c'est la question des excédents. Si le quotient est
de 10,000, 10,000 électeurs ayant porté leurs voix sur un
député ont chacun 1/10,000 de part représentative. Mais
les électeurs ne groupent pas leurs suffrages sur un député
en nombre exactement divisible par le quotient. Il y a un
excédent, — une fraction, en considérant le quotient
comme égal à l'unité : si on le néglige, ce sont des
suffrages perdus, par conséquent des électeurs non représentés; si on en tient compte, ce sont des électeurs dont
on force la part représentative. L'excédent est-il de
7,000 voix, chacun de ces 7,000 électeurs a une valeur
représentative de 1/7,000 et non de 1/10,000. Le système
Boutmy n'est donc proportionnel qu'à une fraction près :
mais, dans cette mesure, il assure avec certitude une
exacte représentation aux électeurs et aux partis. C'est
donc bien — et malgré cette imperfection — un système
proportionnel.

Si ingénieux qu'il soit, le système Boutmy est cependant inacceptable. C'est un procédé purement théorique,

sans aucune attache avec les conditions pratiques d'un bon système électoral. Il ne suffit pas de faire jouer et cadrer les hommes comme des chiffres, il faut tenir compte des différences nécessaires qui séparent la réalité de l'abstraction. Adopter le système Boutmy, c'est supprimer le régime parlementaire, amoindrir le régime représentatif, confier les destinées du pays à un petit nombre d'hommes populaires. Un député qui aurait réuni sur sa tête une partie importante des suffrages serait un danger sérieux ; un candidat qui obtiendrait plus de la moitié des voix, à lui seul ferait la loi. On voit où peut conduire une théorie poussée à l'outrance : puisque la souveraineté du peuple est aliénable, un peuple libre pourra en une minute d'emballement ou d'affolement plébisciter un homme. Il faut protéger contre de tels entraînements et le peuple et les élus de son choix : le peuple, en ne lui permettant pas d'accumuler valablement ses suffrages sur un nom populaire ; ses élus en ne leur donnant pas la tentation et l'occasion d'usurper le pouvoir. Pour assurer la liberté, le système Boutmy risque de favoriser la dictature : il est inacceptable, car il est dangereux.

Le défaut du système Boutmy, c'est de ne pas limiter au quotient la valeur représentative de chaque député. Pour autant, les voix en excédent, c'est-à-dire celles attribuées à un élu au delà du quotient, ne seraient pas perdues : il suffit pour les utiliser d'en faire bénéficier les candidats du même groupe qui n'ont pu atteindre au quotient. Chaque parti obtient ainsi sa part proportionnelle de représentation, et, sans que la liberté de l'électeur soit entravée en rien, tous les inconvénients du système Boutmy sont écartés. Le transfert de suffrages nous apparaît donc ici encore comme la base de tout système pratique de représentation proportionnelle.

Article 2. — *Système du quotient.*

I. — Quotient simple.

Ce système a été proposé en 1839 par M. de Villèle. Trente ans plus tard, M. Fischer de Philadelphie a eu spontanément la même conception. Ces efforts isolés n'ont eu aucun résultat effectif. En Australie Méridionale cependant, une loi de 1840 a appliqué ce procédé à l'élection de la municipalité d'Adélaïde.

Pour bien comprendre le système de Villèle, il faut se souvenir qu'à l'époque le scrutin était public et le corps électoral peu nombreux. Les électeurs sont convoqués au chef-lieu du département, et là ils se groupent selon leurs opinions politiques en différents collèges d'un même nombre de votants. Le nombre de ces collèges est identique au nombre de députés attribués au département. Dès qu'un de ces collèges a atteint le quotient, il choisit son député et fait officiellement enregistrer son choix. Le procédé est rigoureusement proportionnel.

Il n'est pas d'ailleurs sans soulever de critiques, et l'une tout au moins suffit à le condamner. Les plus habiles se réuniront en groupes égaux au quotient et choisiront leurs députés. Ceux-ci éliminés, il restera de petites minorités : une seule ou quelques-unes d'entre elles parviendront seules à se faire représenter, les autres seront écrasées comme dans un collège uninominal. Le système de Villèle ne réalise donc que le premier sens des mots : représentation proportionnelle, et non le second. Le nombre des

députés est proportionné au nombre des électeurs, et non
le nombre des députés de chaque parti au nombre des
électeurs du même parti.

Le système du quotient simple est un procédé imparfait,
qu'il était seulement intéressant de signaler comme forme
première du système du quotient. Inutile d'ajouter qu'aujourd'hui, avec le scrutin secret et le suffrage universel,
il est impraticable.

II. — Quotient avec transfert de suffrages au choix des électeurs.

A. *Exposé et défense.* — La théorie du transfert de
suffrages a été conçue vers 1840 par M. Tscherning, qui
fut un des premiers ministres constitutionnels du Danemark (1). Mais ses études n'avaient reçu aucune publicité.
Et c'est spontanément qu'en 1855 M. Andræ, ancien capi-
taine d'état-major, professeur de mathématiques à l'Ecole
militaire supérieure de Copenhague, ministre des finances,
trouva le même procédé et le fit insérer dans la loi du
2 octobre 1855. Telle était l'ignorance où l'on vivait alors
de la législation des pays voisins que cet essai demeura
complètement inconnu. Il fut révélé à l'Europe en 1863
par un rapport du secrétaire de la légation anglaise à
Copenhague, M. Litton (2). Mais, à cette époque, la théorie

____

(1) C'est ce qui résulte des paroles suivantes prononcées par M. Tscherning à la séance du Rigsdag du 25 novembre 1863 : « J'ai traité cette ques-
» tion il y a une vingtaine d'années environ et je possède quelque part
» un traité complet de ma main qui a pour but de démontrer ce que l'ho-
» norable M. Andræ vous expliquait hier. » *R. P.*, Bruxelles, 1885, p. 179.

(2) *Report by Mr. Litton, her M's secretary of legation, on the election of representatives for the Rigsraad. 1 july 1863.* — *Appendix to
the speech of John Stuart Mill, delivered in the house of commons,*
London, 1867.

du transfert de suffrages était déjà célèbre. Sans avoir connaissance des travaux danois, M. Thomas Hare venait de la concevoir à son tour. Et elle avait acquis immédiatement une grande notoriété grâce à deux ouvrages célèbres, un de Hare (1), un de Stuart Mill (2).

Nous avons vu en étudiant le système de simple pluralité quelles graves critiques il convient d'adresser au vote uninominal. Nous les avons toutes ramenées à une cause d'erreur fondamentale : l'accumulation des suffrages sur un petit nombre de noms populaires. Conséquences : grande inégalité du pouvoir représentatif des représentants, nombre considérable de suffrages perdus. La fixation d'un minimum atténue le mal mais sans le faire disparaître, et il en est encore ainsi si l'on prend comme minimum le quotient calculé sur le nombre des votants. L'exemple du Brésil sur ce point est concluant. C'est d'ailleurs un point démontré ; je n'y reviens pas.

Le quotient est cependant une base de représentation proportionnelle. Il importe de le conserver. On s'est donc demandé quel perfectionnement il conviendrait de lui faire subir pour arriver à l'élimination des suffrages perdus et par conséquent des électeurs non représentés. Un nombre quelconque d'électeurs vote pour un candidat et

---

(1) *A treatise on the election of representation parliamentary and municipal*, London, 1859. — *Adde* du même auteur : *Representation in pratice and teory*. *Frazers Magazine* de février 1860. — *Representation of every locality and intelligence*. *Frazers Magazine* d'avril 1860. — *The election of representatives*, London, 1865. — *A Note on representative Government. Fornigthly Review* de 1875.

(2) *Considerations on representative Government*. London, 1861. Traduit par Dupont-White, sous le titre : *Considérations sur le Gouvernement représentatif*, Paris, 1865. — *Adde* du même auteur : *On M. Hare's Scheme. Frazers Magazine* de mai 1859. — *Thoughts on Parliamentary reform*, London, 1860.

ce candidat est élu : il ne les représente que jusqu'à concurrence du quotient, c'est-à-dire que tous les électeurs
qui comptent en plus du quotient n'ont pas de représentant. Comment utiliser ces suffrages perdus ? En les repor-
tant sur un autre candidat. C'est la théorie du transfert
de suffrages. Dans le système Andræ-Hare, ce transfert
est opéré par l'électeur lui-même au moyen des votes de
préférence.

On calcule le quotient à la manière ordinaire, l'électeur
ne vote effectivement que pour un nom, et un candidat
est élu dès qu'il a réuni le quotient. Et voici l'innovation.
Le vote de l'électeur ne pouvant en principe servir qu'à un
seul candidat, l'électeur a mis sur son bulletin le nom de
son candidat préféré ; mais, comme il peut se faire que
plus de n votants en fassent autant (n étant égal au quotient), il a inscrit à la suite du nom de son candidat favori
celui qu'il préfère comme représentant à défaut du premier ; il en a même inscrit un troisième, un quatrième,
autant enfin qu'il y a de candidats à élire, car plus de n
votants ont pu désigner le second ou le troisième. Chaque
électeur contribue ainsi à l'élection d'un représentant qui
lui plaît : son vote est attribué au premier des candidats,
rangés sur son bulletin par ordre de préférence, qui n'a
pas encore atteint le quotient.

On obtient par ce procédé une représentation exacte.
L'électeur a toute la liberté de choix compatible avec le
caractère collectif de l'action d'élire. Pour être efficace, il
suffit que son suffrage se rencontre avec d'autres suffrages
en un nombre égal au quotient, nécessité inhérente à la
représentation elle-même. Le vote est libre, il est égal
pour tous, et dès qu'un candidat atteint le quotient, il est
élu. Tous les élus représentent ainsi le même nombre de

voix, et tous les électeurs sont assurés que leur vote sera compté pour un des candidats de leur choix. Par le système de Hare, le problème d'une représentation équitable est résolu d'une manière aussi simple qu'exacte : nul danger de superfétation dans la part faite à la majorité ou à la minorité, en raison des suffrages accordés en trop à certains candidats ou par suite de l'éparpillement des voix. C'est un procédé souple, se pliant à toutes les situations. S'il y a plusieurs partis en présence, chacun d'entre eux, en disposant des listes non panachées, est assuré d'obtenir la représentation que comporte son importance réelle ; s'il y a accord sur les candidats à élire, le système de Hare respecte cette unanimité et la traduit dans les faits : il est aussi élastique qu'il est précis. En assurant aux minorités une représentation proportionnelle à leur importance sans aucune entreprise sur les légitimes prérogatives des majorités, le système de Hare permet l'élection des corps élus dans des conditions incontestables d'impartialité et d'autorité.

B. *Critiques*. — Les avantages du système de Hare sont sérieux et de premier ordre. Ce n'est point cependant un système parfait. On lui a fait une objection théorique tirée de la pluralité des collèges électoraux. En pratique il s'est heurté à deux grosses difficultés d'application : l'ordre de tirage des bulletins et les élections complémentaires. Enfin il est presque incompatible avec le panachage, et même sans panachage la proportionnalité des résultats n'est pas absolument certaine.

Passons rapidement sur l'objection théorique. La pluralité de collèges est une cause d'imperfection que l'on peut constater dans tout système. Il est en effet facile d'assurer la proportionnalité dans un collège : mais le quotient,

ayant pour base le nombre des votants, varie de collège à
collège et ne saurait être le même pour toute l'étendue du
pays. Or, l'unité de collège est impossible, nous le savons :
comment connaître et juger des centaines de candidats ?
Comment dépouiller un pareil scrutin ? Si l'on adresse
spécialement cette objection au système de Hare, c'est
que la cause d'erreur résultant de la pluralité des circonscriptions électorales est particulièrement sensible avec le
vote uninominal. Le mieux est, croyons-nous, de la négliger, de la considérer comme faisant partie de l'inévitable imperfectibilité des choses humaines. On a proposé
d'ailleurs un procédé d'atténuation : pluralité de collèges ;
proclamation de l'élection des députés ayant obtenu le
quotient par les bureaux locaux ; recensement des bulletins inutilisés par un bureau central.

Les critiques d'application sont plus sérieuses et plus
graves. Elles demandent une étude approfondie.

Voyons d'abord comment se fait le dépouillement des
bulletins. Il suffit de lire le texte des lois danoises pour
bien comprendre le rôle du bureau. Remarquons avant
toute autre chose que le dépouillement ne peut pas se
faire dans chaque commune : il n'y a qu'un bureau par
collège et ce bureau centralise tous les bulletins. Ceux-
ci sont mêlés dans une urne, puis en sont retirés un à un
par le président qui leur donne un numéro d'ordre et lit
le premier nom inscrit sur chacun d'eux. Dès qu'un de
ces noms atteint le quotient, le candidat qui le porte est
déclaré élu. Puis le dépouillement continue : mais, lorsque le nom du candidat déjà élu se trouve le premier, il
est rayé, et le nom suivant est considéré comme le premier
de la liste. En vertu de quelle règle tient-on compte pour
les premiers bulletins du candidat inscrit en première

ligne, et pour les suivants du candidat inscrit en second rang? Il n'y a pas de règle. Le hasard seul qui préside au tirage des bulletins hors de l'urne en a décidé ainsi. Et voici les conséquences de cet aléa.

Supposons un quotient égal à 1,000. Un parti composé de 2,000 électeurs se scinde : les uns portent une liste A, B, C et les autres une liste A, B', C'. Les deux fractions comptent 1,000 votants. Si les 1,000 bulletins A, B, C sortent les premiers, A sera déclaré élu ; les 1,000 autres suffrages attribués à A en première ligne seront transférés à B' qui sera également élu. Inversement, si les 1,000 bulletins A, B', C' sortent les premiers, A et B seront élus. Enfin, si les bulletins des deux groupes sortent de l'urne dans un ordre quelconque, A sera seul élu et les 1,000 autres suffrages se répartiront entre B et B' qui n'atteindront le quotient ni l'un ni l'autre. Ainsi, suivant l'ordre du dépouillement, A et B, A et B' ou A seul sont nommés. L'hypothèse sur laquelle je raisonne est celle dans laquelle les partis ont l'habitude de panacher : encore n'ai-je pas supposé un panachage bien intense, mais seulement un parti scindé en deux fractions organisées. Plus le panachage sera pratiqué, plus grand sera l'aléa résultant de l'ordre du dépouillement. Or la liberté de l'électeur exige impérieusement le droit au panachage : un système électoral qui est faussé par suite de l'emploi du panachage est certainement imparfait.

L'inconvénient disparaît si le vote se fait par listes compactes. Si tous les bulletins portent en première ligne A, en seconde ligne B, qu'importe l'ordre du dépouillement? Les suffrages inutilisés par A sont en toute hypothèse transférés à B. Dans un cas particulier cependant la question du transfert devient très délicate. Deux partis absolu-

ment divergents portent le même nom en première ligne :
l'ordre du dépouillement va seul opérer le transfert des
voix superflues au second candidat du premier parti ou au
second candidat du deuxième parti. Les théoriciens du
système de Hare, qui n'admettent pas le panachage et n'en
discutent pas les conséquences éventuelles, se sont occu-
pés de cette hypothèse avec un soin particulier. Ils ont
proposé de compter au profit du premier candidat, et par
suite d'annuler comme non susceptibles de dévolution, les
bulletins où son nom figure seul, puis ceux qui portent le
moins grand nombre de noms. Si tous ou presque tous les
bulletins sont complets, Stuart Mill ne voit d'autre res-
source que le tirage au sort. Hasards du tour de dépouillement ou tirage au sort, il faut avouer que l'électeur aurait vraiment mauvaise grâce d'exiger d'autres garanties.

On a cherché à écarter la part d'aléa que comporte le
système de Hare. On n'y est pas arrivé d'une manière
absolument parfaite, mais on a pu atténuer cette cause
d'erreur d'une manière en somme satisfaisante.

Suivant un premier procédé imaginé par un journaliste
de Bâle, M. Rothpletz, on fait un dépouillement complet
des noms inscrits en première ligne sur tous les bulletins.
On attribue ensuite au premier candidat, jusqu'à concurrence du quotient, les bulletins sur lesquels le second nom
se trouve en minorité. Les suffrages superflus du premier
candidat sont donc transférés au candidat désigné après
lui par le plus grand nombre d'électeurs.

Les Anglais ont adopté un autre procédé. Le premier
dépouillement ayant permis de connaître le nombre de votes
obtenu par tous les candidats têtes de listes, on sait quel
est de tous ceux-ci le moins favorisé. D'emblée ce candidat
est déclaré non élu. Les bulletins qui le portaient comme

premier candidat sont dépouillés à nouveau, et dans cette seconde opération on ne tient compte que des candidats inscrits en seconde ligne qui se trouvent ainsi assimilés à ceux inscrits en premier rang. C'est le *single transferable vote*, le simple vote transférable.

Les deux procédés suppriment presque la part laissée au hasard, et c'est le point essentiel. Peut-être pourrait-on leur reprocher des difficultés d'application résultant de la complication des opérations prescrites, et l'on ne peut savoir ce que donnerait la pratique, car ils n'ont été appliqués ni l'un ni l'autre. Le simple vote transférable a une certaine notoriété. Les proportionnalistes anglais l'avaient adopté : ils se sont livrés pour lui à une propagande très active, et il fut présenté en 1885 à la Chambre des Communes par sir John Lubbock et M. Courtney (1). En somme on peut considérer que le système Rothpletz et le système du simple vote transférable répondent suffisamment à l'objection tirée des hasards du tour de dépouillement.

Les élections complémentaires soulèvent d'autres critiques, et à celles-ci, nous allons le voir, il n'a jamais été répondu d'une manière satisfaisante. Passons sur les élections en renouvellement ou élections partielles, celles qui ont lieu au cas de décès ou de démission (2), et arrivons de suite aux élections complémentaires proprement dites.

---

(1) Les Anglais, qui aiment les formules et les formules simples, le présentaient ainsi : « Un électeur, un vote. » C'était jouer un jeu dangereux et provoquer l'addition d'un troisième terme : « un député. » C'est ce qui arriva. Les esprits s'attachèrent à l'idée d'un mandataire par collège, et cette même année 1885 le scrutin d'arrondissement fut législativement consacré. La réforme proportionnaliste fut ainsi plus que jamais ajournée.

(2) Nous avons vu en parlant du vote limité que de telles élections sont toujours faites au profit de la majorité. On vote pour un siège, c'est donc un véritable scrutin d'arrondissement, et nous savons que le scrutin d'arrondissement est exclusif de toute représentation des minorités.

Un certain nombre de députés ont obtenu le quotient et sont élus. Mais des électeurs, au nombre d'une ou plusieurs fois le quotient, ont réparti leurs voix entre trop de candidats, en sorte qu'aucun de ceux-ci n'a atteint le nombre de suffrages exigé pour être élu. Comment répartir les sièges non attribués, les sièges complémentaires?

Andræ — et c'est le procédé des lois danoises — déclare élus à la majorité relative, jusqu'à concurrence du chiffre de députés restant à élire, les candidats qui sans avoir obtenu le quotient ont atteint la moitié du quotient. Si, à cause de ce minimum, le chiffre de députés n'est pas atteint, il abandonne le système de représentation proportionnelle et de vote uninominal : il décide que l'on prendra à la majorité relative autant de candidats inscrits en tête de listes — les élus étant rayés — qu'il en reste à nommer.

Hare complète du premier coup l'élection en déclarant élus à la majorité relative, jusqu'à concurrence du chiffre de députés restant à élire, les candidats qui n'ont pas atteint le quotient.

Soit 10,000 votants et 10 députés à élire. Quotient : 1,000.

1er Parti. 3,800			3e Parti. 2,400	
A	1,000	élu.	A'' 1,000	élu.
B	1,000	élu.	B'' 1,000	élu.
C	1,000	élu.	C'' 400	
D	800		D''	
E				

2e Parti. 2,450			4e Parti. 1,350	
A'	1,000	élu.	A''' 1,000	élu.
B'	1,000	élu.	B''' 350	
C'	450		C'''	
D'				

Huit candidats ont obtenu le quotient et sont élus. Il reste deux sièges à attribuer. Hare déclare élus D et C', qui avec 800 et 450 voix se rapprochent le plus du quotient. Andræ ne déclare d'abord élu que D, le seul qui ait atteint le minimum fixé : la moitié du quotient. Il choisit ensuite parmi les noms qui restent en premier rang sur chaque liste (E, D', D", C''') le candidat porté sur le plus grand nombre de listes, E vraisemblablement (1).

Les deux procédés sont également défectueux. L'un et l'autre, en déclarant élus des candidats qui n'ont pas atteint le quotient, abandonnent toute base proportionnelle, et faussent la représentation. Il se peut que la majorité ait éparpillé ses voix plus que la minorité ou inversement : dès lors en, désignant comme élus les candidats qui se sont le plus rapprochés du quotient, on altère sensiblement les proportions des partis. En n'exigeant pas de minimum, Hare s'expose à déclarer élus des candidats qui ne sont couverts que par un nombre ridicule de voix, et de prime abord Andræ paraît plus exact à ce point de vue. L'un et l'autre cependant exagèrent la part de la majorité. Les candidats qui se rapprochent le plus du quotient ne sont-ils pas probablement ceux du parti le plus fort? Et de même, lorsque M. Andræ abandonne le minimum pour choisir le candidat porté sur le plus grand nombre de listes, n'est-ce pas généralement dans la majorité qu'il le trouvera?

Et d'ailleurs déclarer élus, avec ou sans minimum, les candidats qui se rapprochent le plus du quotient, c'est supposer que la volonté du corps électoral s'est clairement manifestée en leur faveur. Or en pratique il n'en est pas

---

(1) Christophle, *loc. cit.*, p. 73.

ainsi. Les candidats qui obtiennent le quotient sont certainement les commettants de la volonté générale, mais le sentiment des électeurs est beaucoup moins net sur l'attribution des autres sièges. Les conférer à des candidats qui ont obtenu des voix peu nombreuses, c'est déclarer élus des hommes ne jouissant pas d'une autorité suffisante. Pour un siège passe encore, mais pour une proportion qui peut intéresser le quart, le tiers, parfois même la moitié du corps élu, cette cause d'erreur constitue une objection très grave.

M. Maurice Vernes a cru l'écarter en proposant un second tour de scrutin. Au premier tour est élu tout candidat qui a atteint le quotient. Si un seul siège reste vacant, il est attribué au candidat qui s'est le plus rapproché du quotient. Au cas où plus d'un siège reste à pourvoir, on procède à un second tour de scrutin à la majorité relative. Mais il faudrait que le second tour de scrutin ne mît en présence que ceux des électeurs dont les voix ne se sont pas portées sur des candidats élus, dont les suffrages, en d'autres termes, n'ont pas produit d'effet utile. Le vote étant secret, cette condition est irréalisable. C'est donc l'ensemble du corps électoral qui se trouve appelé de nouveau à donner ses suffrages, quand même bon nombre des électeurs ont déjà obtenu satisfaction. Ainsi pour éviter l'hypothèse où la majorité serait favorisée, on l'appelle à exercer de nouveau la prépondérance de ses votes et on transforme en certitude ce qui n'était que probabilité. Le remède est pire que le mal.

Procédé Andræ, procédé Hare, procédé Vernes, tous impuissants à atténuer l'objection. La logique exigerait qu'au lieu de procéder à des élections complémentaires on recommençât toute l'opération : mais comment soumettre

de nouveau au scrutin des candidats dûment et valablement élus? Les élections complémentaires constituent dans
le système de Hare une cause d'erreur irréductible : que
l'on attribue les sièges vacants aux fractions les plus fortes
ou que l'on procède à un second tour de scrutin, les résultats sont injustes et antiproportionnels.

Il nous reste à examiner ce à quoi aboutit, dans son
ensemble, le système de Hare. Supposons un parti de
4,000 électeurs ayant droit à quatre sièges. Ils s'entendent
pour porter les noms suivants : K, L, M, N, O, P. S'ils
observent une stricte discipline, c'est-à-dire s'ils votent
par listes compactes sans panachage ni modifications,
K aura 4,000 voix, dont il rétrocédera 1,000 à L, autant à
M, autant à N, soit les quatre sièges que la proportionnalité assure à ce parti. Le système de Hare pratiqué par des
partis bien disciplinés donne des résultats proportionnels.

Mais une discipline si parfaite n'est pas un idéal, et d'ailleurs elle est désavouée par les faits. Devant un corps
électoral peu nombreux, où chaque parti connaît à peu
près d'avance son importance, il est aisé d'expliquer et
de faire saisir le mécanisme du système de Hare avec son
procédé de transfert si ingénieux. Les uns désirent la nomination de K, d'autres celle de L : pour éviter la dispersion des voix, tous devront voter pour le même candidat
en première ligne et pour le même en second rang. Chaque
bulletin n'est valable que pour un nom, mais on vote par
listes. Or il est à craindre qu'un tel artifice ne soit lettre
morte pour des masses électorales séparées par la distance,
comme le sont les diverses communes d'un département ou
les diverses sections de vote d'une ville : les électeurs sont
d'une même opinion, mais connaissant plus particulièrement tel candidat, ils désirent donner à celui-ci et non à

d'autres le suffrage unique que leur attribue la loi. Ici ils mettront K tête de liste ; là ils porteront L et ainsi de suite. Il en résultera des bulletins très panachés. D'autre part, l'incertitude préalable sur la force des partis met chacun d'eux dans la nécessité de présenter un nombre de candidats supérieur à celui dont il peut légitimement espérer le succès. Avec le panachage et des listes trop longues, l'éparpillement des voix est fatal, et peu de noms atteignent d'emblée le chiffre du quotient.

Soit 10,000 votants et 10 députés à élire. Quotient : 1,000.

1er Parti. 4,000		2e Parti. 3,000		3e Parti. 2,000		4e Parti. 1,000	
K	1,000 élu.	Q	1,000 élu.	V	800	Y	600
L	900	R	700	W	700	Z	400
M	700	S	600	X	500		
N	600	T	500				
O	550	U	200				
P	250						
	4,000		3,000		2,000		1,000

Deux élus : K et Q (1). En attribuant les sièges complémentaires aux plus fortes fractions, on déclare successivement élus L avec 900 suffrages, V avec 800, M, R et W avec 700, N, S et Y avec 600. Cet exemple donne, il est vrai, des résultats proportionnels, mais il suffit d'un déplacement de quelques voix pour modifier la représentation. Donnez 500 voix à Y et à Z, O est élu à la place de Y, le premier parti a 5 députés au lieu de 4, et le quatrième parti est privé de toute représentation.

______

(1) *R. P.*, Paris, p. 50.

Dans cet exemple chaque parti vote pour la même liste, mais tout électeur modifie à son gré l'ordre de préférence. On peut ainsi faire élire un député préféré par un nombre quelconque d'électeurs aux lieu et place d'un autre député soutenu par un plus grand nombre d'électeurs, par exemple un député ayant 1,000 suffrages plutôt qu'un député en ayant 4,000 (1). Si nous supposons maintenant que le panachage se fait non plus entre les fractions d'un seul parti, mais dans plusieurs partis à la fois, la proportionnalité disparait.

Soit 5,000 votants et 5 députés à élire. Quotient : 1,000.

1er Parti. 2,500 voix. 5 listes de 500.

1° A	2° B	3° C	4° D	5° E
B	C	D	E	A
C	D	E	A	B
D	E	A	B	C
E	A	B	C	D

2e Parti. 2,500 voix. 4 listes de 625.

1° H	2° H	3° H	4° H
I	J	K	L
J	K	L	I
K	L	I	J
L	I	J	K

Les candidats du premier parti ont chacun 500 voix et H seul atteint le quotient. Si H prend 250 voix à chaque liste, I, J, K et L n'ont plus que 375 voix (625—250) : H est élu avec 4 candidats du premier parti. Si H prend

---

(1) Christophle, *loc. cit.*, p. 76.

ses 1,000 voix dans les deux premières listes, H est élu avec 1,000, K et L avec 650, et deux candidats du premier parti. Si H se désiste ou opte pour un autre collège, I, J, K, L, sont élus avec un candidat du premier parti. On peut varier ces combinaisons à l'infini et obtenir les résultats les plus singuliers (1).

C. *Conclusions*. — Que penser d'un système dans lequel les résultats varient suivant la combinaison de deux facteurs qui échappent à toute réglementation, l'ordre dans lequel les électeurs rangent les candidats et l'ordre d'après lequel les bulletins sortent de l'urne ?

Andræ niait par un calcul de probabilités la possibilité des résultats antiproportionnels de son système. « La terre » entière fût-elle partagée en circonscriptions votant pour » trois députés, et y eût-il eu une élection depuis la créa- » tion du monde et encore pendant une durée mille fois » plus considérable, il serait mathématiquement impro- » bable que le fait se produisît une seule fois (2). »

Les applications du système de Hare sont peu nombreuses : tout récemment une minuscule république de l'Amérique centrale, et depuis quarante ans le plus petit royaume d'Europe. La pratique offre donc peu d'éléments d'appréciation. Un député danois, M. Fredrik Bajer, résume ainsi son opinion : « Le système de M. Andræ est très lent à cause des » longueurs qu'il entraîne quand aucun des candidats n'a » obtenu le quotient électoral et qu'il faut les élire à la » simple pluralité, ce qui arrive assez souvent. En outre, » même en cas d'élection au premier tour, le hasard joue » un trop grand rôle dans le résultat. Qu'un bulletin sorte

---

(1) Christophle, *loc. cit.*, p. 76.
(2) *Revue de législation comparée*, février 1885, p. 160.

» premier ou dernier de l'urne, et l'élection se trouve
» entièrement modifiée. Or, quand il reste à pourvoir à
» un certain nombre de sièges, parce que le premier tour
» — système proportionnel — n'a pas donné un nombre
» suffisant d'élus, les places vacantes échoient forcément
» au parti le plus fort, puisque c'est la simple majorité
» qui décide alors, et telle fraction, à qui il ne manquait
» que quelques suffrages pour être représentée, se voit
» brusquement éliminée au second tour. Enfin le résultat
» final est toujours connu d'avance puisque les partis
» votent toujours aussi au second tour pour leurs candi-
» dats les plus favorisés mais non élus au premier. On
» peut, il est vrai, voir plusieurs tours de crutin successifs
» être nécessités par l'absence de majorité. Mais toute la
» Chambre sait bien que le parti le plus nombreux finira
» par remporter la victoire, et les noms mêmes des vain-
» queurs sont connus avant la lutte. Cela manque d'intérêt
» et surtout cela manque de justice (1). »

Ce témoignage est accablant pour le système de Hare.
Il ne faut pas oublier que les lois danoises n'appliquent
ce système qu'à l'élection d'un très petit nombre de députés
par des collèges peu étendus. Mettre à l'essai la représentation proportionnelle dans de pareils termes, disait
M. Litton dans son rapport, c'est expérimenter sur un
étang un système de navigation destiné à l'Océan. Or, le
système de Hare est un système savant : il faut des électeurs intelligents, disciplinés, animés de l'esprit de parti,
comprenant et appliquant l'artifice des votes de préférence.
C'est un excellent système de chambre : il donne les
meilleurs résultats lorsque des associations volontaires

---

(1) *R. P.*, Bruxelles, 1885, p. 188, 189.

l'appliquent à l'élection d'un conseil administrant les intérêts communs, ou les corps élus à la nomination des
bureaux ou commissions. Mais s'il donne déjà des résultats défectueux dans de petites circonscriptions comme les
circonscriptions danoises, on peut hardiment conclure
qu'il serait très difficilement applicable à des masses électorales dispersées sur une grande étendue.

Et c'est bien la note qu'il convient de donner ici. Le
système Andræ-Hare a ce mérite historique d'avoir été le
premier système donnant une formule de transfert de
suffrages : or, le transfert de suffrages est la base de tout
système proportionnel. En théorie on peut juger impro-
bables ou très rares les résultats inexacts et le considérer
comme un système proportionnel. Mais pratiquement
c'est un procédé d'une application difficile, dont le mécanisme savant et délicat n'atteint qu'imparfaitement son but
en matière d'élections politiques.

D. *Texte des lois appliquant le système Andræ-Hare.*

Danemark. L. du 2 octobre 1855.

« Art. 18. — Lorsqu'une élection devra avoir lieu, le président
de la circonscription électorale enverra à tous les bureaux électoraux qui en ressortissent aux termes de l'article 8 le nombre nécessaire de bulletins de vote imprimés, rédigés d'après un formu-
laire prescrit par le ministre compétent, et disposés de manière à
pouvoir être cachetés et revêtus extérieurement du nom de la
personne qui les adresse, pour être distribués aux électeurs portés
sur les listes. Tout électeur devra, dans le délai indiqué par le
bulletin de vote, le renvoyer cacheté et portant son nom au président de la circonscription électorale, après l'avoir rempli lisiblement
des noms et professions de ceux pour qui il vote, et l'avoir en
outre revêtu de sa signature. Tout bulletin est valable bien qu'il ne
porte qu'un seul nom, mais en ce cas il est exposé à perdre sa

valeur par suite de la disposition de l'article 23 ; aussi l'électeur qui veut être certain que sa voix entrera en ligne de compte peut ne pas se borner à désigner celui qu'il veut voir élire, mais porter aussi les noms de ceux qu'il désire élire après lui, dans l'ordre où il désire les voir élus.

» ..... Art. 22. — Les opérations électorales seront ouvertes par le président et commenceront par le recensement des bulletins adressés. Le nombre connu sera divisé par celui des membres du Rigsraad à élire pour la circonscription, et le quotient ainsi obtenu sans tenir compte de la fraction servira de règle pour l'élection dans les termes de l'article suivant.

» Art. 23. — Lorsque les bulletins ont été déposés et mêlés dans une urne, ils en sont tirés un à un par le président, qui leur donne un numéro d'ordre et lit le premier nom inscrit sur chacun d'eux : ce nom est aussitôt noté par deux autres membres du bureau. Les bulletins sur lesquels le même nom est porté en tête sont placés ensemble, et dès qu'un nom a été répété assez de fois pour atteindre le quotient déterminé suivant l'article 22, la lecture cesse. Après que le chiffre des voix obtenues a été vérifié par un recensement des bulletins, le candidat en question est déclaré élu. Les bulletins ainsi comptés n'entrent provisoirement plus en compte. Le dépouillement des bulletins restants continue ensuite, mais de telle sorte que, si le nom du candidat déjà élu se trouve le premier, il est rayé, et le nom suivant est considéré comme le premier de la liste. Lorsque le susdit quotient est atteint de nouveau, il est procédé de la manière prescrite ci-dessus, et, quand cette nouvelle élection a été proclamée, le dépouillement continue dans les formes déterminées plus haut, de telle sorte que les noms des candidats déjà élus sont rayés s'ils se trouvent en première ligne, et ainsi de suite jusqu'à l'épuisement des bulletins.

» Art. 24. — Si par ce moyen on n'obtient pas le nombre complet d'élections auquel la circonscription a droit, on recherchera quel est le nom qui a réuni après les élus le plus grand nombre de voix proclamées, et les élections restantes sont ainsi décidées à la majorité, sans toutefois qu'un seul candidat puisse être déclaré élu s'il ne réunit plus de la moitié du quotient de voix déterminé plus haut. En cas d'égalité de voix, le sort décide.

» Art. 25. — Si par ce moyen l'élection n'est pas encore complète,

il est fait un nouveau dépouillement de tous les bulletins, en prenant autant de noms inscrits en tête de la liste qu'il reste de places
à remplir. L'élection a lieu à la majorité simple des voix ainsi
comptées. En cas d'égalité de voix, le sort décide. »

Danemark. L. du 4 décembre 1863.

Division du Rigsraad en deux Chambres. Application de la loi
du 2 octobre 1855 à l'élection du Landsthing.

Danemark. L. du 12 juillet 1867.

Application de la loi du 2 octobre 1855 à l'élection au second
degré du Landsthing du Rigsdag.

Costa-Rica. D. du 12 novembre 1893.

Elections de trois députés ou plus.

APPENDICE. — Quotient avec transfert de suffrages au choix
des candidats.

L'idée de faire opérer par les candidats le transfert des
suffrages superflus ou insuffisants a été émise pour la première fois par les proportionnalistes de New-York (1).
Elle a été particulièrement soutenue par sir Walter
Baily (2) qui a donné son nom au système, et en France
par le marquis de Biencourt (3). Aucune disposition législative ne l'a consacrée (4).

---

(1) Ernest Naville, *Les Progrès de la réforme électorale en 1873,*
Genève, 1874, p. 39.

(2) *A Scheme for proportional representation*, London, 1869, et *Proportional representation in large constituencies*, London, 1872.

(3) *Le Suffrage universel et le droit des minorités. Correspondant*
du 10 juin 1870.

(4) Proposition de M. Mendes de Almeida du 13 août 1870 à la Chambre
brésilienne.

Avant l'élection, chaque candidat rédige et publie une liste indiquant, suivant l'ordre de ses préférences, les autres candidats auxquels il veut transférer les suffrages superflus ou insuffisants qu'il pourrait obtenir. L'électeur ne vote que pour un seul candidat, et le nombre des bulletins valables divisé par celui des députés à élire donne le quotient. Tous les candidats qui ont obtenu le quotient sont déclarés élus. On transfère ensuite les votes superflus, c'est-à-dire ceux qui excèdent le quotient, suivant les indications fournies par les listes que les candidats ont dressées : on commence par ceux qui ont obtenu le moins de suffrages. Enfin on procède de même au transfert des votes insuffisants, c'est-à-dire des votes qui se sont portés sur des candidats sans leur faire atteindre le quotient.

Soit 90,000 votants, 6 députés à élire. Quotient : 15,000.

1ᵉʳ Parti : A, B, C.		2ᵉ Parti : L, M, N, O.		3ᵉ Parti : S, T.	
B	16,000	L	21,000	S	9,000
A	10,000	O	10,000	T	6,000
C	4,000	M	9,000		
		N	5,000		
	30,000		45,000		15,000

Seront élus :

L	21,000 — 6,000 passés à M	15,000
B	16,000 — 1,000 passés à A	»
O	10,000 + 5,000 de N	»
A	10,000 + 1,000 de B et 4,000 de C.	»
M	9,000 + 6,000 de L	»
S	9,000 + 6,000 de T	»

Chaque parti obtient ce qui lui revient. Le premier parti
2 élus, B et A ; le deuxième 3, L, O et M ; le troisième
1, S (1).

Le système Walter Baily répond à toutes les objections
faites au système Andræ-Hare. Cé n'est pas un procédé
savant ni compliqué : le rôle de l'électeur est très simple.
Il ne met qu'un nom sur son bulletin, et n'est plus exposé
à se perdre dans les combinaisons des votes de préférence. Tous les votes sont utilisés sans exception : dès le
premier tour de scrutin on obtient le nombre voulu de
députés, tous ayant directement ou par suite de transfert
un nombre de suffrages égal au quotient. Enfin c'est un
système proportionnellement très exact.

Est-ce donc un système parfait? Nullement. Il est vicié
dans son principe même : car de tels résultats ne sont
obtenus qu'en sacrifiant l'égalité et la liberté des électeurs.
L'égalité est faussée, car les candidats contribuent largement à l'élection, et, au moins autant que les électeurs,
désignent les élus. C'est une élection à deux degrés : les
députés premiers élus nomment les autres. La liberté
n'est pas moins violée. Sans doute il sera rare qu'un candidat ait déclaré transférer ses voix à un candidat d'un
autre parti, ce qui entraînerait ce résultat injuste de faire
nommer un député par des électeurs du parti opposé.
Mais, très fréquemment, le candidat favori d'un électeur
aura déclaré transférer ses voix à un autre candidat du
même parti que ledit électeur ne veut pas nommer. Si
l'on veut bien se reporter à ce que je développais plus
haut d'après M. Naville à propos du vote cumulatif, on
comprendra dans quel dilemme on enferme ainsi l'élec-

(1) Campagnole, *loc. cit.*, p. 154.

teur. Ou bien il votera pour le candidat de son choix, sauf
à voir transférer son vote à un candidat que sa conscience
d'homme libre ne lui permet pas de nommer ; ou il s'abs-
tiendra, par crainte de cette éventualité. Pour un homme
d'honneur l'hésitation n'est pas permise : le rôle de l'électeur est si bien simplifié dans ce système qu'on ne lui
laisse souvent d'autre liberté que celle de l'abstention.

Il n'y a pas grand compte à tenir de ce fait que le système Walter Baily blesse l'égalité des électeurs. Certes, à la
base du régime représentatif, il faut mettre l'égalité des
électeurs — le suffrage universel, mais il faut ensuite organiser et hiérarchiser le suffrage universel, substituer en
un mot à l'égalité abstraite l'inégalité de fait qui résulte
des différences de capacité. Du moment que tout électeur
a un vote et voit ainsi son droit respecté, il n'y a pas d'inconvénient à ce que certains électeurs jouissent de droits
spéciaux, et à ce que l'on fasse correspondre une hiérarchie de droits à une hiérarchie d'aptitudes : c'est pourquoi
je ne repousse pas plus le vote à plusieurs degrés que le
vote plural.

Ce qui constitue contre le système Walter Baily une
objection irréfutable et très grave, c'est l'atteinte portée
à la liberté de l'électeur. En fait, et le plus souvent, il est
mis en demeure de voter contre sa conscience ou de
s'abstenir. Le système Walter Baily peut être recommandé pour des peuples à peine mûrs pour le régime
représentatif et que l'on façonne progressivement à une
vie libre : il ne faut pas oublier qu'en ne demandant à
l'électeur qu'un acte très simple, il assure la proportionnalité de la représentation. Mais il ne sera jamais admis
dans une démocratie maîtresse d'elle-même et consciente
de ses droits comme de ses devoirs.

§ 2. — Systèmes proportionnels à vote plurinominal.

Article 1er. — *Système du nombre mobile de représentants.*

Ce système a été imaginé par un publiciste de Prague, M. Karl Sladkowsky. Il a exposé ses idées dans un ouvrage publié en tchèque, et traduit en allemand en 1875 par M. Vavra (1).

L'élection se ferait au scrutin de liste et suivant le principe de la majorité : le parti en majorité obtiendrait donc la totalité des sièges attribués au collège. Mais alors on accorderait à la minorité un nombre de députés supplémentaire dans la proportion de son importance numérique, le quotient étant obtenu par la division du chiffre de voix du parti en majorité par le nombre de sièges attribués au collège. Ainsi une circonscription électorale a huit députés à élire. 22,000 électeurs vont au vote, répartis en quatre groupes : 12,000, 5,000, 3,000 et 2,000. Le premier groupe est en majorité et enlève les 8 sièges. Le quotient est 12,000 : 8 = 1,500. Le deuxième groupe a donc droit à 3 députés, le deuxième à 2 et le troisième à 1. Pour chacun d'eux on prend jusqu'à concurrence du chiffre fixé les candidats qui ont obtenu le plus de suffrages.

---

(1) L'idée de réaliser la réforme électorale au moyen d'un nombre mobile de représentants parait appartenir exclusivement à M. Karl Sladkowsky, car M. Ernest Naville, dont on connaît en ces matières la vaste érudition, déclare ne l'avoir rencontrée nulle part ailleurs que dans son livre. (*Les Progrès de la réforme électorale en 1874 et 1875*. Genève, 1876, p. 15.)

Il est bien rare que le chiffre d'un parti soit exactement divisible par le quotient. Il reste donc un nombre d'électeurs non représentés — un excédent. L'existence de ces excédents empêche le système Sladkowsky d'être rigoureusement proportionnel. D'autre part le système permet aux majorités de réduire à volonté la part des minorités. Reprenons l'exemple précité. Les minorités comptent 10,000 membres : il suffit à la majorité d'avoir 10,001 votants pour prendre tous les sièges attribués au collège, 8 dans l'espèce. Mais plus la majorité qui prend part au vote est faible, plus petit est le quotient; et plus grand le nombre de députés attribué à la minorité, car le quotient est contenu dans le chiffre électoral de la minorité d'autant plus de fois qu'il est plus petit. Si la majorité est de 18,000 au lieu de 10,001 ou 12,000, la minorité n'a plus que 3 représentants et non 6.

Le système Sladkowsky est donc un procédé imparfait. Mais il satisfait aux droits de la minorité sans introduire aucune modification dans le mode actuel de scrutin ni dans les procédés de vote; il maintient la formation de ces majorités électorales, si différentes d'une majorité vraie, à laquelle nombre d'hommes politiques attachent un très grand prix; il est enfin sensiblement proportionnel. Ce serait donc un excellent système de transition entre le système majoritaire actuel et un procédé plus exact. Il ne faut pas oublier cependant qu'il introduit dans la représentation un élément variable — le nombre mobile d'élus : et, bien que cette innovation ne contienne en elle-même aucun inconvénient, peut-être est-elle trop éloignée de nos habitudes et de nos mœurs pour ne pas soulever de nombreuses objections.

ARTICLE 2. — *Système de la concurrence des listes.*

II. — Théorie de la concurrence des listes.

L'idée mère de la concurrence des listes s'est présentée ⟨
vers 1834 à l'esprit de Victor Considérant, qui habitait
alors Genève. Il exposa dès lors cette conception dans des
réunions privées : il la rattachait à la *série* de son maître,
Charles Fourier. En 1842 il détermina un Genevois,
M. Hoffmann, député au Grand Conseil, à l'exposer devant
cette assemblée, et lui-même la développa dans une lettre
ouverte, adressée à la Constituante le 20 octobre 1846, et
publiée sous ce titre : *De la Sincérité du gouvernement re-*
présentatif ou exposition de l'élection juridique. Pour l'application de son système, il proposait un procédé assez
défectueux, connu sous le nom de : du double scrutin.

Depuis, quatre autres procédés d'application se sont fait
jour ; la liste libre, ou vote par listes, proposé en 1867
par l'Association réformiste de Genève (1); le libre choix,
ou vote par candidats, soutenu dès 1861 à Genève par
M. A. Morin (2), et particulièrement étudié par M. Gfeller, de Lausanne (3); enfin, en votant par candidats et par
listes en même temps, le double vote simultané sans panachage, imaginé en 1844 à Philadelphie par M. Thomas

---

(1) *Exposition et défense du système de la liste libre,* Genève, 1867.
(2) *Un nouveau Système électoral,* Genève, 1861. — *De la Représen-*
tation des minorités, Genève, 1862. — *De la Question électorale dans*
le canton de Genève, 2ᵉ édit., Genève, 1869.
(3) *Les Droits de l'électeur dans les démocraties,* Lausanne, 1875.

Gilpin, et retrouvé en France en 1870 par M. Borély (1), et le double vote simultané avec panachage de M. Victor d'Hondt (2). Quel que soit le procédé d'application adopté, on a le choix entre deux procédés de répartition : le quotient, et le commun diviseur proposé par M. d'Hondt.

Les élections se font au scrutin de liste. Divers groupes de citoyens proposent des listes de candidats, et chaque liste obtient un nombre de représentants proportionnel au nombre de suffrages qu'elle a réunis. Ce ne sont plus les candidats, comme dans le système de Hare, mais les listes qui viennent en concurrence les unes avec les autres. De là le nom de système des listes concurrentes, ou de la concurrence des listes, ou encore de scrutin de liste proportionnel.

Voici comment on procède. Les listes de candidats sont déposées par les comités électoraux : elles sont marquées d'un numéro d'ordre ou de tout autre signe distinctif, et les partis sont ainsi reconnus officiellement. Les électeurs vont au vote : leur voix compte à la fois pour une liste et pour certains candidats. Au dépouillement on compte séparément les suffrages qui reviennent à chaque liste en tant que liste de parti, et ceux qui sont attribués à chaque candidat individuellement. On détermine alors à quel

---

(1) *Représentation proportionnelle de la majorité et des minorités*, Paris, 1870.

(2) *Système pratique et raisonné de représentation proportionnelle*, Bruxelles, 1882. Il faut bien remarquer que M. d'Hondt a imaginé trois choses distinctes : un procédé d'application, le double vote simultané avec panachage; un procédé de répartition, le commun diviseur; enfin un procédé de vote préférentiel, l'unité fractionnaire. Ces trois conceptions sont absolument indépendantes les unes des autres, bien qu'elles aient été présentées en même temps. On désigne communément sous le nom de système d'Hondt le système d'Hondt simplifié : c'est son système primitif allégé de l'emploi d'un mode de vote préférentiel.

nombre de représentants a droit chaque liste, et dans chaque liste on déclare élus jusqu'à concurrence du chiffre fixé les candidats qui ont obtenu le plus de voix.

Comment l'électeur vote-t-il à la fois pour une liste et pour des candidats? Comment répartit-on proportionnellement les élus entre les listes? Ce sont là questions de détail. On compte sur le premier point quatre procédés d'application, et sur le second deux procédés de répartition. Mais les différences de ces procédés n'ont qu'un intérêt secondaire, parce que le résultat général est le même dans tous les cas. On se tromperait gravement en considérant ces procédés comme des conceptions de nature opposée, propres à soulever entre les partisans de la réforme électorale de sérieuses contestations : il y a entre eux diversité mais non opposition. Le système de la concurrence des listes utilise tous les suffrages dans la limite du possible : les procédés d'application et de répartition n'ont d'autre but que de reculer cette limite autant que faire se peut et de chercher la voie la meilleure pour obtenir une représentation sincère. Nous les étudierons les uns et les autres, nous les jugerons en les comparant, et nous verrons que certains d'entre eux atteignent à cette perfection relative qui est l'absolu des œuvres humaines. Mais je tiens à observer préalablement que le système de la concurrence des listes, — tel que je viens de l'exposer sommairement, abstraction faite de tous les procédés d'application et de répartition, — est le seul système réellement pratique qui donne sans aléa des résultats vraiment proportionnels, et que cela tient au mode de transfert de suffrages.

Le transfert de suffrages est le résultat nécessaire du caractère collectif de l'action d'élire. Si nous disons que

3,000 électeurs ont droit à 3 représentants lorsque 2,000 électeurs peuvent en réclamer 2, personne ne contestera la solution donnée au problème qui consiste à répartir proportionnellement 5 représentants entre 5,000 électeurs. Ici théorie et pratique se rencontrent : chaque groupe d'électeurs obtient un nombre de représentants en rapport avec son importance numérique. Dans la réalité pourtant les choses ne se passent point avec une simplicité aussi grande. Presque toujours, en effet, les suffrages se répartissent entre les listes en présence de façon à laisser des fractions inutilisées. De ce fait naît la nécessité de rechercher un moyen qui permette de tenir équitablement compte des fractions, et de là résulte une complication des opérations électorales. Une obligation est commune aux divers moyens que l'on peut imaginer, celle d'opérer directement ou indirectement un transfert des suffrages excédants. Or, s'il s'agit de répartir proportionnellement des sièges, non plus entre des candidats comme dans le système de Hare, mais entre des listes, il n'y a plus un transfert, mais double transfert de suffrages. D'abord de candidat à candidat dans une même liste, puis de liste à liste dans une même opération électorale.

Le transfert de candidat à candidat est facile à démontrer. Le chiffre électoral de chaque liste est déterminé soit par la moyenne, soit par le total des suffrages réunis par les candidats de cette liste. Dans les deux cas, les voix exprimées en faveur des candidats non élus servent aussi bien que celles accordées aux candidats élus à la fixation du chiffre électoral. Or c'est ce chiffre électoral qui assigne à chaque liste sa part de représentation. Il y a donc transfert aux candidats élus des suffrages accordés aux candidats non élus.

Le transfert de liste à liste résulte de l'existence de suffrages excédants ou fractions. Un nombre étant pris comme base des calculs de répartition, la division du chiffre électoral de chaque liste par ce nombre ne donne pas en pratique un résultat exact : il y a un reste, ce sont les suffrages excédants. Si le nombre choisi comme base des calculs de répartition est le quotient, il se trouve en même temps qu'un ou plusieurs sièges ne sont pas pourvus. Soit 7,000 votants, 7 sièges et 3 listes. Quotient : 1,000.

Première liste :	3,150 voix.	3 sièges.	Excédent : 150.
Deuxième liste :	2,400 —	2 —	— 400.
Troisième liste :	1,450 —	1 —	— 450.

Le quotient entre 7 fois dans le total des suffrages de listes, mais en faisant l'opération liste par liste il laisse pour chaque liste une fraction. Ces fractions pour les trois listes représentent la valeur d'un quotient entier. Quel que soit le moyen adopté pour l'attribution du septième siège, il y aura transfert des excédents de deux des listes à la troisième. Si l'on prend le commun diviseur pour base des calculs de répartition, il existe également des excédents : mais on les néglige et on n'en tient pas compte, parce que le commun diviseur a pourvu à tous les sièges. Avec le commun diviseur il y a donc transfert de candidat à candidat, mais non de liste à liste (1).

Le transfert de candidat à candidat est d'une légitimité indiscutable. On lui a adressé cependant deux critiques :

---

(1) Il n'y a transfert de liste à liste, avec le commun diviseur, que dans une hypothèse toute théorique : lorsque les nombres entre lesquels il faut faire la répartition ne sont pas différents du diviseur lui-même ou en sont des multiples parfaitement exacts, et lorsqu'en outre la somme des quotients dépasse le nombre des sièges ou lui est inférieure. Cf. *infra* p. 320, 321.

« Première objection : il est injuste de faire profiter une
» liste entière des voix données à l'un ou à l'autre de ses
» candidats; celui qui vote pour un candidat d'une liste
» n'entend pas toujours voter pour la liste même. Le re-
» proche n'est pas fondé. Celui qui se porte candidat
» conjointement avec d'autres forme avec ceux-ci une
» association. Il se charge de défendre avec ceux-ci cer-
» tains principes communs. L'électeur qui vote pour lui
» favorise donc en fait les principes que l'association s'est
» donné pour mission de défendre. L'électeur ne l'en-
» tend-il pas ainsi, c'est lui qui se trompe. L'élection, en
» effet, est un contrat entre le candidat d'une part qui
» offre de défendre les principes qui sont la raison d'être
» de sa candidature, et l'électeur d'autre part qui accepte
» cette offre et confère le mandat. Comment vouloir que le
» vote demandé par un parti ne profite pas à ce parti?
» L'effet du suffrage est déterminé par les conditions
» mêmes dans lesquelles il a été sollicité et son résultat
» est arrêté à l'avance par la pose de la candidature.....
» Deuxième objection : un candidat d'une liste peut être
» élu sans avoir obtenu autant de votes que le candidat
» évincé d'une autre liste..... Lorsque plusieurs candidats
» se présentent ensemble pour défendre une politique
» déterminée, n'est-ce pas voter en faveur de cette poli-
» tique que de voter soit pour la liste complète soit pour
» un ou plusieurs candidats de la liste? Les votes donnés
» à un ou plusieurs candidats d'une liste ont donc une
» double signification : ils impliquent d'abord l'adhésion
» de l'électeur au parti et ils marquent en outre ses pré-
» férences en faveur des candidats désignés. Mais dans
» aucun cas ils ne peuvent être considérés comme des
» signes d'exclusion à l'égard des autres candidats de la

» même liste. Dès lors, si les électeurs, partisans de la
» politique défendue par une liste, sont si nombreux qu'ils
» ont droit à plus de candidats que ceux sur lesquels ils
» ont principalement réuni leurs suffrages, pourquoi le
» nom de cette liste le moins préféré serait-il exclu? Le
» parti serait-il représenté proportionnellement si on lui
» enlevait le candidat qui lui revient? On le voit, l'objec-
» tion ne tient pas compte du but même de l'élection, qui
» est de représenter exactement les divers groupes dont
» se compose le corps électoral. Elle ne distingue pas le
» chiffre électoral de la liste du chiffre électoral du candi-
» dat. Elle oublie que c'est sur le chiffre électoral de la
» liste que se détermine le nombre des sièges revenant à
» un parti, et que les chiffres électoraux des candidats ne
» servent en général qu'à déterminer le rang que doivent
» avoir entre eux les candidats d'une même liste (1) » et
nullement à déterminer l'élection du candidat d'une liste
plutôt que du candidat d'une autre. Au fond, attaquer le
transfert de candidat à candidat, c'est rejeter la base même
du scrutin de liste. Ce qui fait la supériorité du scrutin de
liste sur le scrutin d'arrondissement, c'est que l'on vote
pour des idées et non pour des hommes, pour un parti et
non pour des candidats. Que l'on choisisse dans chaque
parti les candidats préférés de l'électeur, rien de mieux :
mais avant de voter pour un favori l'électeur vote pour un
parti. Son suffrage a pour but essentiel d'assurer la représentation du parti : en tant qu'il désigne spécialement un
candidat il n'a qu'une valeur relative. Si un plus grand
nombre d'électeurs du parti désigne un autre candidat, il
devra, si besoin est, lui transférer son suffrage. Nous

____

(1) V. d'Hondt, *loc. cit.*, p. 37 39.

sommes loin ainsi des votes de complaisance, des préférences personnelles, des influences locales et des élections
de clocher : qui n'avouerait que c'est un bien?

Le transfert de liste à liste est plus difficile à justifier.
Il n'y a même pas de bonnes raisons pour le soutenir, si
ce n'est que la nécessité l'impose. Dans toute élection où
il y a des excédents de suffrages et des sièges non attribués,
le transfert de liste à liste est inévitable. Remarquons
d'ailleurs que dans le système de la concurrence des listes
ce transfert n'a lieu que pour un très petit nombre de
sièges. Et si l'on prend pour base de répartition le commun
diviseur et non le quotient, l'hypothèse de ce transfert
devient fort rare pour ne pas dire improbable.

A ceux enfin qui croiraient devoir rejeter la théorie
même du transfert de suffrages, il suffit dé faire observer
que c'est un résultat nécessaire de toute élection. Les
proportionnalistes ne l'ont point inventée. Avec le principe
de la majorité le transfert a lieu, « mais on ne le remarque
» pas. Observez d'abord que la loi transfère tous les
» suffrages des minorités aux élus de la majorité, puisque
» ceux-ci deviennent légalement les représentants de tout
» le corps électoral (1). Puis que se passe-t-il dans le sein
» de la majorité qui obtient le monopole de la représenta-
» tion? Prenons un exemple simple : il s'agit d'un collège
» électoral français ayant un seul député à élire. Les libéraux
» hésitent entre les noms de Thiers et de Rémusat, et les
» révolutionnaires sont d'accord pour porter Gambetta.
» Les libéraux savent que s'ils se divisent, — au cas où la

---

(1) Voilà bien une des erreurs fondamentales du système majoritaire.
Il érige en principe et consacre légalement le transfert de liste à liste
qui est une grave imperfection, et que les proportionnalistes éliminent
autant qu'il est possible de le faire.

» loi n'exige pas pour l'élection la majorité absolue (1), —
» leur division fera le succès de leurs adversaires : il faut
» donc qu'ils se mettent d'accord sur un de leurs deux
» candidats. Je suppose que Thiers soit le candidat choisi :
» les suffrages destinés à Rémusat lui sont effectivement
» transférés. Si la loi est assez sage pour exiger la majo-
» rité absolue et que cette majorité appartienne aux libé-
» raux, ils pourront se diviser sans inconvénient à un
» premier scrutin : mais dans ce cas il faudra venir à un
» second tour, et la même nécessité politique amènera le
» même transfert que je viens d'indiquer. Comment le
» transfert est-il décidé ? Ou c'est l'un des candidats qui
» se retire volontairement, c'est peut-être le moins ambi-
» tieux qui passe ses suffrages à un homme qui les mérite
» moins que lui ; ou bien c'est le comité électoral du parti
» qui choisit le candidat, oblige moralement l'un des deux
» à se retirer et décide ainsi du transfert, parfois sous
» l'empire de préférences personnelles. Ce qui intervient
» ici avec une autorité décisive, c'est un corps qui le plus
» souvent s'institue lui-même sans aucun mandat régulier.
» Dans l'un des cas comme dans l'autre, le candidat
» le moins agréable à la majorité du parti risque d'être
» le préféré. Tel est l'état actuel des choses. Suppo-
» sons maintenant que le transfert des suffrages soit
» légalement justifié et voyons ce qui se passera. Je
» reprends ma supposition précédente. Les électeurs
» nommeront librement Thiers, Rémusat ou tel autre
» candidat de la même opinion ; celui qui aura recueilli
» le plus grand nombre de suffrages du parti recueillera
» les suffrages des autres. La peur de Gambetta ne limi-

(1) C'est-à-dire se contente au premier tour de la majorité relative.

» tera plus la liberté des votants pour la désignation per-
» sonnelle de leur candidat préféré, et l'élu sera celui qui
» aura véritablement l'appui de la majorité de son parti et
» non la préférence souvent arbitraire d'un comité..... Le
» transfert légal des suffrages fait accomplir ouvertement
» et dans des conditions régulières ce qui se passe main-
» tenant en cachette dans des conditions anormales.
» L'objection naît de la loyauté du système qui fait voir
» ce qu'on ne voyait pas : c'est pourquoi elle disparaît
» dès que la question est bien comprise (1). »

II. — Procédés d'application.

Comment faire voter l'électeur à la fois pour une liste
et pour plusieurs candidats ? Comment parvenir à déterminer le chiffre électoral de chaque liste et le chiffre électoral de chaque candidat ?

Victor Considérant, qui conçut le premier la théorie du
scrutin de liste proportionnel, proposa le procédé pratique
suivant. Les partis ayant déposé leurs listes et ayant été
officiellement reconnus, les électeurs sont convoqués une
première fois : ils déposent dans l'urne le numéro ou le
titre de la liste de leur choix. Le dépouillement donne les
chiffres électoraux des listes : chacune d'elles a droit à un
nombre de députés proportionnel au nombre de suffrages
qu'elle a réunis. Les électeurs sont alors convoqués une
seconde fois : leur bulletin porte la marque de leur parti
et les noms d'un nombre de candidats égal à celui qui lui

---

(1) Ernest Naville, *Les Progrès de la réforme électorale en 1873,*
Genève, 1874, p. 41-43.

a été attribué. Le dépouillement donne le chiffre électoral des candidats : ceux qui ont obtenu le plus grand nombre de suffrages sont élus.

On désigne ce procédé sous le nom de procédé du double scrutin. Il est à peine besoin de faire remarquer combien il est défectueux de convoquer deux fois les électeurs et de procéder à deux opérations électorales là où une seule convocation et une seule opération peuvent suffire. La conception de Victor Considérant n'est intéressante à signaler qu'au point de vue historique. Nous allons voir par quels procédés on peut avec un seul scrutin appliquer la théorie des listes concurrentes.

A. *Procédé de la liste libre.* — Les listes sont déposées par les partis : sur chaque liste les candidats sont rangés par ordre de préférence. L'électeur vote pour une liste entière à laquelle il ne lui est rien permis de changer. Chaque liste obtient un nombre de représentants proportionnel au nombre des suffrages qu'elle a réunis, et jusqu'à concurrence de ce nombre on proclame élus les premiers inscrits. C'est le procédé appliqué en Serbie.

Il est d'une simplicité extrême pour l'électeur, et le dépouillement est tout à la fois facile et rapide. Si l'on ne considère que les groupes électoraux, abstraction faite des individus qui les composent, le but de la réforme est entièrement atteint : chaque parti obtient sans aléa sa part proportionnelle de représentation.

Mais il faut remarquer qu'avec le procédé de la liste libre, l'action personnelle de l'électeur est très limitée, sa liberté individuelle fort restreinte : il choisit son parti, mais il ne choisit pas ses candidats puisqu'il vote pour une liste compacte sans avoir le droit de modifier l'ordre des noms. Or, par qui les candidats ont-ils été rangés suivant un ordre de préférence ? On a parlé de procéder à des élections préparatoires et de déterminer par ces votes l'ordre de préférence. Mais ceci est une aggravation inacceptable des charges des électeurs : autant vaudrait revenir au double scrutin de Considérant. D'ailleurs les élections \préparatoires ne seraient qu'une manifestation très informe de la volonté populaire : et parce qu'elles sont généralement peu fréquentées, et parce qu'elles sont loin de toujours offrir les conditions désirables de sincérité. Ce sont donc les comités électoraux qui rédigent ces listes. Le pouvoir des comités devient ainsi excessif, et d'autant plus dangereux que les comités sont plutôt formés d'exaltés, d'intrigants et d'ambitieux, que de gens pondérés, modérés et désintéressés. Ils imposent leurs favoris aux électeurs de leur parti, et dans chaque parti les élus peuvent fort bien être les candidats d'une minorité. L'exacte représentation obtenue dans les rapports des divers partis est donc rejetée dans les rapports des membres d'un même parti.

On a dit qu'il était facile de remédier à ces imperfections. Un groupe important peut toujours imposer son candidat au parti et le faire mettre en rang utile. Si le comité s'y refuse, ce groupe n'a qu'à faire scission, présenter sa liste et mettre en tête son favori. Mais c'est opposer comité à comité, multiplier dans le corps électoral les divisions et les luttes. Sans examiner d'autres objections, — par exemple la difficulté de trouver des candidats qui consentent à figurer dans la fin d'une liste, c'est-à-dire à une place où ils sont à peu près certains de n'être pas élus, — n'hésitons pas à rejeter le procédé de la liste libre : il lèse trop profondément la liberté de l'électeur.

B. *Procédé du libre choix*. — Les listes étant officiellement déposées, chaque électeur accorde librement ses

suffrages à des candidats inscrits sur des listes quelconques, sans avoir à faire mention de la liste sur laquelle
il les a pris. Le chiffre électoral de chaque liste est déterminé par la somme des suffrages accordés à ses candidats
exclusifs. Et dans chaque liste on proclame élus, jusqu'à
concurrence du chiffre fixé, les candidats qui ont obtenu
le plus de voix. Il n'y a donc pas un double vote, mais un
vote sur les candidats, vote simple dont le chiffre électoral des listes est extrait par le bureau. C'est l'inverse
du procédé précédent qui ne comportait également qu'un
vote, mais sur les listes. Le procédé du libre choix a été
adopté en Suisse par le canton de Soleure et dans la
République Argentine par les provinces de Buenos-Ayres et
de Mendoza.

Ce procédé — que l'on appelle quelquefois le procédé
suisse — est aussi simple que le précédent. Il présente en
outre l'avantage pratique de n'apporter aucun changement
à la manière de voter des électeurs. Partout où fonctionne le scrutin de liste, ceux-ci rédigent à leur gré leur
bulletin et y inscrivent des noms de candidats sans s'in-
quiéter d'une désignation de parti. « L'avantage est sérieux,
» surtout pour les états démocratiques où un changement
» dans les habitudes se fait difficilement accepter par la
» partie peu cultivée du corps électoral. A la question :
» comment voterons-nous avec le nouveau système? il
» peut être parfois important de pouvoir répondre : Vous
» voterez exactement comme aujourd'hui (1). » Enfin le
procédé suisse, tout en assurant à chaque parti une part
de représentation proportionnelle, respecte entièrement la
liberté de l'électeur et aboutit dans chaque parti à la

____

(1) Ernest Naville, *R. P.*, Genève, n° 2, p. 60.

nomination des candidats les plus populaires. On voit que ce procédé se présente bien. Il prête le flanc cependant à trois critiques.

Il y a d'abord la question des listes incomplètes. Si les listes présentées sont complètes, c'est-à-dire renferment toutes un nombre de candidats égal à celui des représentants à élire, le chiffre électoral des listes résulte d'une simple addition. Il en est autrement si la loi autorise le dépôt de listes incomplètes. Soit deux groupes de 10,000 électeurs présentant l'un 10 et l'autre 7 candidats. Tous les électeurs votent par bulletins complets. Le premier groupe émet 100,000 suffrages et le second 70,000. On ne peut donc déterminer le chiffre électoral des listes en faisant le total des suffrages exprimés. Ces sommes en effet devraient être égales, puisque les deux groupes sont égaux : or elles sont inégales, et par suite donnent pour la proportion une base tout à fait fausse. On peut écarter cette cause d'erreur, comme à Soleure, en n'autorisant le dépôt que de listes complètes. Mais cette mesure est bien arbitraire et d'une exigence inadmissible : dans un collège qui a par exemple trente députés à élire, comment imposer le dépôt d'une liste de trente candidats à un groupe qui ne peut prétendre qu'à quelques sièges ? On a cru également l'écarter en substituant le calcul des moyennes à celui des sommes. Ainsi, prenons la moyenne des 100,000 et des 70,000 suffrages, nous rétablissons l'égalité, car 100,000 divisé par 10 et 70,000 divisé par 7 donnent le même quotient. Mais ce procédé peut donner lieu à des surprises. Soit 7 députés à élire et trois partis : 1,993, 1,509 et 1,405 votants. Si chacun de ces partis présente une liste unique, le calcul des moyennes donne un résultat proportionnel. Si au contraire les deux

derniers partis présentent seuls une liste unique, et si le
premier présente isolément 7 candidats dont chacun forme
une tête de liste sans suite, voici ce qui se produit : chacun de ces 7 candidats est traité comme une liste et
obtient 1,993 suffrages, nombre que les moyennes des
listes des autres partis ne peuvent atteindre. Un seul parti
obtient donc tous les représentants (1). A la vérité, les
listes incomplètes peuvent être autorisées : il suffit en ce
cas de prescrire un procédé de vote préférentiel. Mais ce
sont là des modifications qui ne sont point sans soulever
certaines objections : nous aurons lieu d'y revenir (2).
Remarquons seulement qu'elles auraient pour effet d'enlever au procédé du libre choix ce caractère de simplicité
qui constitue son principal avantage.

Autre difficulté. Un candidat est porté sur deux listes :
à quelle liste les voix qu'il obtient comptent-elles comme
suffrages de liste ? A Soleure on esquive la difficulté en
ne permettant pas les candidatures communes : si un
candidat figure sur plusieurs listes, il doit opter pour
l'une d'elles, et à défaut d'option le tirage au sort décide.
J'ai peu de sympathie pour ces réglementations légales
qui sont autant d'atteintes à la liberté de l'électeur. La
meilleure solution du problème me paraît être celle qui
est prescrite à Buenos-Ayres et à Mendoza. Préalablemenı
à tout calcul de répartition, si un candidat élu se trouve
sur plusieurs listes, on enlève au chiffre de chacune de
ces listes une fraction du quotient électoral déterminée
par le nombre des listes sur lesquelles le candidat a été

---

(1) Ernest Naville, *R. P.*, 1883, p. 70.
(2) Cf. *infra*, ch. III, sect. ıı, § 2, art. 2, appendice.

inscrit : la moitié du quotient si le candidat était porté sur deux listes, le tiers s'il était porté sur trois.

Enfin il est à prévoir qu'un très grand nombre d'électeurs déposeront dans l'urne des listes compactes, et accorderont ainsi un suffrage égal à tous les candidats. Rien n'est dès lors plus facile pour quelques panacheurs que d'enlever à un groupe ceux de ses représentants auxquels il tient le plus. Soit 10,000 électeurs. Deux partis de 3,000 et 7,000. Les 3,000 électeurs du premier parti et 6,000 électeurs du second parti votent par listes compactes. Les 1,000 autres panachent : ils portent les 7 premiers candidats de leur parti et les 3 derniers de l'autre.

Première liste.			*Deuxième liste.*		
A	3,000		A'	6,000 + 1,000 élu.	
B	»		B'	» + » élu.	
C	»		C'	» + » élu.	
D	»		D'	» + » élu.	
E	»		E'	» + » · élu.	
F	»		F'	» + » élu.	
G	»		G'	» + » élu.	
H	3,000 + 1,000 élu.		H'	6,000	
I	» + » élu.		I'	»	
J	» + » élu.		J'	»	

Le premier parti obtient 33,000 suffrages et 3 représentants, le second 67,000 suffrages et 7 représentants. Le résultat est proportionnel. Mais les panacheurs ont réussi à empêcher l'élection des têtes de liste, des candidats populaires, des hommes marquants du parti adverse, et à faire passer les queues de liste, les nullités, les non-valeurs. On a dit que la réciprocité de ces manœuvres en

contrebalancerait les effets. Mauvaise excuse qui fait appel |
à une fraude pour guérir une fraude semblable.

A Soleure, où l'expérience est d'ailleurs toute récente,
le procédé du libre choix n'a pas jusqu'ici fait naître de
critiques. La République Argentine est bien loin : en 1885
M. Naville croyait cependant pouvoir affirmer que depuis
dix-huit ans le fonctionnement de la loi argentine s'opé-
rait « sans difficulté aucune » (1). Ces exemples ne me
déterminent pas pour le procédé du libre choix. Ce qui
fait sa valeur, c'est sa simplicité. Or il soulève trois objections. Les deux premières peuvent être éliminées, soit
par des dispositions légales dont je repousse l'arbitraire,
soit par des modifications compliquées avec lesquelles dis-
paraissent toute simplicité et toute facilité d'application.
Quant à la troisième critique, elle est irréductible. En
somme, pour vouloir être simple, le procédé suisse n'offre
aucune garantie contre les fraudes et les manœuvres susceptibles de fausser la volonté des électeurs.

C. *Procédé du double vote simultané sans panachage.* —
Que ce soit pour une liste ou pour des candidats, un
simple vote ne nous satisfait pas. Il faut donc admettre
un double vote, un pour une liste, un pour des candidats. |
Et de plus, puisque nous ne voulons pas d'un double
scrutin comme Considérant, il faut un double vote simultané. C'est ce que réalise le procédé suivant, adopté par
une loi tessinoise de 1890.

Les comités présentent des listes où les candidats ne
sont pas rangés dans un ordre de préférence ; ils peuvent
l'être par exemple suivant l'ordre alphabétique. L'électeur
dépose dans l'urne un bulletin contenant : la désignation

______

(1) *R. P.*, Genève, n° 2, p. 43.

du parti auquel il appartient, et la liste des candidats du parti disposés selon l'ordre de ses préférences. La proportion est établie entre les listes d'après le nombre des suffrages, et les candidats élus sont ceux qui ont obtenu le plus grand nombre de voix. Il y a bien double vote simultané : la proportion des listes et l'ordre des candidats sortent de l'urne par une même opération. Ce procédé échappe aux objections que nous avons faites au procédé de la liste libre et au procédé du libre choix.

Il a cependant un point faible, c'est que l'électeur ne peut choisir ses candidats que dans une seule liste. Pas de panachage de liste à liste : or, l'interdiction du panachage est une violation de la liberté de l'électeur.

D'autre part, quels sont les candidats qui ont obtenu le plus grand nombre de voix ? Si le panachage est admis, on peut poser en fait que deux candidats quelconques n'auront jamais le même nombre de voix. Mais, sans panachage, il en est tout autrement : les électeurs d'un même parti votent pour les mêmes candidats et accordent à tous un même nombre de suffrages. Il est vrai que les électeurs sont priés d'écrire les noms des candidats suivant un ordre de préférence : on espère ainsi faire opérer des radiations volontaires. L'électeur inscrit d'abord les noms de ses candidats favoris, puis ceux des candidats qui lui sont indifférents : il arrive enfin à des noms qui lui déplaisent et ne les inscrit pas. Son bulletin est donc incomplet, et par ce moyen les candidats obtiennent des chiffres électoraux inégaux. Mais est-il sage de compter avec certitude sur des radiations volontaires ? Les partisans de ce procédé semblent eux-mêmes en douter. Les uns proposent de constater l'ordre de préférence, soit par un système de transfert identique au système de Hare, soit par un calcul de valeur décroissante des suffrages comme dans le vote gradué, soit par l'application du vote cumulatif. Les autres limitent le nombre des noms à porter sur le bulletin de vote (1), c'est-à-dire exigent légalement des radiations : ce dernier moyen rallie le plus de suffrages. Il répond, dit-on, à une nécessité : dans un groupe nombreux, obéissant à une opinion commune, il peut exister des nuances, et il ne faudrait pas que la majorité d'un groupe pût obtenir seule tous les représentants. Bref, les uns comme les autres pensent que le procédé du double vote simultané sans panachage doit être complété par l'adjonction de certaines dispositions appliquant un mode de vote préférentiel (2).

En somme, l'interdiction du panachage constitue une grave imperfection, car elle attente à la liberté de l'électeur. Comparé aux deux premiers procédés d'application, le troisième procédé que nous discutons actuellement est certainement supérieur, mais comparé au quatrième procédé que nous étudierons plus loin, — celui du double vote simultané avec panachage, — son infériorité n'est pas douteuse. Mais ce dernier procédé est un peu plus compliqué, un peu plus savant, il suppose des masses électorales éclairées et intelligentes. C'est pourquoi certains théoriciens de la représentation proportionnelle — et non des moindres, M. Ernest Naville par exemple, — ont soutenu le double vote simultané sans panachage. On ne le donne pas comme un procédé bien parfait, mais du moins

---

(1) Les Belges ont des listes officielles sur lesquelles les noms des candidats sont disposés dans un ordre invariable. Ils manifestent leur choix par l'apposition de marques de préférence. Dans ce procédé on limiterait donc le nombre des marques de préférence.

(2) Cf. *infra* ch. III, sect. II, § 2, art. 2, appendice.

est-il simple, « extrêmement simple » (1), d'une pratique facile : son rôle tout indiqué est d'être un système de transition, pour faire passer le corps électoral du scrutin de liste actuel au scrutin de liste-proportionnel avec double vote simultané et panachage. J'avoue ne pouvoir les suivre sur ce point. Le double vote simultané sans panachage est toujours un système juste : et, comme il respecte tout à la fois la force des partis et les préférences de l'électeur, on peut le considérer comme un bon système, bien qu'à mes yeux l'interdiction du panachage constitue une grosse objection. Mais ce n'est un système simple que dans le cas où on ne le complique d'aucune prescription légale, et où l'on escompte simplement l'existence de radiations volontaires. Or, ces radiations sont incertaines, aléatoires : et si elles ne se produisent pas, il perd sa valeur propre, car il devient identique au procédé de la liste libre. Et si on l'amende par une combinaison avec un mode de vote préférentiel, on en fait un procédé compliqué. Et alors : ou bien le corps électoral n'est pas à même d'en saisir la justesse et le mécanisme, et il ne faut pas le présenter comme un système simple ni comme un bon système de transition ; ou bien le corps électoral est à hauteur de sa tâche, et mieux vaut adopter le procédé du double vote simultané avec panachage, qui assure la meilleure application du scrutin de liste proportionnel.

D. *Procédé du double vote simultané avec panachage.* — Ce procédé est quelquefois appelé procédé belge. Il a été adopté par toutes les lois suisses, sauf celle de Soleure, — Genève, Neuchâtel, Fribourg, Zoug et Tessin, — et en Belgique par la loi municipale.

—————

(1) Ernest Naville, *R. P.*, Genève, nº 2, p. 61.

Les listes sont présentées par les partis et reconnues officiellement. Et voici un premier avantage du procédé belge : il n'est pas nécessaire que chaque liste contienne autant de noms qu'il y a de représentants à élire. Un parti n'a donc guère plus de candidats qu'il ne lui est raisonnable d'espérer de sièges. D'autre part, il y a lieu de supposer que ces candidats sont choisis avec soin : il n'y a pas de ces non-valeurs et de ces queues de liste qu'une manœuvre habile permet aux panacheurs de faire élire avec le procédé suisse. Les électeurs vont au vote : les uns votent pour une liste compacte sans y rien changer, les autres panachent. Le chiffre électoral des candidats est facile à déterminer : tout candidat porté sur un bulletin reçoit une voix comme aujourd'hui, et dans chaque parti on déclare élus jusqu'à concurrence du chiffre électoral de la liste ceux qui ont obtenu le plus de voix. Mais comment déterminer le chiffre électoral de la liste ?

Dans un bulletin compact, l'électeur désigne : un parti et les candidats présentés par ce parti. Si les listes sont complètes, il n'y a pas de difficulté : l'électeur donne une voix à tous les candidats et autant de voix à la liste. Mais si les listes sont incomplètes, le problème paraît insoluble : nous avons vu que le calcul par les sommes reposait sur une base fausse et que le calcul par les moyennes pouvait donner lieu à des surprises.

Avec le procédé belge on résout cette difficulté par un raisonnement très simple. Lorsque les listes sont complètes, l'électeur qui vote par bulletin compact attribue à la liste de son choix autant de suffrages qu'il y a de représentants à élire dans le collège. Donc axiome : le vote d'un électeur se divise en autant d'unités ou de suffrages qu'il y a de représentants à élire dans le collège. Appliquons à une circonscription de dix sièges. Deux listes ont été publiées, l'une de sept noms, l'autre de cinq. L'électeur qui accepte une de ces listes et la dépose dans l'urne accorde à cette liste ses dix suffrages quel que soit le nombre des candidats qui s'y trouve inscrit : ainsi l'égalité de l'action électorale est maintenue sans obliger l'électeur à désigner un nombre de candidats plus grand que de raison. L'électeur qui adopte la première liste et celui qui adopte la seconde apportent un appui égal au groupe dont ils font partie.

Si l'on procédait pour les bulletins panachés comme pour les bulletins compacts, une manœuvre serait à craindre. Un groupe de panacheurs désignerait en tête de ses bulletins le parti auquel il se rattache : il lui attribuerait ainsi tous ses suffrages de liste, et augmenterait son chiffre électoral et par conséquent sa part de représentation. Mais, en tant que ses suffrages comptent individuellement pour des candidats, il panacherait habilement, et réaliserait en l'aggravant cette manœuvre déloyale que nous avons signalée au sujet du procédé suisse (1). Le procédé belge a prévu ce danger. Pour les bulletins panachés il calcule exactement comme le procédé suisse : le panacheur inscrit des noms de candidats, mais il lui est interdit de porter aucune désignation de parti. En choisissant des noms sur plusieurs listes, il accorde à chacune de ces listes un nombre de suffrages égal à celui des candidats qu'il y a pris. Et remarquons que le danger que présente le procédé suisse est habilement paré par la possibilité de déposer des listes incomplètes. Si un parti ne présente que le nombre de candidats qu'il lui est raisonnable d'espérer, il n'y aura pas de queues de liste, et

---

(1) Cf. *supra* p. 278.

s'il n'y a pas de queues de liste, aucune manœuvre n'est à craindre de la part des panacheurs. Ajoutons que, dans un bulletin panaché, l'électeur n'épuise son droit et n'a une action égale à celle de l'électeur votant par bulletin compact, qu'en désignant un nombre de candidats égal au nombre de représentants à élire : il ne tient qu'à lui de ne rien perdre de son influence.

Le chiffre électoral de chaque liste s'établit donc en multipliant le nombre des bulletins qui portent un vote compact par le nombre de représentants à élire, et en y ajoutant comme autant d'unités les suffrages isolés des panacheurs.

Le procédé belge, qui porte le nom de son auteur, M. V. d'Hondt (1), est très remarquable. Sa justesse théorique est indiscutable. Il assure tout à la fois, à chaque parti une part de représentation proportionnelle à son importance numérique, et à chaque électeur le plein exercice de sa liberté en ce qui concerne le choix des candidats. Il réunit ainsi les mérites opposés du procédé de la liste libre et du procédé du libre choix sans avoir les imperfections de l'un ou de l'autre, et il est plus parfait que le troisième procédé, parce qu'il permet le panachage.

Ce mot de panachage fait peur à bien des gens. A leurs yeux le bon électeur est un homme d'un attachement absolu à son parti et qui veut assurer avant tout la victoire de son groupe : il ne panache donc pas. Ceci est vrai en

---

(1) *Loc. cit.* et: *La Représentation proportionnelle des partis par un électeur*, publié sans nom d'auteur en 1878. *Adde :* Aug. Lemaire, *De l'exacte représentation des corps électoraux*, Bruxelles, 1882. Avec le double vote simultané avec panachage, M. d'Hondt a conçu le plus parfait système d'application et avec le commun diviseur le plus parfait système de répartition de la théorie de la concurrence des listes.

fait : le gros des électeurs ne panache pas. Ce sont de bons soldats, c'est-à-dire des gens pas très intelligents et bien disciplinés. Le sentiment de la personnalité et de la responsabilité n'est pas assez éveillé en eux pour qu'ils croient devoir réfléchir, peser, juger, et se formuler un concept de vie et une règle d'action. Mais il y a les autres, ceux qui savent très bien ce qu'ils veulent, et qui cependant ne peuvent pas s'attacher à un parti pieds et mains liés, et si ceux-là sont les moins nombreux, ils sont aussi les meilleurs. Il faut leur permettre de faire abstraction de toute question de parti, et de choisir un peu partout les spécialistes, les honnêtes gens et les hommes de valeur. Il est vrai qu'il y a aussi les panacheurs habiles et déloyaux, ceux dont nous avons parlé plus haut et qui cherchent à empêcher l'élection des têtes de liste des partis adverses. Mais on peut considérer que le procédé belge, tel que je l'ai exposé, pare suffisamment à cette éventualité, tant en permettant le dépôt de listes incomplètes qu'en interdisant aux panacheurs d'attribuer à la liste de leur choix des suffrages non exprimés sur des candidats.

M. d'Hondt, toujours soucieux d'atteindre en tout la perfection, avait jugé au début que ce n'était pas suffisant. Les panacheurs favorisent sur différentes listes les candidats choisis par eux, ils leur accordent un véritable vote de préférence; il serait équitable que les électeurs votant par bulletins compacts puissent eux aussi attribuer un vote de préférence à leurs candidats favoris. Sinon le rang des candidats d'une liste dépend uniquement des panacheurs. Théoriquement le procédé belge doit donc être complété par l'application d'un procédé de vote préférentiel; et il est alors le plus parfait système d'application que l'on puisse concevoir du scrutin de liste proportionnel. Nous aurons à examiner plus loin par quels moyens on peut arriver à ce résultat (1).

Mais négligeons ces combinaisons : si elles donnent au procédé de M. d'Hondt une perfection presque absolue, elles le compliquent. Sans elles il donne des résultats exacts et proportionnels, il respecte tout à la fois la force des partis et la liberté des électeurs, et en même temps c'est un procédé simple. Combiné avec un mode préférentiel, c'est le système de l'avenir, c'est l'idéal ; dépouillé de ces complications, c'est le meilleur procédé à substituer au système majoritaire. Il est dangereux de commencer les applications de la représentation proportionnelle par un procédé imparfait : on obtient des résultats inexacts ou injustes, et, au lieu de critiquer le système d'application, on s'en prend au principe même de la réforme dont on compromet ainsi l'avenir.

Le procédé belge échappe à ce reproche. Il est — et j'insiste sur ce point — il est d'une pratique facile. Le rôle de l'électeur est bien simple : il vote au scrutin de liste comme aujourd'hui. Le rôle du bureau n'est pas identique à celui que lui font jouer les lois électorales actuelles, mais il n'a rien de compliqué. Classer d'une part les bulletins compacts par partis, de l'autre les bulletins panachés ; multiplier ceux-là par le nombre de représentants à élire et ajouter au produit le résultat du dépouillement de ceux-ci ; obtenir ainsi le chiffre électoral de chaque liste et le nombre de sièges y attribués, et pour chacune proclamer élus jusqu'à concurrence de ce nombre les candidats qui ont obtenu le plus de voix, — voilà tout le travail des bureaux.

____

(1) Cf. *infra* ch. III, sect. ii, § 2, art. 2, appendice.

Les faits sont là d'ailleurs pour prouver la simplicité et la rapidité du dépouillement. Parlant des élections neuchâteloises du 1er mai 1891, M. Adrien Naville écrit : « L'opé-» ration électorale a été partout très facile. Le dépouille-» ment s'est effectué rapidement et les chiffres des suffrages » ont été communiqués au public de bonne heure (1). » Et M. Jules Gfeller, qui a fait une enquête sur ce point, a reçu des chancelleries cantonales suisses les rapports les plus favorables. En 1892, au Tessin, un grand nombre de municipalités avaient demandé l'assistance d'un fonctionnaire pour aider aux opérations du dépouillement : en 1895 il n'y a pas eu une seule demande de ce genre. A Fribourg, les communes rurales n'ont pas éprouvé plus de difficultés que les communes urbaines. A Zoug, les résultats ont été connus deux ou trois heures après l'élection. A Genève, les opérations électorales ont été moins longues qu'autrefois, et le Département de l'Intérieur espère profiter des expériences faites pour les simplifier encore (2).

Exact et simple tout à la fois, en voilà plus qu'il n'en faut pour recommander sans restrictions le double vote simultané avec panachage.

III. — Questions de détail d'application.

En exposant les quatre procédés d'application de la théorie de la concurrence des listes, je ne me suis volontairement attaché qu'aux caractères généraux qui leur sont exclusivement propres et qui les individualisent. Etudions

---

(1) *R. P.*, Genève, n° 7, p. 324.
(2) *R. P.*, Genève, n° 10-11, p. 64-69.

maintenant toutes les questions de détail qui peuvent se présenter avec l'un comme avec l'autre de ces procédés. Leur solution n'est pas indifférente : c'est par la prévision et la réglementation des points de détail qu'un système est véritablement pratique et mérite l'éloge.

A. *Collège unique.* — Avec le collège unique on évite aux partis la perte éventuelle de leurs fractions dans plusieurs collèges : ces fractions réunies pourraient, le cas échéant, leur faire obtenir un siège de plus. La perte des fractions n'est pas d'ailleurs une pure éventualité. Ainsi au Tessin, aux élections du 6 mars 1892, les excédents étaient attribués à la plus forte liste. Dans chaque collège, le parti en majorité pouvait de la sorte obtenir un peu plus que sa part. Les conservateurs, ayant eu la majorité dans le plus grand nombre des collèges, obtinrent ainsi 50 sièges au lieu de 47 et la majorité ; les radicaux, qui auraient dû avoir la majorité et 48 sièges, n'en eurent que 45.

Mais le collège unique, quelle que soit son excellence théorique, se heurterait en pratique à certaines difficultés. Complication des opérations électorales : longue serait la somme des suffrages à répartir, longue aussi la récapitulation générale. Prépondérance des électeurs urbains ou ruraux suivant les pays : par suite lutte des uns contre les autres, et fractionnement plus accentué des groupes politiques. Bref les proportionnalistes suisses n'admettent pas le collège unique pour leurs petits cantons : c'est dire que pour de grandes nations il n'y a même pas lieu de le discuter. D'ailleurs il ne faut pas exagérer les inconvénients d'une répartition du pays en plusieurs circonscriptions. La perte éventuelle des excédents ne constitue une cause d'erreur grave comme au Tessin que dans un cas : lorsque le pays ne comprend que deux partis politiques se disputant le pouvoir à un ou deux sièges près. Or cette hypothèse est très rare. Et il suffit pour parer à ce danger d'adopter comme chiffre de répartition le commun diviseur de d'Hondt.

C'est pourquoi tous les proportionnalistes sont d'accord pour appliquer la concurrence des listes avec des collèges multiples.

B. *Reconnaissance officielle des partis*. — La répartition devant se faire entre des partis et non entre des candidats (sans solidarité, il importe que les partis se fassent connaître et soient officiellement reconnus. Par une disposition très libérale, la loi belge considère les candidatures isolées comme constituant chacune une liste distincte. Pour obliger les partis à se faire connaître, on exige le dépôt des listes un certain nombre de jours francs avant l'élection ; et pour éviter autant que possible des mystifications, on prescrit que chaque liste déposée devra être accompagnée d'un certain nombre de signatures.

Chaque groupe entre ainsi en contact avec les autorités compétentes. Il doit se faire représenter par des mandataires, tant pour recevoir les observations qui peuvent lui être adressées sur la composition des listes que pour assurer l'exécution des formalités qu'il peut être appelé à remplir. Le mieux est que le groupe désigne lui-même ses mandataires. La loi peut aussi considérer comme mandataires d'office les premiers signataires de chaque liste.

Chaque parti adopte pour sa liste une désignation ou une marque qui devient sa propriété exclusive (1). Avant le scrutin, le gouvernement fait publier et afficher en carac-

---

(1) A Neuchâtel, il choisit aussi une couleur pour ses affiches et bulletins. Les listes communes sont imprimées sur papier aux couleurs combinées.

tères identiques sur une même feuille toutes les listes avec leurs marques. En Belgique le bulletin de vote est aussi officiel : il porte toutes les listes, et l'électeur est obligé de manifester son choix par des marques de préférence.

C. *Candidatures communes.* — La question des candidatures communes est des plus délicates. Les proportionnalistes suisses ne voient d'autre moyen de sortir des difficultés multiples auxquelles elle peut donner lieu qu'en attribuant à une seule liste le candidat proposé par plusieurs groupes. Ainsi au Tessin, à Zoug, à Soleure, à Genève, à Fribourg, tout candidat commun est mis en demeure de choisir la liste sur laquelle il désire figurer. A défaut d'option le sort décide. Cette solution ne me paraît pouvoir être admise qu'avec le deuxième ou quatrième procédé — les procédés suisse ou belge. Puisqu'il y a panachage, les électeurs peuvent en effet aller chercher sur une autre liste un candidat qu'ils désirent favoriser. Et encore ne faut-il pas oublier que beaucoup d'électeurs ne panachent pas, et ne votent jamais pour un candidat qui ne leur est pas présenté par le comité de leur parti.

Autoriser les candidatures communes respecte mieux la liberté de l'électeur. Mais nous avons vu en étudiant le procédé suisse quelles difficultés elles soulèvent. Le mieux est d'adopter alors un moyen qui a été législativement sanctionné à Mendoza et à Buenos-Ayres. Si un candidat élu se trouve sur plusieurs listes, on enlève au chiffre de chacune de ces listes une fraction du quotient électoral déterminée par le nombre des listes sur lesquelles il a été porté : la moitié s'il était inscrit sur deux, le tiers s'il était inscrit sur trois, etc.

A Neuchâtel, à défaut d'option, on aborde également le

problème de front. Et voici la solution admise : les suffrages recueillis par le candidat commun sont attribués à la liste, parmi celles où il figure, qui a obtenu sans les voix de ce candidat le plus grand nombre de suffrages. Ce procédé est défectueux : l'attribution de tous les suffrages obtenus par le candidat commun à celle des listes qui a obtenu le plus grand nombre de voix a pour effet de modifier, au hasard du scrutin, la part qui revient aux groupes dont les listes portent des candidatures communes. On a formulé un autre reproche : l'électeur, dit-on, peut hésiter à voter pour ce candidat dans la crainte que sa voix ne soit comptée à un groupe qu'il ne veut pas favoriser. Mais cette critique est fausse. La candidature commune est un véritable panachage, à la seule différence qu'il est indiqué par les comités et non laissé à la seule initiative des électeurs. Or, l'électeur qui panache vote pour un homme bien plus que pour un parti et préfère certainement celui-là à celui-ci.

D. *Elections partielles*. — Dans tout système proportionnel la question des élections partielles est une des plus graves causes d'erreur. Un siège devient vacant : option, invalidation, non-acceptation, démission ou décès. Si on ne procède pas à une nouvelle élection (1), un parti se trouve lésé, puisqu'il perd une part de son influence. Si on pourvoit à la vacance, il est doublement lésé : il perd un siège et ses adversaires en obtiennent un jusqu'à la fin de la législature. Nous raisonnons, bien entendu, sur l'hypothèse où le siège devenu vacant appartenait à un parti en minorité. Or, si l'on vote pour un seul candidat, le collège se

---

(1) Ainsi prescrit par le règlement municipal de la ville de Berne du 5 mai 1895, pour le cas où les suppléants font défaut.

trouve pour un instant uninominal : le parti en majorité est infailliblement victorieux. Il suffit de quelques vacances de sièges pour modifier profondément la représentation et en altérer la proportionnalité.

Toutes les lois appliquant le système de la concurrence des listes résolvent cette question par la création de candidats suppléants. Chaque parti a les siens : une vacance se produit-elle, il y est pourvu immédiatement. Mais comment sont désignés les suppléants ? A Neuchâtel les électeurs inscrivent sur leurs bulletins de vote, à la suite des candidats députés, un certain nombre de candidats députés suppléants. Les suffrages qu'ils obtiennent donnent lieu à un dépouillement particulier. Partout ailleurs on attribue le siège devenu vacant au candidat ayant obtenu le plus de suffrages après les élus dans la liste électorale où la vacance s'est produite. Cette disposition est bien préférable. La loi neuchâteloise prescrit une complication bien inutile et, somme toute, assez injuste : avant d'inscrire les candidats suppléants, l'électeur inscrit les candidats ; il préfère évidemment ceux-ci à ceux-là ; or, il y a toujours quelques candidats non élus ; en cas de vacance, la volonté de l'électeur est certainement mieux respectée si on attribue le siège au premier de ces candidats non élus.

A défaut de suppléants, on retombe dans la difficulté première. Et comme il est difficile de ne pas pourvoir à la vacance, on procède à une élection complémentaire : le siège à attribuer est ainsi dévolu avec certitude à la majorité. Ce résultat est tellement inévitable qu'à Soleure on le donne sans élection à la liste qui a obtenu le plus de voix à l'élection générale. Et on proclame élu le premier des candidats non élus de cette liste.

Le système des suppléants n'est pas sans soulever d'objections. Que faire si tous les suppléants d'un parti siègent déjà, s'ils sont devenus juridiquement incapables de siéger, s'ils sont morts? Comment obliger les partis à présenter un nombre suffisant de suppléants pour pourvoir à toutes les vacances possibles? Trouvera-t-on toujours, d'ailleurs, de braves gens disposés à jouer ce rôle? Enfin, même avec des suppléants, on ne satisfait pas à certaines hypothèses, celle par exemple où un député ne donne sa démission que pour se faire réélire et obtenir ainsi de ses électeurs l'approbation de sa conduite. Ainsi posée — et exagérée — la question ne comporte qu'une solution. Rejeter le système des suppléants comme insuffisant et en chercher un autre. C'est ce que font les réformistes belges. M. Hermann Dumont (1) et après lui M. Jean Mommaert (2) ont soutenu sur ce point la théorie suivante.

Dès qu'un siège est vacant, on procède à une élection partielle. Mais il faut considérer l'élection partielle comme une élection générale dans laquelle les représentants restés en fonction sont élus de droit. On procède au dépouillement du scrutin, non pas comme si un seul siège était vacant, mais comme si tous devaient être répartis entre les diverses listes de parti. Si le parti qui vient de perdre un membre est resté assez nombreux pour avoir droit au nombre de sièges qui lui a été attribué à l'élection précédente, sa part de représentation n'est pas changée et son candidat est élu. Dans le cas contraire, les chiffres du nouveau scrutin augmentent la part de représentation d'un des partis adverses : c'est alors à ce parti qu'est attribué le siège vacant, et son candidat est élu.

----

(1) *R. P.*, Bruxelles, 1886, p. 153 et 176.
(2) *Id.*, 1888, p. 60.

Ce système est ingénieux. Il peut à la vérité se présenter dans la pratique quelques difficultés d'application : mais son auteur les a prévues et a réussi à les écarter. Les résultats d'une élection partielle ainsi pratiquée sont rigoureusement exacts. Mais n'est-ce pas mettre en jeu de bien gros rouages pour mettre au point quelque chose de léger et de minime ? Ainsi, parce qu'il peut arriver par hasard qu'un parti manque de suppléants, toutes les fois qu'un siège sera vacant on procédera comme pour une élection générale. Un grand collège à représentation multinominale sera mis en mouvement à seule fin de nommer un député, et cela toutes les fois qu'il y aura vacance, et parce qu'il peut se faire avec le système des suppléants que quelquefois ceux-ci se trouvent en nombre insuffisant. C'est vraiment avoir la main bien lourde.

Aussi je me rallie sans hésiter à la théorie suisse. Rien de plus simple et de plus pratique que de nommer des suppléants. Je ne crains pas avec M. Jean Mommaert la disette des candidats. « Trouvera-t-on toujours de braves » comparses qui accepteront ce triste rôle (1) ? » Oui certainement. Il y a dans tous les partis de très braves gens qui seront heureux et fiers de jouer « ce triste rôle », soit parce que, un peu vaniteux, ils croiront ainsi être quelqu'un, soit tout simplement pour rendre service.

Et si les suppléants font défaut? Puisque voter à la manière ordinaire, c'est attribuer avec certitude le siège vacant à la majorité, mieux vaut ne pas pourvoir à la vacance. La simple disparition d'un membre d'un parti ne fait perdre qu'une voix à ce parti, tandis que son remplacement par un député d'un autre parti amène un

---

(1) *Loc. cit*, p. 61.

déplacement de deux voix. Cette solution est inexacte, mais je ne la redoute pas, car elle sera d'une application peu commune ; il sera très rare en effet de voir un parti épuiser en une législature sa liste de suppléants.

Est-ce le parti qui a négligé de se pourvoir d'un nombre suffisant de suppléants ? Il sera seul responsable de ce qui lui arrivera. Il est bon que la loi prévoie les hypothèses dangereuses et indique le remède, il n'est pas bon qu'elle exerce une tutelle effective et impose ses solutions, si excellentes soient-elles. Autrement comment se développerait le double sentiment de la liberté et de la responsabilité, qui est le seul grand ressort des hommes et des peuples? La loi a donc fait tout ce qu'elle devait faire lorsqu'elle a invité les partis à nommer des suppléants pour l'hypothèse d'une vacance de siège. Si un parti néglige d'y procéder, ou n'y procède que d'une manière insuffisante, il ne lui arrive que ce à quoi il s'est volontairement exposé par son indifférence ou son inertie. Veut-on enfin être proportionnaliste à tout prix, il suffirait d'adopter pour ce cas le système de M. Hermann Dumont — mais pour ce cas seulement.

E. *Listes incomplètes.* — Nous avons déjà résolu cette question en étudiant les procédés d'application. Si on calcule le chiffre électoral des listes incomplètes en faisant la somme des chiffres électoraux des candidats, on opère sur une base inexacte ; le calcul par les moyennes donne des résultats plus satisfaisants, mais il peut parfois engendrer des erreurs : nous avons exposé ces deux points à propos du procédé suisse (1). En nous occupant du procédé belge, nous avons vu par quel moyen

---

(1) Cf. *supra* p. 276, 277.

ingénieux M. d'Hondt résout un problème qui paraissait insoluble (1).

Il reste un point à élucider. Nous savons déjà qu'avec des listes incomplètes les électeurs peuvent utiliser également tous leurs suffrages en tant qu'ils s'appliquent à une liste : comment peuvent-ils les utiliser tous également en tant qu'ils s'appliquent à des candidats? Nous renvoyons pour ce sujet à l'étude du vote préférentiel (2).

F. *Election du même candidat dans plusieurs collèges.* — Cette question est sans difficulté. On peut, comme au Tessin et à Soleure, écarter l'hypothèse en ne permettant pas les candidatures multiples. Mais la solution contraire, plus libérale, m'agréerait mieux. Le candidat est mis alors en demeure d'opter, et dans le ou les collèges qu'il n'a pas favorisés, le premier suppléant est élu.

G. *Quorum.* — Le *quorum* est la détermination légale d'un minimum de suffrages auquel doit atteindre toute liste pour entrer en ligne de compte et tout candidat pour être élu. On peut fixer ainsi soit un tant pour cent comme à Neuchâtel et en Belgique, soit le quotient comme à Fribourg, soit une quote-part du quotient. Le but de cette mesure est d'éviter le fractionnement des partis. Les proportionnalistes sont à peu près unanimes à la rejeter : elle fausse l'application du principe proportionnel. De prime abord elle me paraît très fâcheuse : il faut toujours préférer la liberté et la justice aux restrictions, de quelque nature qu'elles soient.

Cependant, si l'on n'avait pas d'autre chiffre répartiteur que le quotient, peut-être serait-il nécessaire d'admettre

---

(1) Cf. *supra* p. 283-285.
(2) Cf. *infra* ch. III, sect. II, § 2, art. 2, appendice.

un *quorum*, pour ne pas ajouter aux inégalités résultant des fractions ou excédents d'autres inégalités de même ordre résultant de l'existence de partis n'atteignant pas le quotient : la crainte de ne pas atteindre le *quorum* empêcherait en effet bien des fractionnements. Mais on connait deux chiffres répartiteurs : le quotient et le commun diviseur. Or celui-ci se meut entre deux quantités parfaitement définies, un maximum donné par la formule $\frac{E}{S}$, un minimum donné par la formule $\frac{E}{S+(L-1)}$, E désignant le nombre d'électeurs, S le nombre de sièges et L le nombre de listes. Nous ferons plus loin la preuve de cette affirmation (1). Dès lors qu'il y a un chiffre répartiteur — à tous points de vue d'ailleurs supérieur à l'autre — donnant un minimum naturel, il ne peut être question d'adopter un minimum légal. Si le minimum légal est identique au minimum naturel, il est inutile. Si les deux minimums sont divergents, le minimum légal est injuste, car il confisque au préjudice d'un parti le siège auquel il a droit pour le donner aux adversaires de ce parti.

Donc, sans hésitation, rejet de tout *quorum*.

H. *Listes associées*. — Un éminent proportionnaliste de Bâle, M. Hagenbach-Bischoff, propose d'autoriser le dépôt de listes associées (2). Ce système répond à deux buts. D'une part, dans le calcul de répartition, la réunion de plusieurs groupes peut procurer un avantage à l'être collectif ainsi formé : le nombre des représentants auxquels les groupes pris séparément auraient droit peut en effet être augmenté par l'addition des fractions. D'autre

---

(1) Cf. *infra* p. 322-324.
(2) *Application de la représentation proportionnelle à l'élection du Conseil National suisse*, Bâle, 1892, et *R. P.*, Genève, n° 10-11, p. 78.

part, les listes associées permettent de fractionner, mais sàns les faire entrer en lutte, les éléments qui constituent un parti et qui ont cependant des tendances ou des intérêts trop divergents pour pouvoir faire une liste commune.

Le premier point se comprend facilement. On conçoit l'intérêt que peuvent avoir des partis qui ne sont point sans affinités à s'attribuer réciproquement le bénéfice éventuel de leurs fractions ou excédents.

Le second point de vue, qui demande à être expliqué, est particulièrement ingénieux. Soit un parti important qui compte des représentants sur toute l'étendue d'un grand collège. Si chaque fraction de ce parti dépose une liste locale, c'est le fractionnement, c'est la scission, choses toujours regrettables : c'est le culte léthifère des petites chapelles et non l'action vivifiante de l'idée une et directrice. Si le parti présente une liste unique, il y a forcément un comité, une tête qui absorbent le reste : nominalement le parti obtient sa part de représentation, en fait beaucoup de ses partisans trouvent à bon droit qu'ils ne sont guère représentés. Soit encore dans un grand collège une portion de territoire qu'isolent des intérêts locaux ou des traditions historiques ou des considérations ethniques et géographiques. Or les électeurs de cette part de territoire ne peuvent s'entendre pour assurer une représentation locale par une liste commune, les divergences politiques qui les séparent sont trop grandes ; et, s'ils s'affilient aux grands partis vers lesquels les portent leurs convictions individuelles, ils sont absorbés et comme annihilés par eux. Dans ces deux cas, — et en général dans toutes les hypothèses où se heurtent des intérêts d'ordres divers, — le système de M. Hagenbach-Bischoff apporte le remède.

Voici en quoi consiste ce système. Lors du dépôt des listes, on peut en déposer plusieurs simultanément en déclarant qu'elles représentent une collectivité d'intérêts : ces listes sont dites associées. Au dépouillement on calcule : le chiffre électoral de chaque candidat, le chiffre électoral de chaque liste associée, et le chiffre électoral de chaque groupe de listes associées. A la répartition on détermine : d'abord quel nombre de sièges revient à chaque groupe de listes associées, puis quel nombre de sièges revient dans un groupe à chaque liste associée, enfin dans chaque liste quels sont les candidats élus.

Appliquons ce système aux hypothèses que nous avons émises. Supposons la Suisse formant un collège unique. Le parti libéral présente une seule liste, ou plus exactement un groupe de listes cantonales associées. L'unité du parti n'est pas rompue, sa force n'est pas compromise, et en même temps les influences et les aspirations locales sont respectées. Tout électeur libéral, par son vote, assure à son parti la part de représentation proportionnelle à laquelle il a droit, et a la certitude de voir élus les membres éminents que le parti compte dans son canton et auxquels il tient particulièrement. De même les cantons forestiers de la Suisse primitive, qui vivent encore très isolés, peuvent s'entendre pour porter une liste locale, ou plus exactement un groupe de listes politiques associées. Toutes les opinions politiques sont ainsi représentées, et en même temps les intérêts locaux sauvegardés.

M. Hagenbach-Bischoff donne l'exemple suivant (1). Les listes radicales de deux cantons sont associées. Au dépouillement on obtient :

---

(1) *R. P.*, Genève, n° 10-11, p. 80.

Radicaux du canton X.		*Radicaux du canton Y.*	
A	1,413	a	812
B	779	b	774
C	623	c	724
D	511	d	650
E	474	e	640
Total	3,800	Total	3,600

À la répartition 1,000 voix donnent droit à un siège. Si les deux listes avaient été présentées séparément, les élus seraient, pour la première A, B, C, pour la seconde a, b, c, soit un siège et 1,000 voix perdus par suite de la répartition en deux fractions. Si les deux groupes pré-sentent une liste commune, il y a sept élus : A, B, a, b, c, d, e. L'élaboration d'une liste commune assure donc au parti sa représentation intégrale, mais, comme nous l'avons dit plus haut, il se produit une autre injustice : un des partis absorbe l'autre. Il obtient le septième siège et il en prend un autre au premier groupe : et cette fraction dominatrice se trouve être la plus faible.

Il y a dans ces deux hypothèses une injustice réelle. Avec les listes associées elle disparaît. Le groupe des deux listes avec 7,400 suffrages obtient sept sièges; la première en reçoit ensuite 4 et la seconde 3, ce qui est équitable et proportionnel; enfin on proclame élus A, B, C, D, a, b, c.

Le système des listes associées est ingénieux dans sa con-ception, clair dans son exposition, facile dans son applica-tion. Mais ce qui me séduit le plus en lui, c'est la souplesse avec laquelle il se plie aux hypothèses les plus diverses, et c'est pourquoi je le crois appelé à un grand avenir. En ne cherchant qu'une réforme de détail, M. Hagenbach-

Bischoff a fait faire un grand pas à la représentation proportionnelle. Rien ne peut la rendre plus populaire qu'un procédé permettant de concilier deux choses qui avaient paru jusqu'à présent constituer une antinomie : les influences locales qui sont décentralisatrices, individualistes et fédéralistes, et les influences de parti qui sont au contraire centralisatrices, absorbantes et unitaires.

IV. — Procédés de répartition.

Quel que soit le procédé d'application employé, de quelque manière que les questions de détail aient été réglées, le vote a eu lieu. Et, du dépouillement des bulletins, les bureaux ont extrait le chiffre électoral de chaque liste et le chiffre électoral de chaque candidat. Il reste alors à procéder à la répartition des sièges : et cette opération est double. D'abord répartition entre les listes des sièges attribués au collège par la loi; puis répartition entre les candidats d'une liste des sièges qui viennent de lui être donnés. Cette seconde opération ne soulève pas de difficultés : dans chaque liste on déclare élus jusqu'à concurrence du chiffre fixé les candidats qui ont obtenu le plus de voix. Il en est tout autrement de la première : quelle base de calcul convient-il d'adopter pour procéder à la répartition des sièges entre les différentes listes ?

A. *Procédé du quotient.* — Si nous disons que 3,000 électeurs ont droit à 3 représentants lorsque 2,000 électeurs peuvent en réclamer 2, personne ne contestera la solution donnée au problème qui consiste à répartir proportionnellement 5 représentants entre 5,000 électeurs. Ces deux groupes contiennent un nombre exact de fois une même quantité qui est 1,000 : cette quantité est le résultat de la division du nombre des suffrages exprimés par le nombre de sièges à conférer, $\frac{5,000}{5}$. On la désigne sous le nom de quotient électoral. Le quotient électoral paraît donc pouvoir servir de base aux calculs de répartition.

Mais dans l'exemple que nous venons de citer il n'y a point de suffrages perdus. Or, dans la pratique, les choses ne se passent point ainsi. Les suffrages se répartissent entre les listes par quantités qui ne sont point exactement divisibles par le quotient électoral : tous les sièges ne sont donc pas répartis.

Il reste en effet des fractions dont la somme est exactement divisible par le quotient : autant de fois elle le contient, autant il reste de sièges à attribuer. Ces fractions constituent pour chaque parti un excédent de suffrages.

Soit 10,000 votants et 10 sièges à pourvoir. Quotient : 1,000. Le corps électoral est divisé en 3 partis, A, B et C, et les résultats du vote sont les suivants :

Listes.	Suffrages de listes.			Sièges répartis.	Excédents.
A	4,412	4,412 : 1,000 =	4	+	412
B	3,737	3,737 : 1,000 =	3	+	737
C	1,851	1,851 : 1,000 =	1	+	851
	10,000			8	2,000

Le quotient électoral n'assure la répartition que de 8 sièges : à quelle liste attribuer les deux autres? Trois procédés : les uns attribuent les fractions à la plus forte liste : la liste A avec 412 voix gagne ainsi deux sièges. Les autres en font bénéficier les plus fortes listes : dans l'espèce, la liste A et la liste B. Les derniers accordent les places en litige aux plus fortes fractions : soit le parti B et le parti C.

Remarquons, avant d'aller plus loin, qu'aucun de ces moyens n'est rigoureusement proportionnel : avec l'un comme avec l'autre il faut prendre les suffrages excédants des uns pour les donner aux autres, sous peine de ne pas obtenir un résultat complet. Plus il y a de suffrages ainsi transportés, plus le système employé est imparfait : le premier procédé qui déplace 1,588 suffrages est donc moins bon que le deuxième qui n'en transporte que 851, et celui-ci ne vaut pas le troisième qui n'en déplace que 412.

Le premier procédé n'est appliqué qu'à Soleure. Au point de vue de la proportionnalité à atteindre, c'est évidemment le plus défectueux. Il semble correspondre à l'idée de ceux qui veulent à tout prix constituer dans un corps élu une majorité apparente et forte, cette majorité n'existât-elle pas ou existât-elle moins importante dans le corps électoral. Avec le procédé de la plus forte liste ce résultat est presque assuré. Il est très injuste d'attribuer ainsi tous les excédents au groupe le plus nombreux. A raison d'un siège ou deux par collège, on arrive à un fort total dans un pays d'une certaine étendue, et la représentation se trouve faussée. L'exemple du Tessin est là pour le prouver. En 1891 la loi tessinoise avait adopté le procédé de la plus forte liste. Pour les élections de la Constituante, 11,348 conservateurs et 11,480 radicaux allèrent au scrutin. Il s'agissait d'élire 95 députés. Une représentation proportionnelle eût attribué 48 sièges aux radicaux, 47 aux conservateurs. Mais, grâce au procédé de la plus forte liste, les conservateurs dans trois collèges où ils étaient en majorité se virent attribuer les excédents. Il y eut ainsi 50 conservateurs élus et 45 radicaux ; le pouvoir était aux mains d'une minorité.

En 1892, les Tessinois substituèrent à ce procédé le

second procédé, que l'on appelle procédé suisse et qui avait déjà été adopté à Neuchâtel. Il atténue la cause d'erreur que nous venons de signaler, mais sans la détruire, car lui aussi favorise sans raison les majorités. La plus forte liste n'a aucun motif de s'attribuer les excédents *quia nominatur leo*, les plus fortes listes n'en ont pas davantage. Du reste les proportionnalistes, qui adoptent le quotient comme base de répartition, sont les premiers à le reconnaître. A leurs yeux, le procédé le plus exact pour l'attribution des excédents, c'est le troisième.

Nous savons déjà qu'il consiste à donner les sièges vacants aux fractions les plus fortes. On l'appelle le procédé des plus fortes fractions ou des fractions forcées, parce que les fractions avantagées sont en quelque sorte complétées jusqu'à concurrence de la valeur du quotient. Ce sont les fractions forcées qui sont adoptées par la plupart des lois appliquant la concurrence des listes. Et il faut reconnaître que ce procédé se présente mieux que les précédents : il semble en effet tout naturel de favoriser les plus fortes fractions. Moins il manque de voix à un parti pour atteindre le quotient, plus il a été près d'obtenir un siège, et il paraît juste de le lui attribuer de préférence à tout autre. Constatons toutefois et tout d'abord que ce procédé pousse à l'émiettement habile et au fractionnement frauduleux des partis : un parti, qui se divise en plusieurs groupes votant pour des listes différentes, augmente ses chances de jouir du bénéfice de la plus forte fraction. Au Tessin, ce procédé avait été prescrit pour l'élection de la Constituante du 11 janvier 1891. Conservateurs et radicaux rivalisèrent dans ces opérations déloyales. Finalement les radicaux, se sentant distancés par des adversaires plus habiles, décidèrent bruyamment de s'abstenir, et la liste conservatrice passa intégralement. Ceci dit pour prouver que le procédé des fractions forcées n'est pas parfait.

Mais il convient d'élever la discussion. En prenant comme base de répartition le quotient électoral on obtient toujours des fractions ou excédents, car jamais dans la pratique les électeurs ne se trouvent groupés en nombres exactement divisibles par le quotient. En d'autres termes, le quotient électoral ne peut arriver sans une règle complémentaire à la répartition de tous les sièges. Or, de toutes les règles complémentaires que l'on a jusqu'ici formulées, la moins imparfaite est celle dite des fractions forcées. Donc le quotient électoral est aussi parfait que possible lorsqu'il est combiné avec le procédé des plus fortes fractions. Si par conséquent le quotient électoral est la seule base juste qu'il convienne d'assigner aux calculs de répartition, le quotient électoral combiné avec le procédé des fractions forcées devra être approuvé sans réserves, car il constituera dans cet ordre d'idée cette perfection relative que la science humaine ne dépasse jamais.

Nous sommes ainsi conduits à rechercher quelle est la base rationnelle des calculs de répartition. Si cette base est le quotient, nous déclarerons que le meilleur procédé de répartition est celui du quotient électoral combiné avec les fractions forcées; si cette base n'est pas le quotient, nous rejetterons en bloc toute répartition fondée sur le quotient, car on n'édifie rien de bon sur une base fausse.

B. *Détermination d'une base rationnelle pour les calculs de répartition.* — Disons tout de suite que la vérité sur ce point a été mise en lumière pour la première fois par M. V. d'Hondt. Depuis il l'a incessamment divulguée, sans cesse aidé dans cette tâche par un autre proportionnaliste convaincu, M. Hagenbach-Bischoff.

La représentation proportionnelle a pour basé l'égalité
de tous les électeurs à quelque parti qu'ils appartiennent,
et ce principe a naturellement pour conséquence immédiate la valeur égale des bulletins de vote. Il n'en est pas
autrement dans les participations financières, où chaque
franc versé par n'importe lequel des associés donne droit
à une même part dans les bénéfices. Mais il y a entre les
deux cas une différence essentielle quant à la nature de
l'objet à répartir. Une somme d'argent peut être divisée à
volonté par le calcul jusqu'à l'infiniment petit, et en pratique jusqu'aux centimes ; un député ne peut être qu'un
homme entier, une fraction de député est inadmissible.
Cette différence essentielle dans la nature de l'objet à
répartir donne naissance à deux problèmes absolument
différents de répartition proportionnelle : I. La répartition
des quantités divisibles à l'infini. — II. La répartition des
quantités composées d'unités indivisibles.

Le problème I est celui des participations financières et
le besoin a conduit depuis longtemps à sa solution. Tout
le monde sait que le rapport de plusieurs nombres reste
le même si on les multiplie ou si on les divise tous par
la même quantité. Le problème I est donc résolu si l'on
divise les différentes sommes d'argent versées par un
même diviseur, choisi de telle manière que la somme des
quotients soit égale au gain à répartir. Soit 5,000 fr. à
répartir entre trois associés qui ont versé respectivement
10,000 fr., 30,000 et 40,000 fr. Divisons les trois mises
par le chiffre 16, nous obtenons respectivement les quotients 625, 1,875 et 2,500, ensemble 5,000, montant de
la somme à répartir. Cela conduit, par une démonstration
mathématique facile, à l'emploi de la règle de trois. Si
5,000 fr. sont attribués à 80,000 fr., 1 franc sera donné à

5,000 fois moins ou $\frac{80,000}{5,000}$, soit 16 fr. Donc dans ce cas on détermine le quotient par la formule $\frac{V}{G}$, V désignant l'argent versé et G le gain à répartir ; puis on fait la répartition avec ce quotient en poussant la division à autant de décimales qu'on le trouve convenable.

Le problème II est celui de la répartition des sièges. Il ne saurait être résolu par l'emploi direct de la règle de trois, c'est-à-dire par le quotient. Le quotient n'est pas applicable en matière indivisible. Il ne l'est qu'en matière divisible, parce qu'il n'arrive à un résultat et n'aboutit que si les choses sur lesquelles il opère sont divisibles. Il ne faut donc pas confondre le problème II avec le problème I. Le problème II est faux si l'on veut le résoudre avec le quotient $\frac{V}{G}$. Ce quotient, tout à fait juste pour le problème I, ne peut pas servir pour le problème II. Et voici comment M. d'Hondt détermine alors les conditions auxquelles doit satisfaire la solution.

« Les électeurs sont beaucoup plus nombreux que les
» élus. Pour un élu il faut donc un certain nombre d'élec-
» teurs. Un électeur n'a pas droit à un élu. Il faut un
» groupe d'électeurs pour qu'un siège puisse être attribué.
» Un siège ne revient donc qu'à un groupe : c'est un
» premier principe.

» En voici un second. Si dans une circonscription il y a
» lieu de pourvoir à plusieurs sièges, la justice commande
» que l'égalité la plus parfaite soit observée à l'égard de
» tous les partis en lutte. Il n'est pas admissible qu'à
» l'égard d'un parti on exige 1,000 électeurs pour un
» siège, et qu'à l'égard de deux autres on se contente de
» 900 ou de 800. Il faut donc un certain nombre d'élec-
» teurs pour l'attribution d'un siège, mais le nombre
» d'électeurs admis à l'égard d'un parti doit servir de

» mesure aux autres. Il ne peut y avoir deux poids et
» deux mesures. Une seule mesure : voilà donc la
» seconde règle.

» Mais de ces deux principes : un siège seulement pour
» un nombre déterminé d'électeurs, et unité du mètre
» électoral dans une même circonscription pour tous les
» partis, nous déduisons les deux corollaires suivants.

» Premier corollaire. Le parti qui n'atteindra pas le
» mètre électoral n'a droit à rien : car un siège ne revient
» qu'à un nombre déterminé d'électeurs, il ne peut revenir
» à un nombre inférieur. Un nombre inférieur n'a pas
» droit à un siège, et il n'a pas droit non plus à une frac-
» tion, car un siège est indivisible : il n'y a pas de frac-
» tion de député, il n'y a pas de tiers de représentant,
» de quart de sénateur. Tout parti inférieur au mètre
» électoral est donc égal à zéro. L'indivisibilité des sièges
» ne permet pas de le décider autrement.

» Ainsi, un siège est disputé par deux partis, A comp-
» tant 100 électeurs et B en comptant 99. Dans tous les
» pays du monde on décidera que le siège, en toute justice,
» revient au candidat du parti A. Les 99 électeurs du
» parti B ne seront pas représentés : ils n'ont droit à rien.
» Et ce résultat est conforme au principe de la représen-
» tation vraie, qui exige le moins possible de votes perdus,
» le plus possible de votes efficaces. En attribuant le
» siège contesté au parti A, il n'y a que 99 votes perdus,
» ceux du parti B. Si on attribuait le siège au parti B, il
» y aurait 100 votes de perdus. L'attribution au parti A
» est donc seule juste et légitime.

» Ce qui est vrai quand il s'agit d'un siège l'est aussi
» quand il s'agit de plusieurs. Supposons 5 sièges et
» 3 partis, A de 200, B de 300, C de 99. Le groupe

» d'électeurs donnant droit à un siège est 100. Il revient
» 2 sièges à A, 3 à B, 0 à C. Cette solution est encore la
» plus conforme au principe obligatoire du minimum de
» voix perdues. De cette façon il n'y a que 99 votes de
» perdus. Dans la solution du système majoritaire attri-
» buant les 5 sièges à la majorité 300, il y a 299 votes de
» perdus.

» Deuxième corollaire. Le parti qui comprend une ou
» plusieurs fois le mètre électoral, mais qui a en outre un
» excédent, nécessairement inférieur au mètre électoral,
» ne peut prétendre du chef de cet excédent à rien. Cet
» excédent est encore égal à zéro. Un siège ne revient
» qu'à un groupe déterminé d'électeurs. Un nombre
» d'électeurs inférieur à ce groupe n'a droit à rien. Tout
» ce qui est inférieur au mètre électoral est égal à zéro.

» Soit une élection pour 5 sièges et 2 partis, A de 200
» et B de 399. Le mètre électoral est 100. Il revient 2
» sièges à A et 3 à B. L'excédent de 99 du parti B
» est quantité perdue. Le résultat est proportionnel.
» $\dfrac{200}{2} = \dfrac{300 + (99\ \text{ou}\ 0)}{3}$. Ce résultat est aussi conforme au
» minimum possible de votes perdus. Dans l'exemple il y
» a 99 votes perdus. Dans le système majoritaire, où il
» suffit de la majorité absolue, soit $\dfrac{200 + 399}{2}$, il y a 200
» votes de perdus pour A et 99 superflus pour B, en-
» semble 299. Soit 200 votes de perdus en plus de ceux
» exigés par la raison.

» Cette suite de raisonnements bien simples indique la
» voie à suivre pour arriver à la répartition juste. Il faut
» chercher un nombre qui, pris comme mesure corres-
» dant à un siège, entre autant de fois dans les chiffres
» des partis qu'il y a de sièges, en négligeant nécessaire-
» ment toutes les quantités et tous les excédents inférieurs

» à ce mètre électoral (1). » En d'autres termes, les fractions doivent être négligées ; et le problème est résolu si
l'on partage les différentes sommes de suffrages par le
même diviseur, choisi tel que la somme des quotients,
après avoir négligé les fractions, soit égale au nombre des
députés à élire.

Concluons. Le problème II, qui diffère en tant que
champ d'application du problème I, puisqu'il s'applique à
des quantités composées d'unités indivisibles et non à des
quantités divisibles à l'infini, en diffère également quant à
la solution : le chiffre de répartition doit être le commun
diviseur et non le quotient ; et quant au moyen d'arriver
à cette solution : il faut négliger les fractions et non en
tenir compte, *à fortiori* ne pas les forcer à l'unité.

Avant d'aborder l'étude du commun diviseur, je voudrais
prendre un exemple qui montrât tout à la fois la justesse
de la démonstration de M. d'Hondt et l'inexactitude d'une
répartition basée sur le quotient avec fractions forcées. Je
l'emprunterai à M. Hagenbach-Bischoff.

Il suppose 102,851 votants groupés en trois partis. « Les
» chiffres de suffrages pour les trois listes sont les sui-
» vants :

I	II	III
55,376	29,513	17,962

» Il y a 8 représentants à élire ; il s'agit donc de répartir
» 8 proportionnellement entre les trois nombres qui pré-
» cèdent. Comme on sait, le rapport qui existe entre plu-
» sieurs grandeurs ne reste le même, ou, pour exprimer la

---

(1) V. d'Hondt, *Le Pourquoi du système de l'Association réformiste*,
R. P., Bruxelles, 1895, p. 7-9.

» même chose en d'autres termes, la proportionnalité n'est
» conservée entre ces grandeurs, que dans le cas où elles
» sont toutes multipliées ou divisées par un même nombre.
» Partager 8 proportionnellement entre trois nombres signi-
» fie donc diviser ces trois nombres par un même chiffre
» tel que la somme des quotients soit égale à 8.

» Ce problème peut être résolu par la règle de trois or-
» dinaire, et nous trouvons en divisant nos nombres par
» 12,856 :

I	II	III
4,31	2,29	1,40

» Ce résultat satisfait s'il s'agit par exemple de partager
» 8 francs, parce qu'on peut payer en centimes les frac-
» tions de franc. Mais, lorsqu'il s'agit de partager huit
» représentants, on ne peut rien faire des fractions, parce
» que tous les représentants doivent être élus de la même
» manière, c'est-à-dire complètement : dans un cas pareil
» il n'y a rien autre chose à faire que de négliger les frac-
» tions.

» Mais cela modifie quelque peu le problème, et nous
» devons diviser les nombres de suffrages par un même
» chiffre tel que la somme des quotients, abstraction faite
» des fractions, soit égale à 8. Le diviseur 12,856 obtenu
» par la règle de trois ne remplit évidemment pas cette
» condition, car la somme de la partie entière des quo--
» tients qu'il donne est égale à 7 seulement. Au contraire,
» nous obtenons le résultat désiré en divisant nos trois
» nombres par 10,000, opération qui donne les chiffres
» suivants, rigoureusement proportionnels :

5,5376	2,9513	1,7962

» ou, en abandonnant les fractions :

$$5 \qquad 2 \qquad 1 \ (1). »$$

Que font les partisans du quotient avec fractions forcées? « Ils attribuent à la liste III le chiffre 2 au lieu de
» 1,40 et lui ajoutent ainsi 0,6; si on ajoute ce même
» chiffre 0,6 à chacune des listes on obtient :

I	II	III
4,91	2,89	2

» ou, en négligeant les fractions :

$$4 \qquad 2 \qquad 2$$

» C'est ainsi qu'en apparence on peut justifier cette
» répartition. Mais une telle manière de calculer n'est pas
» permise, parce qu'elle est contraire aux principes des
» mathématiques. Le rapport entre les trois nombres ne
» restera le même que si on les multiplie ou les divise
» tous par le même nombre, mais non pas si on ajoute à
» tous le même nombre. Si on attribue à la liste III le
» chiffre 2 au lieu de 1,4, cela veut dire que l'on a multi
» plié par 20/14 ou 10/7 : pour que la proportionnalité
» soit conservée, il faut donc multiplier chacun des trois
» nombres par 10/7, ce qui donne :

$$6,16 \qquad 3,27 \qquad 2$$

» ou, en négligeant les fractions :

$$6 \qquad 3 \qquad 2 \ (2). »$$

On voit l'erreur. Suivant M. d'Hondt, tout ce qui n'atteint pas le mètre électoral n'a droit à rien. Il résulte en

---

(1) Hagenbach-Bischoff, *Le Problème de la répartition proportionnelle*, *R. P.*, Genève, nº 1, p. 164, 165 et *R. P.*, Bruxelles, 1887, p. 185, 186.

(2) Hagenbach-Bischoff, *loc. cit.*, p. 166, 167 et 187, 188.

effet du principe de l'égalité du droit de tous les électeurs, principe qui est à la base même de la proportionnalité, que si, dans un parti quelconque, un nombre de voix déterminé obtient un représentant, tout autre parti doit pouvoir prétendre à un représentant pour le même nombre de voix au moins. Si l'on accorde 2 représentants à la liste III pour 17,962 suffrages, c'est 8,981 qui devient le mètre électoral, et il faut logiquement accorder 3 sièges à la liste II et 6 à la liste I, soit en tout 11 places. Or il n'y en a que 8 à répartir.

« Ce n'est pas la règle de trois en elle-même qui
» est inexacte, car elle donne toujours la proportionna-
» lité. L'inexactitude provient de ceci qu'on prend tout
» simplement la plus grosse fraction pour un entier, sans
» réfléchir que, lorsqu'il s'agit de proportionnalité, la
» même fraction change tout à fait d'importance, suivant
» que le nombre entier dont elle est accompagnée est plus
» ou moins grand.

» Je n'ai pas d'objection à ce qu'on fasse d'abord le par-
» tage au moyen de la règle de trois, mais alors il faut
» attribuer le siège vacant, le huitième dans l'exemple
» choisi, à la liste qui est le plus près d'atteindre le but,
» c'est-à-dire d'obtenir ce huitième représentant. Après
» le partage au moyen de la règle de trois, qui se fait à
» raison d'un représentant pour 12,856 suffrages, il reste
» de trop à chacun des trois partis les nombres de suf-
» frages qui suivent, suffrages qui ne sont pas entrés dans
» la répartition :

I	II	III
3,952	3,801	5,106

» Il manque donc aux partis les chiffres de voix suivants

» pour que chacun d'eux obtienne le huitième représen-
» tant :

$$8,904 \qquad 9,055 \qquad 7,750$$

» D'après cela il semble que le parti III soit le plus rap-
» proché du but, mais ce n'est qu'une apparence, une
» apparence trompeuse. Il s'agit précisément de savoir
» quel parti est relativement le plus rapproché du but,
» car il ne faut pas oublier que les partis sont de forces
» différentes et poursuivent le but avec des vitesses diffé-
» rentes. C'est pourquoi, avant toute comparaison, les dis-
» tances qui séparent les partis du but doivent être réduites
» à la même unité, en divisant chaque chiffre par le
» nombre de suffrages qui s'y rapportent. De cette ma-
» nière nous obtiendrons pour les distances relatives :

$$0,16 \qquad 0,31 \qquad 0,43$$

» La liste 1 présente l'écart le plus faible : elle est donc
» le plus près du but et mérite d'obtenir le huitième re-
» présentant.

» Nous voudrions éclairer les réflexions que nous venons
» de faire, au moyen de l'exemple suivant emprunté à un
» autre ordre d'idées. Trois tireurs, A, B et C, se dispu-
» tent des prix. Ils commencent tous trois en même temps,
» et il est convenu qu'un prix est gagné chaque fois qu'un
» tireur a touché 25 fois dans le noir de la cible, c'est-à-
» dire qu'il a fait ce qu'on appelle un carton. Dans la pré-
» vision qu'il y a dix prix à répartir, on arrête le tir après
» que les concurrents ont fait les nombres de cartons sui-
» vants :

A	B	C
190	50	45

» Les prix se trouveront répartis de la manière suivante
» par le diviseur 25 fixé à l'avance :

7   2   1

» Mais il se trouve qu'on s'est trompé en comptant les
» prix et qu'il y en a onze à répartir au lieu de dix. A qui
» revient le onzième prix ? Le plus juste serait de conti-
» nuer le tir, mais cela est impossible pour différentes rai-
» sons. On doit donc chercher par le calcul quel est celui
» qui mérite le onzième prix.

    » A a 15 cartons de plus qu'il ne lui était nécessaire : il
» lui en manque donc encore 10 pour qu'il ait gagné le
» prix supplémentaire. B n'a pas de cartons de trop : il lui
» en manque donc 25. Enfin C, qui en a 20 d'avance, n'en
» a besoin que de 5. A prendre les choses absolument,
» C est donc ici le plus rapproché du but : d'après la ma-
» nière de comprendre des partisans des fractions forcées,
» c'est ce tireur qui pourrait justement prétendre au prix
» qui n'est pas encore réparti. Mais ce serait tout à fait
» injuste, car A, qui est quatre fois plus habile, aurait
» plus vite fait les 10 cartons qui lui manquent que C les
» 5 dont il aurait besoin. Cela ne dépend donc pas des
» écarts absolus, mais bien des écarts relatifs, c'est-à-dire
» réduits à la même unité. Nous aurons :

	A	B	C
» Ecart absolu . .	10	25	5
» Ecart relatif . .	0,05	0,5	0,11

» On voit que A est le plus rapproché du but et mérite le
» onzième prix.

» Nous arriverions au même résultat en abaissant d'une
» manière appropriée et applicable aux trois tireurs le
» nombre de points nécessaire pour obtenir un prix. En

» appliquant, par exemple, aux nombres de cartons le
» diviseur 23 au lieu du diviseur 25, nous avons immédia-
» tement :

A	B	C
8	2	1

» Le nombre 23 n'est évidemment rien autre chose
» que le chiffre répartiteur ou commun diviseur de
» M. d'Hondt (1). »

C. *Commun diviseur.* — Nous pouvons maintenant
donner du commun diviseur une notion précise. M. d'Hondt
a eu l'idée ingénieuse et pourtant très simple de réaliser
la représentation proportionnelle par la théorie des proportions. En négligeant les fractions, parce qu'il opère sur
des quantités indivisibles et non sur des quantités divisibles
à l'infini comme des nombres abstraits, il réduit les chiffres
électoraux à une échelle telle que la réduction réponde
parfaitement au nombre des sièges à répartir. Cela est
mathématiquement exact, car si l'on divise plusieurs nombres par un même diviseur, les quotients que l'on obtient
sont entre eux dans la même proportion que les nombres
divisés ; et cela est juste, car tous les partis étant mesurés
à la même aune, aucun d'eux ne peut protester contre le
résultat de la répartition.

M. d'Hondt arrive ainsi à la formule suivante qui contient
une définition du commun diviseur : La justice se trouve
donc dans la division de tous les chiffres électoraux par le
diviseur qui donne des quotients dont la somme soit égale
au nombre des sièges vacants. M. Maurice Vernes dit d'une
manière un peu plus concrète : « Il sera attribué à cha-

---

(1) Hagenbach-Bischoff, *loc. cit.*, p. 167-170 et p. 188-191.

— 318 —

» cune des listes concurrentes autant de sièges qu'elle
» contiendra de fois le chiffre répartiteur. Le chiffre ré-
» partiteur est un chiffre tel que, en divisant par lui les
» totaux obtenus par les différentes listes, on l'y trouve
» contenu autant de fois qu'il y a de sièges à conférer (1). »

La démonstration la plus claire et la plus lumineuse que
je connaisse du commun diviseur est de M. Hagenbach-
Bischoff. Elle a l'avantage d'être graphique, et par conséquent de parler aux yeux en même temps qu'à la raison.

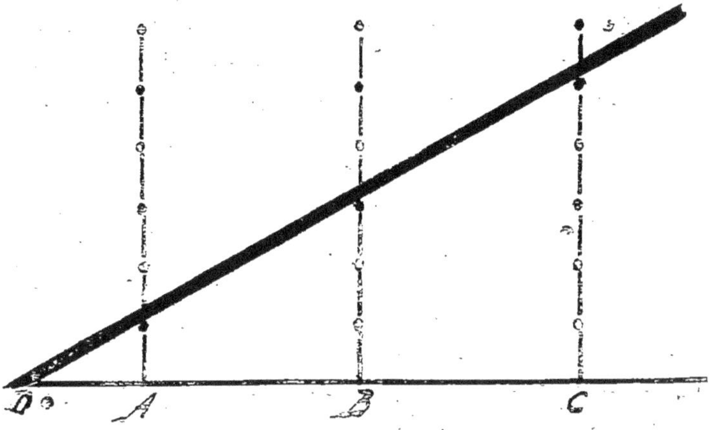

En partant du point 0 on prend, suivant une échelle
quelconque, sur l'axe horizontal des abscisses, les distances OA, OB, OC, égales aux sommes des suffrages des
différentes listes A, B, C. Aux points A, B, C on élève des
verticales, et sur ces verticales on marque à des distances
égales des points qui représentent les candidats. Puis, en
partant de l'axe horizontal, on fait tourner une droite
autour du point 0 jusqu'à ce que n points en tout aient

(1) *R. P.*, Bruxelles, 1889, p. 155.

été dépassés, n étant égal au nombre de candidats à élire.
Le nombre de points dépassés sur chaque verticale donne
le nombre de députés que peut réclamer chaque liste. Il
est évident que par cette construction mathématique le
problème de la répartition est résolu avec une rigueur
mathématique. « Car si nous tournons la droite, les ordon-
» nées coupées restent toujours exactement proportion-
» nelles aux abscisses, qui représentent les nombres des
» suffrages. Ces ordonnées sont obtenues en multipliant
» les nombres des suffrages par la tangente de l'angle de
» rotation, ou en les divisant par la cotangente de l'angle
» de rotation. Cette cotangente nous représente donc ce
» même diviseur par lequel il faut partager les différentes
» sommes de suffrages : et, si je tourne jusqu'à ce que n
» points soient dépassés, je choisis le diviseur tel que la
» somme des quotients, après avoir négligé les fractions,
» soit égale au nombre des députés à élire (1). »

Nous disons : après avoir négligé les fractions. En effet
la proportionnalité absolue ne peut être donnée que dans
le cas où, les chiffres électoraux des listes étant égaux au
commun diviseur ou en étant des multiples, la ligne tournante atteint exactement un point sur chaque verticale.
C'est ce qui a lieu dans le cas du graphique ci-dessus, où
il y a 9 députés à élire, et où les partis ont les valeurs
suivantes : $A = x$, $B = 3\,x$, $C = 5\,x$. Mais ce cas est
évidemment très rare pour ne pas dire purement hypo-
thétique.

Dans la pratique le problème se présentera sous la
forme suivante.

---

(1) Hagenbach-Bischoff, *R. P.*, Bruxelles, 1890, p. 102, 103.

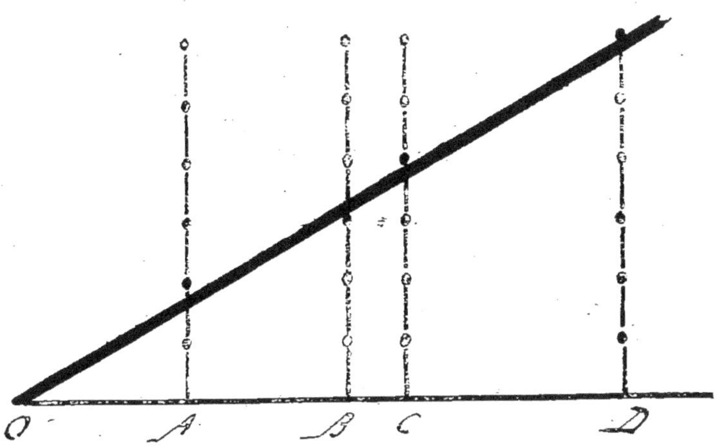

Douze représentants sont à nommer. Mais quand la ligne tournante s'arrête après avoir dépassé douze points, elle ne passe pas que par des points. Il y a donc des fractions de lignes, c'est-à-dire des excédents de suffrages qu'il faut négliger. En négligeant les fractions, le commun diviseur satisfait à toutes les hypothèses.

Sauf une cependant. Si les nombres entre lesquels il faut faire la répartition ne sont pas différents du diviseur luimême ou en sont des multiples parfaitement exacts, et si en même temps la somme des quotients dépasse le nombre des sièges ou lui est inférieure, la ligne tournante atteindra plusieurs points à la fois. Soit deux partis A et B. $A = x$ et $B = 4x$. Il n'y a que 4 sièges à répartir, et x est le commun diviseur. Mais comment répartir 4 sièges entre A et B, puisque $A + B = x + 4x$, c'est-à-dire 5 fois le commun diviseur ? En effet, la ligne tournante ne dépassera pas 4 points exactement, mais 3, et puis 5 sans transition. Voici le graphique de cette hypothèse.

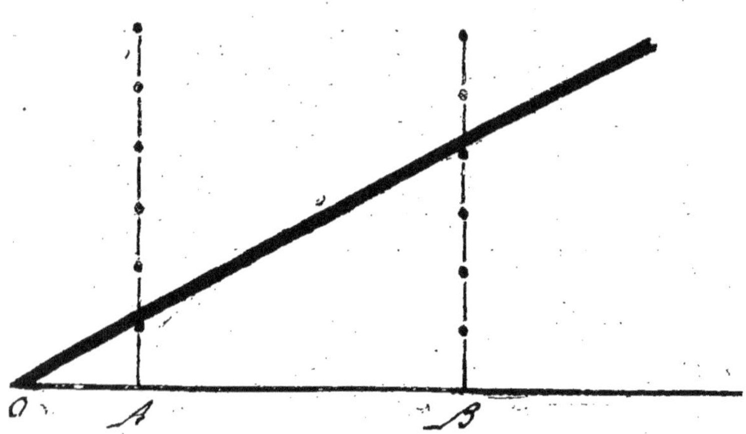

Ce cas ne peut être tranché que d'une manière arbitraire. Il faut recourir à une règle spéciale comme dans le régime actuel lorsque deux candidats ont également droit à un siège : on se décide alors suivant l'âge des candidats. On peut ainsi attribuer le siège en litige soit au candidat qui a personnellement le chiffre électoral le plus élevé, soit au parti le plus fort. M. d'Hondt a soutenu successivement ces deux procédés : considérant tout d'abord qu'il n'y a concurrence qu'entre deux candidats de deux partis différents (1); réfléchissant ensuite que dans les élections proportionnelles la lutte ne se produit pas entre les candidats, mais entre les partis (2).

Au reste l'hypothèse de ce troisième graphique, comme l'hypothèse du premier graphique, est toute théorique et pratiquement improbable. En fait le commun diviseur ne

---

(1) *Système pratique et raisonné de représentation proportionnelle*, Bruxelles, 1882, p. 42.

(2) *Le Pourquoi du système de l'Association réformiste*, R. P., Bruxelles, 1895, p. 30.

réalisera jamais ou presque jamais la proportionnalité absolue, et ne nécessitera jamais ou presque jamais l'emploi d'une règle complémentaire. C'est donc sur le second graphique qu'il convient de raisonner.

Or nous avons dit que la droite tourne autour du point O jusqu'à ce que n points en tout aient été dépassés, 12 en l'espèce. Il suffit d'examiner le graphique pour voir que la position de la droite qui résout le problème n'est pas en général fixe, mais qu'elle est contenue entre deux limites bien définies, savoir : la position où la droite passe par le n^{me} point et celle où elle passe par le $n + 1^{me}$. Il n'entre pas pour cela la moindre incertitude dans la solution, parce que pour toutes les positions de la droite entre ces deux limites le résultat de la répartition reste absolument fixe et donné. Et c'est même un avantage positif de ne pas en être réduit à un seul diviseur pour procéder à la répartition, mais d'en avoir une série à sa disposition : il n'en est que plus facile d'en trouver un.

Dire qu'il existe pour un cas donné plusieurs communs diviseurs, c'est dire que le commun diviseur est une quantité variable évoluant d'un minimum à un maximum. M. d'Houdt a déterminé l'un et l'autre.

Le bon sens nous indique qu'on ne peut jamais pour un siège exiger comme chiffre répartiteur une fraction du corps électoral supérieure à la fraction correspondante du nombre des sièges. S'il y a 3 sièges on ne peut exiger plus de 1/3, s'il y en a 4 plus de 1/4, s'il y en a 5 plus de 1/5, et ainsi de suite. Il serait aussi absurde d'exiger davantage que de vouloir couper une orange en quatre parties égales dont chacune serait supérieure à un quart. Le diviseur maximum est donc le diviseur que l'on obtient en divisant le nombre des électeurs par le nombre des sièges, c'est-à-dire le quotient électoral. Formule : $\frac{E}{S}$. Ce diviseur servira de base de répartition lorsque les chiffres électoraux des listes seront identiques au diviseur ou en seront des multiples. C'est l'hypothèse du premier graphique.

Lorsque la répartition se fait à l'aide du diviseur maximum, il n'y a dans aucun parti des électeurs de trop. Dès que l'on prend un mètre inférieur, il reste des excédents qui sont perdus : rechercher le diviseur minimum, c'est donc rechercher quel est le diviseur dans le cas où il y a le maximum de voix inutilisées. Cette hypothèse se réalise lorsque pour le dernier siège toutes les listes se trouvent en concurrence : ce siège est attribué à l'une d'elles, et dans toutes les autres il y a un nombre de voix perdues égal au chiffre diviseur. En d'autres termes, lorsqu'il y a le plus grand nombre possible de voix perdues, le diviseur produit autant de sièges en trop qu'il y a de listes, sous déduction toutefois de celle qui obtient le dernier siège. Le diviseur minimum est donc le nombre des électeurs divisé par le nombre de sièges, plus le nombre de listes moins un. Formule : $\frac{E}{S + (L - 1)}$. C'est l'hypothèse du troisième graphique.

Ce minimum n'assure pas la représentation. Au-dessous de cette limite un parti ne peut rien obtenir; au-dessus il peut réussir, mais n'est pas certain du succès. Il est d'ailleurs facile de déterminer quel commun diviseur donne en toute hypothèse droit à un siège. Si l'élection porte sur 3 sièges, un parti qui réunit plus du 1/4 des électeurs en obtient certainement un ; de même celui qui réunit plus du 1/5 si l'élection porte sur 4; et ainsi de suite. Généralisons : le nombre des électeurs divisé par le nombre de sièges plus un donne le diviseur minimum au-dessus duquel tout parti a droit à un siège. Formule : $\frac{E}{S + 1}$.

Appelons E le nombre des votants, S le nombre des représentants à élire, L le nombre des listes : nous avons trois formules. Le commun diviseur évolue d'un maximum $\frac{E}{S}$ à un minimum $\frac{E}{S+(L-1)}$. Au-dessous de celui-ci, il est impossible d'arriver à la représentation. Entre les deux se place le diviseur $\frac{E}{S+1}$ au-dessus duquel tout parti est sûr d'obtenir un siège (1). L'existence d'un commun diviseur minimum $\left(\frac{E}{S+(L-1)}\right)$ est la confirmation de ce que nous avons dit plus haut (2). Puisque les calculs de répartition donnent naissance pour chaque élection à un minimum au-dessous duquel nulle fraction du corps électoral ne peut être représentée, il ne saurait appartenir à la loi d'édicter un minimum ou *quorum*. Le minimum naturel est seul juste en théorie et seul exact en fait ; le minimum légal serait faux et arbitraire.

Jusqu'à présent, nous n'avons fait que déterminer les conditions auxquelles doit satisfaire un nombre pour pouvoir servir de commun diviseur. Nous avons en dernier lieu limité le problème en fixant les quantités maximum et minimum entre lesquelles seules le commun diviseur peut varier. Arrivons à la solution. Comment détermine-t-on le commun diviseur ?

En 1882 un ingénieur belge proposa un procédé mécanique qui fonctionna notamment à l'assemblée générale de l'Association réformiste du 27 janvier 1883. L'appareil consistait en un cadre en bois, rectangulaire, de 1 mètre 50 de base sur 1 mètre de hauteur, formé de quatre lattes jointes les unes aux autres au moyen de vis très peu serrées, et dont celle de base était fixe. Les deux lattes de

---

(1) *R. P.*, Bruxelles, 1883, p. 126.
(2) Cf. *supra* p. 298.

droite et de gauche étaient jointes entre elles par des fils placés à la distance d'un décimètre l'un de l'autre, et, en portant la latte supérieure à droite ou à gauche, le cadre prenait la forme d'un parallélogramme. Au fur et à mesure que le cadre s'éloignait de la forme du rectangle et que la distance entre la latte supérieure et la latte inférieure diminuait, les fils se rapprochaient ; mais, quelle que fût la position du cadre, ils conservaient toujours entre eux la même distance. C'était la distance entre deux de ces fils qui constituait le mètre électoral. Pour faire la répartition, on traçait perpendiculairement à la base et sous les fils des lignes représentant par des hauteurs proportionnelles la force des partis ; puis on abaissait la latte supérieure du cadre jusqu'à ce que les lignes représentant les forces des partis fussent autant de fois coupées par les fils qu'il y avait de sièges à conférer (1).

Supposons que l'on représente par 0 mètre 100 un chiffre électoral de 100 voix. Pour un parti A de 100 voix nous élèverons une perpendiculaire de 0 m. 100, et pour trois partis B, C, D, de 300, 520 et 643 voix, des perpendiculaires de 0 m. 300, 0 m. 520 et 0 m. 643. Il y a vingt sièges à pourvoir. Dans la position rectangulaire les fils sont à 0 m. 10 les uns des autres. Nous constatons que :

la ligne A de 0 m. 100 est coupée 1 fois.
   —   B — 0 m. 300   —   3 fois.
   —   C — 0 m. 520   —   5 fois.
   —   D — 0 m. 643   —   6 fois.
                                 15

Soit en tout 15, et il y a 20 sièges à répartir. Descendons

---

(1) V. d'Hondt, *Moyen mécanique de déterminer le diviseur électoral*, *R. P.*, Bruxelles, 1882, p. 46.

la latte supérieure. Nous trouverons par tàtonnement qu'il faut l'arrêter lorsque les fils ont une distance de 0 m. 074. Alors en effet :

la ligne A de 0 m. 100 est coupée 1 fois.
—   B — 0 m. 300   —   4 fois.
—   C — 0 m. 520   —   7 fois.
—   D — 0 m. 643   —   8 fois.

$$\overline{20}$$

et les 20 sièges sont répartis.

En 1885 M. Hagenbach-Bischoff imagina la démonstration géométrique du commun diviseur que j'ai exposée plus haut. Il est facile de saisir comment un appareil peut mécaniquement traduire cette démonstration et servir de procédé de répartition.

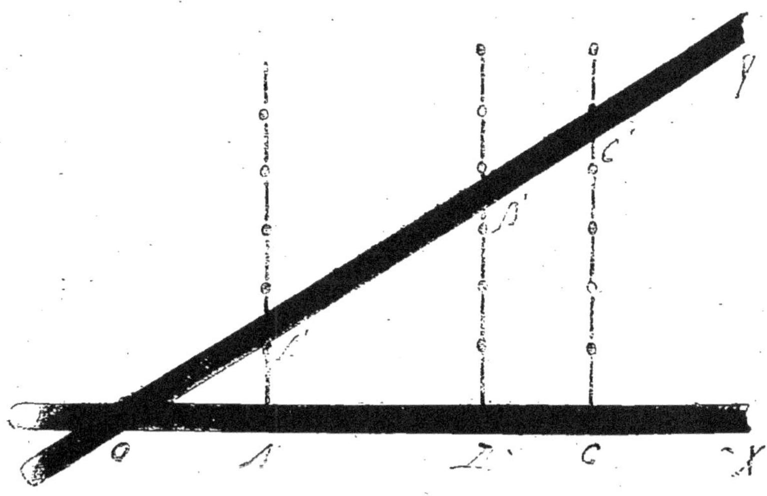

Deux régles mobiles autour d'un axe commun O. Sur la ligne OX on prend des longueurs OA, OB, OC... proportionnelles aux chiffres électoraux des différentes listes, et

aux points A, B, C... on élève des perpendiculaires subdi-
visées en parties égales : chacune de ces parties égales
représente le mètre électoral d'un siège. Quelle que soit
la position de la règle OY, on a toujours des triangles semblables OAA', OBB', OCC'... donc les côtés AA', BB', CC'...
sont respectivement proportionnels aux côtés OA, OB, OC...
Donc les côtés AA', BB', CC'... représentent comme les
côtés OA, OB, OC.... les chiffres électoraux des partis.
Et comme ils sont divisés en parties égales au mètre électoral, il suffit pour répartir les sièges de diminuer ou
d'augmenter l'angle formé par les deux règles, de manière à
trouver sur les lignes AA', BB', CC'... autant de subdivisions qu'il y a de sièges à répartir (1).

Presque aussitôt connu, cet appareil fut simplifié par
un ingénieur belge qui proposa de se servir d'une feuille
de papier ligné, d'une bande de papier blanc, et d'une
épingle ou de préférence d'une pointe à dessin. Les lignes
étant parallèles, le papier ligné remplace les points qui
dans la figure ci-dessus marquent les subdivisions des
perpendiculaires. La règle tournante est remplacée par
une bande de papier : il suffit qu'elle soit découpée en
ligne droite au moins sur le côté inférieur, sauf qu'à l'une des
extrémités elle descend en courbe et fait un arc de cercle
pour pouvoir être fixée au papier ligné au moyen de
l'épingle (2).

Je n'insiste pas sur ces procédés mécaniques. Ils sont
fort exacts, et ils ont le grand avantage d'être vivants et de
parler aux yeux. Très instructifs, ils sont excellents pour
la démonstration théorique. Mais on ne peut songer à les

---

(1) *R. P.*, Bruxelles, 1888, p. 100.
(2) *Id.*, p. 147.

faire adopter par un bureau de dépouillement. Ce n'est point l'usage de procéder à la répartition des députés avec la règle et le compas ou au moyen d'un appareil, et d'ailleurs leur maniement deviendrait assez difficile s'il fallait opérer dans des circonscriptions un peu importantes. Passons sans plus tarder aux procédés arithmétiques.

M. d'Hondt proposa tout d'abord de considérer la recherche du commun diviseur comme une opération arithmétique ordinaire, et de le chercher, comme nous cherchons le quotient dans une division, par tâtonnement. Il se peut en effet qu'avec de la pratique et un certain flair mathématique on arrive à calculer assez rapidement par ce moyen le commun diviseur. Il n'en est pas moins vrai que la recherche du commun diviseur n'est pas une opération arithmétique courante ; et si l'on ne connaissait d'autre procédé de répartition que ce procédé de tâtonnement, il faudrait renoncer à appliquer la théorie du commun diviseur, car il serait impossible de constituer les bureaux de dépouillement.

Aussi est-ce M. d'Hondt lui-même qui exposa, le 9 août 1885, à la Conférence internationale d'Anvers, un autre procédé dit procédé théorique, qui est encore aujourd'hui le procédé le plus parfait que l'on connaisse pour trouver le commun diviseur. Voici son énoncé : on divise les chiffres électoraux des partis par 1, 2, 3, 4, 5... ; on compare les résultats obtenus et on les range suivant leur importance ; le quotient qui occupe le rang correspondant au nombre des sièges fournit le diviseur cherché.

Soit trois partis : A de 8,145 voix, B de 5,680 voix, et C de 3,725 voix. Divisons successivement ces chiffres par 1, 2, 3, 4, 5...

	A	B	C
Division par 1 :	8,145	5,680	3,725
— 2 :	4,072	2,840	1,862
— 3 :	2,715	1,893	
— 4 :	2,038		

Disposons maintenant ces nombres d'après l'ordre de leur importance :

	A	B	C
1	A — 8,145	B —	C —
2		5,680	
3	4,072		
4			3,725
5		2,848	
6	2,715		
7	2.038		
8		1,893	

Il y a sept sièges à distribuer. De ces divers quotients, le nombre 2,038 est le septième dans l'ordre d'importance : c'est lui qui est le commun diviseur. Remarquons que le quotient 1,893 étant le huitième serait commun diviseur pour huit sièges, mais que tout diviseur supérieur ne produirait plus une somme de quotients égale à 8 : en d'autres termes, tout nombre compris entre 1,893 et 2,039 est commun diviseur pour sept sièges.

L'exactitude de ce procédé se démontre au moyen des constructions graphiques de M. Hagenbach-Bischoff dont nous nous sommes déjà servi plus haut (1). Nous avons dit que sont élus les n candidats dont les points correspondent aux n angles de rotation les plus petits. Or à un angle plus petit correspond une cotangente plus grande. Nous pouvons donc dire que les n candidats sont élus auxquels correspondent les n angles de rotation les plus petits ou les n cotangentes les plus grandes. Géométriquement on calcule les plus petits angles de rotation jusqu'au n^{me}; avec son procédé théorique, M. d'Hondt calcule jusqu'à la n^{me} les plus grandes cotangentes. Les nombres disposés par ordre d'importance ne sont autre chose que les cotangentes des angles dont il faut tourner la droite mobile pour que les points qui désignent les candidats soient dépassés par elle. C'est pourquoi l'ordre dans lequel ces nombres sont disposés est le même que celui dans lequel les points sont dépassés par la droite mobile.

Le procédé théorique est absolument sûr, très simple et facilement compréhensible. Mais il devient long si le nombre n est considérable. On a donc cherché à le simplifier et à y substituer un procédé pratique. Deux de ces procédés ont une réelle valeur.

L'un est de M. Hagenbach-Bischoff. Il consiste à diviser le total des suffrages par le nombre des candidats plus un : le nombre entier qui suit le quotient est le diviseur cherché. Soit 15,000 votants et 15 candidats. $\frac{15{,}000}{15+1} = 937$. 938 (937 + 1) est le commun diviseur. Formule : $\left(\frac{s}{c+1}\right) + 1$. Ce procédé dans des cas extrèmement rares donne plus de

---

(1) Cf. *supra* p. 318 et seq.

représentants qu'il n'en est demandé. Il peut également — et plus fréquemment — ne pas aboutir à la répartition de tous les sièges et en laisser quelques-uns vacants. M. Hagenbach-Bischoff a déterminé pour cette dernière hypothèse le maximum d'erreur possible : si L est le nombre de listes, il ne saurait y avoir plus de $L - 2$ sièges libres. Il a calculé en outre par les probabilités qu'avec 3 listes, dans 1/2 des cas il n'y a point de siège libre et dans 1/2 des cas un siège libre ; avec 4 listes, point de siège libre dans 1/6 des cas, dans 4/6 des cas un, et dans 1/6 des cas deux sièges libres ; avec 5 listes, dans 1/24 des cas point de siège libre, dans 11/24 des cas un, dans 11/24 des cas deux et dans 1/24 des cas trois sièges libres (1). Que le commun diviseur trouvé soit trop fort ou trop faible, il est très facile de déterminer par tâtonnement le véritable commun diviseur, en diminuant ou en augmentant le diviseur trouvé d'une quantité nécessaire.

Suivant un autre procédé, on divise le total des suffrages par le nombre des candidats plus la moitié du nombre des listes, et on ajoute une unité au quotient. Soit 15,000 votants, 15 candidats et 5 listes. $\frac{15,000}{15+2,5} = 857$. 858 (857 + 1) est le commun diviseur. Formule : $\left(\frac{S}{C+\frac{L}{2}}\right) + 1$. On diminue ainsi les chances d'avoir des sièges complémentaires, on augmente celles d'avoir des sièges excédants. Ce second procédé paraît donc supérieur au procédé Hagenbach-Bischoff, dans lequel au contraire les sièges excédants sont bien plus rares que les sièges complémentaires.

---

(1) *R. P.*, Bruxelles, 1890, p. 167.

D'autres procédés pratiques ont été mis en avant. Diviser le total des suffrages par le nombre des candidats augmenté du nombre des listes moins un, et ajouter une unité au quotient ; déduire ensuite les sièges excédants des plus faibles fractions. Calculer le commun diviseur par le procédé de M. Hagenbach-Bischoff, puis attribuer les sièges complémentaires aux plus fortes fractions. Procéder par le quotient électoral ; multiplier alors les suffrages excédants de chaque liste par le nombre de sièges qui lui ont été attribués, et répartir les sièges complémentaires sur la base des chiffres ainsi obtenus. J'en passe.

A vouloir simplifier la recherche du commun diviseur, il ne faut pas cependant lui faire perdre sa valeur propre : et c'est ce qui arrive si un procédé conduit à une répartition de sièges complémentaires. C'est pourquoi je rejetterai en bloc tous les procédés pratiques : observant toutefois que le procédé de M. Hagenbach-Bischoff est appliqué au Tessin et à Soleure où il donne d'excellents résultats. Et, comme j'ai déjà mis de côté les procédés mécaniques et le procédé de tâtonnement, c'est dire que toutes mes préférences vont au procédé théorique de M. d'Hondt. La question ne se pose pas au point de vue théorique : sa supériorité est indiscutable et indiscutée. A mes yeux ce serait un motif suffisant pour l'adopter : mieux vaudrait quelque complication et quelque longueur dans les calculs qu'une répartition inexacte. J'estime d'ailleurs que l'on a grandement exagéré les difficultés pratiques de ce procédé. Il serait long à appliquer s'il y avait un très grand nombre de représentants à élire, et ceci est vrai. Mais en fait les circonscriptions électorales ne comptent guère plus de 10, 12, 15 représentants : c'est-à-dire que, dans chaque collège, un bureau unique — le bureau central — aurait à faire 15 ou 20 divisions. On ne doit pas rejeter pour quelques calculs aussi peu nombreux et aussi simples le meilleur mode connu de trouver le commun diviseur. C'est ce qu'ont parfaitement compris les Belges, qui ont adopté le procédé théorique de M. d'Hondt dans la loi municipale du 12 septembre 1895.

D. *Objections contre le commun diviseur.* — Il nous reste à réfuter les objections que l'on a adressées à la théorie du commun diviseur. Elles sont au nombre de trois. On lui reproche : de donner des résultats antiproportionnels, de reposer sur une base inexacte et d'être par nature impopulaire.

Première objection. Le commun diviseur ne réalise pas une proportionnalité parfaite : il peut même donner la majorité dans un corps élu à un parti qui ne la possède pas dans le corps électoral.

Il est parfaitement vrai que le commun diviseur présente une cause d'erreur : puisque l'on fait les calculs en négligeant les fractions, ces fractions sont inutilisées, c'est-à-dire que les électeurs auxquels elles correspondent ne sont pas représentés et que leurs votes sont inefficaces. Or on peut déterminer avec précision quel est le maximum de cette cause d'erreur. On a calculé que pour la Belgique, étant donnée la distribution actuelle des circonscriptions électorales, il pouvait y avoir 5,92/00 du corps électoral non représentés. Si donc l'on suppose que le maximum possible de votes perdus soit perdu, et que ces voix inutilisées le soient dans tous les collèges au préjudice du même parti, une hypothèse peut se présenter : un parti, constituant plus de 47,04/00 du corps électoral et n'ayant aucun vote inefficace, pourra l'emporter sur celui qui représente environ les 52,96/00 du corps électoral, mais qui a 5,92/00 de votes perdus. Faisons le même calcul en ce qui concerne le système majoritaire actuel, nous trouverons qu'un parti comptant les 75/00 des électeurs peut être mis en minorité par un parti ne comptant que les 25/00. Les proportionnalistes belges ont aussi démontré que, si la Belgique formait un collège unique, le système majoritaire actuel permettrait la perte de 759,999 votes sur 1,520,000, et le commun diviseur seulement la perte de 9,934 (1). Ces comparaisons tendent à prouver que si le commun diviseur ne réalise pas la proportionnalité absolue, il assure le maximum possible de représentation et réduit au minimum possible les causes d'erreur.

Et c'est bien là en effet l'appréciation exacte qu'il convient de porter sur le commun diviseur. Il n'est point parfait : encore convient-il de remarquer qu'en mettant les choses au pire il assurera toujours l'exacte représentation des 94,08/00 du corps électoral ; et qu'il ne convient pas de s'arrêter à l'hypothèse d'une minorité des électeurs obtenant la majorité dans le corps élu, tant est invraisemblable le concours de circonstances qui est nécessaire pour sa réalisation. Mais, si le commun diviseur n'est point absolument parfait, il est relativement parfait, car on ne connaît pas de système électoral donnant ni de meilleurs ni d'aussi bons résultats.

Ce point a été mathématiquement démontré par M. Mansion, professeur à l'Université de Gand. Voici son exposé :

« Théorème : dans le système d'Hondt de représenta-
» tion proportionnelle le nombre des suffrages dits ineffi-
» caces est minimum.

» Démonstration algébrique. Soit n sièges à répartir

---

(1) *R. P.*, Bruxelles, 1895, p. 30, 31 et 44, 45.

» entre quatre partis qui ont obtenu respectivement, les
» catholiques P suffrages, les libéraux Q, les radicaux R,
» les socialistes S, en tout N suffrages. Soit D un diviseur
» de P, Q, R ou S, de S par exemple, et

$$P = (p+a)\, D, \quad Q = (q+b)\, D, \quad R = (r+c)\, D, \quad S = sd$$

» p, q, r, s étant des nombres entiers tels que

$$p + q + r + s = n$$

» et a, b, c des fractions. D est le mètre électoral du sys-
» tème d'Hondt : il est le plus grand de tous ceux qu'il
» est possible de choisir parmi les diviseurs qui donnent
» des quotients entiers dont la somme est au moins égale
» à n. Les catholiques auront p sièges, les libéraux q, les
» radicaux r, les socialistes s, absolument comme si le
» nombre des suffrages émis eût été pour ces quatre partis
» respectivement

$$pD, \quad qD, \quad rD, \quad sD.$$

» Le nombre des suffrages efficaces est donc

$$pD + qD + rD + sD = (p + q + r + s)\, D = nD$$

» et celui des suffrages inefficaces

$$N - nD.$$

» Comme D est le plus grand possible dans le système
» d'Hondt, le nombre nD des suffrages efficaces est le plus
» grand possible, et par suite le nombre $N - nD$ des suf-
» frages inefficaces le plus petit possible (1). »

M. Mansion passe ensuite à une démonstration non algébrique. Il suppose une élection qui a compté 121,000 votants, et il calcule quels seraient les résultats avec les
différents systèmes électoraux : aux deux termes du rai-

____

(1) *R. P.*, Bruxelles, 1895, p. 46, 47.

sonnement il trouve le système majoritaire avec 61,600 suffrages efficaces et 59,400 suffrages inefficaces, et le commun diviseur avec 110,000 suffrages efficaces et 11,000 suffrages inefficaces. Et il conclut : « En général, dans tout
» système, le nombre des votes efficaces est égal au nom-
» bre de députés multiplié par le nombre de suffrages qui
» dans ce système donne droit à un député. Comme ce
» nombre de suffrages donnant droit à un député est plus
» grand dans le système d'Hondt que dans tout autre,
» le nombre des votes efficaces y est le plus grand pos-
» sible (1). »

La supériorité du système d'Hondt sur tout autre système de répartition est donc indiscutable. Je donnerai d'ailleurs au témoignage de M. Mansion toute sa valeur, en disant qu'il émane d'un homme qui est tout à la fois un mathématicien distingué et un adversaire déclaré de la représentation proportionnelle.

Deuxième objection. Le commun diviseur est un procédé inexact de répartition. La règle de trois seule est une base mathématiquement certaine, et par suite on ne saurait adopter d'autre procédé de répartition que le quotient. Les partisans du quotient ont ainsi l'air de croire que le quotient et le commun diviseur sont des procédés contradictoires reposant sur des principes différents : il n'en est rien. Et nous allons démontrer comment ils se rattachent l'un à l'autre.

Soit 5 sièges à répartir entre deux groupes de 3,000 et 2,000 votants. Appliquons la règle de trois. Nous avons le quotient pour mètre électoral, et nous donnons 3 sièges au premier groupe, 2 au second, ce qui est parfaitement exact.

_____

(1) *R. P.*, Bruxelles, 1895, p. 49, 50.

Mais si les chiffres électoraux des listes ne sont plus des multiples exacts du quotient, les divisions ne se font pas sans restes : il y a des fractions. A qui attribuer les sièges non pourvus ? Remarquons, comme nous l'avons dit plus haut, que l'application de la règle de trois et l'emploi du quotient ne soulèvent pas de difficultés lorsqu'il s'agit de répartir des quantités divisibles à l'infini : ces quantités se fractionnent proportionnellement à l'importance des fractions. Mais en matière électorale il s'agit de quantités indivisibles ou plus exactement divisibles jusqu'à l'unité : ce sont les sièges et les députés. Ne pouvant les fractionner, il semble tout simple de les attribuer aux plus fortes fractions. Ne sont-ce pas elles qui se rapprochent le plus de l'unité et qui y tendent le plus ? C'est ici que gît le vice du raisonnement.

Nous l'avons déjà indiqué en reproduisant les démonstrations de M. Hagenbach-Bischoff (1) : les partis sont de forces différentes et marchent au but avec des vitesses différentes. Et M. Hagenbach-Bischoff éclairait cette affirmation d'un exemple saisissant. Si trois tireurs ont fait respectivement 190, 50 et 45 cartons, et ainsi gagné 10 prix attribués par avance à raison de un pour 25 cartons, à qui donner le onzième ? Au troisième, diront les partisans du quotient, car il a 20 cartons inutilisés, le deuxième point et le premier 15. Erreur : le onzième prix revient au premier. Il faut réduire à l'unité les écarts absolus (15, 0, 20) pour obtenir les écarts relatifs (0,05 ; 0,5 ; 0,11). Et n'est-il pas évident que le premier tireur, qui est quatre fois plus habile, aura plus vite fait les 10 cartons qui lui manquent que le troisième les 5 dont il a besoin ?

---

(1) Cf. *supra* p. 311 et seq.

Il faut raisonner de même en matière électorale. Soit 112 sièges à répartir entre trois partis ayant obtenu respectivement 39,276, 27,501 et 45,223 voix. Si nous supposons trois cantons de 39,276, 27,501 et 45,223 habitants chargés de fournir un contingent de 112 soldats, le problème reste identique. Or sous cette dernière forme il a été traité par M. l'abbé E. Gelin, professeur de mathématiques supérieures, dont voici la solution : « Si l'on » partage le nombre 112 en parties proportionnelles aux » nombres d'habitants des trois cantons, on trouve :

> » Pour le premier canton . . . 39,276
> » Pour le deuxième canton . . 27,501
> » Pour le troisième canton . . 45,223.

» La répartition ne pouvant être faite qu'en nombres en-
» tiers, on demandera au premier canton 39 hommes, au
» deuxième 27, au troisième 45, en tout 111 hommes, et
» il restera un homme à demander en plus à l'un des trois
» cantons. Si l'on attribue cet homme de plus au premier
» canton, l'augmentation éprouvée par ce canton sera de
» 0,724, et l'augmentation éprouvée par chacun de ses
» habitants sera

$$0,724 : 36,914 = 0,0000196.$$

» Si on l'attribue au deuxième canton, l'augmentation
» éprouvée par ce canton sera 0,499, et l'augmentation
» éprouvée par chacun de ses habitants sera

$$0,499 : 25,847 = 0,000193.$$

» Enfin, si on l'attribue au troisième canton, l'augmenta-
» tion éprouvée par ce canton sera 0,777, et l'augmenta-
» tion éprouvée par chacun de ses habitants sera

$$0,777 : 42,503 = 0,0000183.$$

» L'augmentation relative la plus petite est pour les ha-
» bitants du troisième canton. On demandera donc 39
» hommes au premier canton, 27 au deuxième et 46 au
» troisième (1). » M. l'abbé E. Gelin a déclaré avoir
trouvé cette solution chez M. C. de Comberousse, ingénieur civil et professeur de mathématiques spéciales au
collège Chaptal, au Conservatoire des arts et métiers et à
l'Ecole centrale, lequel dit : « Il semblerait au premier
» abord que l'on doit choisir le canton pour lequel la
» partie décimale négligée (c'est-à-dire la fraction) est la
» plus considérable. Mais on ne tiendrait pas compte ainsi
» du nombre des habitants. Il faut chercher l'augmenta-
» tion absolue que subit le résultat trouvé lorsqu'on prend
» pour chaque canton un soldat de plus, et la comparer
» au nombre d'habitants du canton. Le canton pour
» lequel on trouvera ainsi le plus petit quotient devra évi-
» demment fournir un soldat de plus (2). » Ajoutons que
cette théorie, soumise à l'approbation de mathématiciens
de haute valeur, a été par eux approuvée sans réserves (3).

Lorsqu'il s'agit de répartir des quantités indivisibles et
lorsque ces quantités ne sont point des multiples du quotient, il y a des parties décimales négligées, des fractions.
La science nous apprend que l'on ne saurait attribuer aux
plus fortes fractions les quantités non réparties : il faut

---

(1) *Traité d'arithmétique élémentaire à l'usage des élèves des cours
professionnels, des candidats aux écoles spéciales des Universités et à
l'Ecole militaire de Bruxelles*, 3ᵉ édit., Bruxelles, 1890, p. 340.

(2) *Cours de mathématiques*, 2ᵉ édit., t. I, Arithmétique et algèbre
élémentaire, Paris, 1876.

(3) Citons entre autres : M. Mansion, professeur à l'Université de Gand ;
M. Gilbert, professeur à l'Université de Louvain ; M. Verbelst, professeur
à l'Athénée de Bruxelles ; M. Germaal, professeur à l'Athénée royal de
Chimay ; M. Vuibert, directeur du *Journal de mathématiques élémen-
taires* de Paris.

réduire à la même unité ces fractions qui représentent les écarts absolus, déterminer ainsi les écarts relatifs, et procéder à la répartition complémentaire d'après ces écarts relatifs. Or le commun diviseur conduit au même résultat. Dans l'exemple choisi, avec le diviseur 983, on obtient d'emblée 39,27 et 46. Le commun diviseur n'est donc qu'une application de la règle de trois : au lieu de recourir à cette réduction à l'unité qui est compliquée, on détermine le commun diviseur et le but est atteint.

Le quotient et le commun diviseur sont l'un et l'autre des procédés d'application de la règle de trois. Le quotient est employé lorsqu'il s'agit de répartir des quantités divisibles. Si ce sont des quantités indivisibles, le quotient ne peut servir que si ces quantités lui sont identiques ou en sont des multiples exacts : mais c'est là une hypothèse toute théorique, et en pratique il y a des fractions. Or on ne peut attribuer aux plus fortes de ces fractions les quantités non réparties, il faut faire le calcul de réduction de ces fractions à l'unité. Mais ce calcul est compliqué. Et l'on arrive au même résultat plus rapidement et aussi sûrement par le commun diviseur. C'est pourquoi il faut limiter l'emploi du quotient à la répartition des quantités divisibles et se servir du commun diviseur pour la répartition des quantités indivisibles. L'exactitude de ce dernier procédé ne saurait donc être contestée par ceux — et ils sont tout le monde — qui reconnaissent l'exactitude de la règle de trois. Pour répartir des quantités indivisibles on ne peut se servir ni du quotient pur qui est insuffisant, ni du quotient avec fractions forcées qui est inexact. Il faut user du quotient avec réduction des fractions à l'unité, ou de préférence du commun diviseur qui n'est autre que ce procédé facilité et simplifié.

Troisième objection. La règle de trois et le quotient sont des notions faciles à saisir ; le commun diviseur est abstrait et scientifique. Il ne sera jamais compris de la foule, et, toujours impopulaire, sera toujours inapplicable.

Remarquons tout d'abord qu'il ne saurait être question d'adopter le quotient avec fractions forcées : si c'est un procédé facile à saisir, c'est un procédé inexact. Or la loi ne doit jamais sanctionner que la vérité, lors même que le peuple ne la perçoit pas. Et tel est bien l'avis de ceux qui soulèvent cette objection, car ce sont des proportionnalistes. Mais, la répartition devant être faite conformément aux résultats donnés par le commun diviseur, il y a trois moyens d'arriver à ces résultats : ou bien appliquer le quotient, puis réduire les fractions à l'unité ; ou bien calculer directement le commun diviseur par un procédé *ad hoc ;* ou bien appliquer le quotient, puis répartir les sièges non attribués en se servant du commun diviseur. Il ne saurait être question du premier moyen : très abstrait comme démonstration théorique, très dur dans la pratique, il est inapplicable. C'est donc le troisième qui est proposé.

C'est un procédé exact, mais long. Il faut se servir d'abord du quotient ; calculer ensuite le commun diviseur ; répartir enfin les sièges non pourvus en se conformant aux résultats que donnerait le commun diviseur. Je n'aurai garde cependant de le critiquer, s'il est vrai que le peuple soit très accessible à la notion du quotient et que l'on puisse par ce détour faire adopter la représentation proportionnelle. J'ai pourtant quelque lieu de croire que le commun diviseur pur serait tout aussi facilement admis : il fonctionne à Soleure, au Tessin, en Belgique, il y est compris et il n'y est pas impopulaire.

V. — Conclusions.

Nous n'avons pu étudier le système de la concurrence des listes sans entrer dans quelques développements. Le nombre des problèmes ainsi posés, la variété des systèmes imaginés pour les résoudre, l'ampleur et la précision scientifique des discussions pourraient faire supposer que le système de la concurrence des listes est un système touffu, savant et compliqué. Il importe de dissiper cette impression, car elle est fausse.

La théorie de la concurrence des listes n'atteint pas à la perfection absolue, mais elle est la perfection relative : de toutes les théories émises en matière de représentation, elle est la plus parfaite. En d'autres termes, un système de concurrence des listes, basé sur les plus imparfaits des procédés d'application et de répartition, et se contentant des pires solutions pour toutes les questions de détail, est un meilleur système électoral, non seulement que le système majoritaire, mais encore que tout autre système minoritaire ou proportionnel.

Aussi, lorsque MM. Victor Considérant et Hoffmann émirent pour la première fois et sous une forme tout particulièrement défectueuse un système de concurrence des listes, les proportionnalistes ne manquèrent pas de constater toutes ses imperfections. Mais en même temps ils surent s'élever à la théorie d'où procédait ce système. Et, frappés de sa supériorité, ils comprirent qu'ils n'avaient pas à édifier d'autre théorie pour baser le système électoral qu'ils rêvaient, et qu'ils n'entrevoyaient encore que confusément. Ils prirent donc successivement et une à une toutes les faces de la question, cherchant pour chacune d'elles quel procédé en assurerait la plus parfaite réglementation : de là la multiplicité des procédés d'application et de répartition, et la recherche minutieuse de la meilleure solution possible pour tous les points de détail.

Mais, et je répète ici une observation que j'ai déjà faite en abordant l'étude de la concurrence des listes, ces procédés ne sont pas des conceptions de nature opposée, propres à soulever entre les réformistes des contestations graves : ce sont des discussions pacifiques entre des hommes qui veulent arriver au même but et qui cherchent la voie la meilleure pour y parvenir. Tous les systèmes basés sur la concurrence des listes sont justes et proportionnels : d'aucuns pourraient en conclure que leur diversité ne présente qu'un intérêt secondaire. J'estime pour ma part que, la théorie de la concurrence des listes utilisant tous les suffrages dans la limite du possible, il n'est pas indifférent cependant de reculer cette limite autant que faire se peut et de chercher à atteindre cette perfection relative qui est l'absolu des œuvres humaines.

Or, pour combiner un système basé sur la concurrence des listes, il suffit de prendre un à un les points que nous avons étudiés et d'adopter pour chacun d'eux une des solutions proposées. Et si nous choisissons chaque fois la solution la meilleure, nous aurons réalisé pour la théorie la plus parfaite en matière de représentation le système électoral qui la met le mieux en valeur, c'est-à-dire le système électoral le plus parfait. Il en serait ainsi, à mon avis, si l'on choisissait d'abord les procédés d'application et de répartition de M. d'Hondt, le double vote simultané avec panachage et le commun diviseur, celui-ci déterminé par le procédé théorique ; puis si l'on résolvait les questions de détail dans le même esprit de perfection, ainsi le cas des élections partielles par l'adoption du procédé des suppléants et du procédé Dumont pour l'hypothèse où les suppléants feraient défaut, et de même pour les autres. On aurait de la sorte un système échappant à toute critique faite de bonne foi, et en même temps un système simple, d'une démonstration aisée, d'une pratique facile, propre en un mot à être adopté par les masses électorales actuelles.

Plus tard on pourrait faire de ce système un instrument plus souple et plus précis en le combinant, d'une part avec le procédé des listes associées que nous avons déjà étudié, d'autre part avec un mode de vote préférentiel — théorie dont il nous reste à parler.

VI. — Texte des lois appliquant le système de la concurrence des listes.

République Argentine. Buenos-Ayres. L. du 23 octobre 1876.

« Art. 57. — Pour déterminer quels sont les députés et sénateurs élus, on procédera de la façon suivante :

» 1° Le nombre des suffrages exprimés dans chaque section sera divisé par le nombre des députés et sénateurs à élire pour former le quotient électoral.

» 2° Si un ou plusieurs candidats figurent sur plusieurs bulletins avec un nombre de votes égal ou supérieur au quotient électoral, ces candidats seront proclamés élus, et l'on déduira de chaque bulletin un nombre de votes proportionnel à celui qu'auront obtenu les candidats réunissant ledit quotient électoral.

» 3° La déduction ci-dessus ayant été opérée, le reste des votes émis en faveur de chaque liste sera divisé par le quotient électoral obtenu à la suite de l'opération décrite au § 1er.

» Le résultat de cette opération déterminera le nombre des

candidats de chaque liste qui formeront la représentation de la section.

» Art. 58. — Seront proclamés élus les candidats de chaque liste qui auront obtenu le plus grand nombre de suffrages jusqu'à concurrence du nombre de nominations attribué à cette liste.

» Entre les candidats qui obtiendront un chiffre égal de suffrages, il sera procédé à un tirage au sort jusqu'à ce que l'on ait complété la représentation correspondant à la même liste.

» .....Art. 60. — Si une ou plusieurs listes possèdent un excédent de suffrages insuffisant pour leur donner une part entière de représentation, le plus fort excédent sera considéré comme égal au quotient, et l'on proclamera élu pour compléter la députation le candidat à qui cet excédent revient, selon qu'il a été dit aux articles ci-dessus.

» Art. 61. — S'il y a deux ou plusieurs excédents de votes égaux, sera proclamé élu le candidat du parti qui aura obtenu la plus petite part de représentation dans l'opération principale. »

Serbie. Constitution du 22 décembre 1888.

« Art. 93. — .....Chaque liste doit porter autant de candidats qu'il y a de députés à nommer dans l'okroug ou la ville intéressé. La liste portera le nom du candidat inscrit en tête. Chaque liste aura son urne spéciale en tout endroit où le vote a lieu.

» Le chiffre total des électeurs qui ont voté, divisé par le nombre des députés que doit choisir le corps électoral intéressé, donne le quotient électoral, d'après lequel on détermine le nombre de candidats élus à prendre dans chaque liste. Chaque liste reçoit autant de sièges qu'elle réunit de fois le quotient électoral.

» Le quotient sera décerné tout d'abord au candidat inscrit en tête de la liste, et ensuite aux autres candidats suivant l'ordre d'inscription jusqu'à ce que le nombre des suffrages obtenus par cette liste soit épuisé.

» S'il reste des sièges de députés pour lesquels aucune liste n'a réuni un nombre de voix égal au quotient, ces sièges seront répartis entre les listes disposant du chiffre le plus proche du quotient, jusqu'à ce qu'on obtienne le nombre complet de députés. En cas d'égalité de voix entre deux ou plusieurs listes, le tirage au sort décide à quelle liste le siège en cause sera attribué. »

Tessin. L. de novembre 1890.

Election de la Constituante.

Tessin. L. du 22 mai 1891.

Elections municipales.

Neuchâtel. L. du 28 octobre 1891.

« Art. 44. — L'électeur a le droit de modifier les listes imprimées. Il a encore le droit de voter pour une liste incomplète de candidats et d'attribuer collectivement à un parti ou groupe les suffrages non exprimés nominativement, pour qu'ils augmentent à titre de suffrages de liste la part de représentation proportionnelle de ce parti. Dans ce cas la volonté de l'électeur doit se marquer par la mention, écrite ou imprimée, portée sur la liste incomplète après le nom des candidats, que : « Les suffrages non exprimés nominativement sont attribués à la liste X. »

» .....Art. 52. — L'électeur dispose d'autant de suffrages qu'il y a de députés à élire.

» .....Lorsque les bulletins contiennent plus de noms, ceux qui sont inscrits au delà du nombre de députés à élire ne sont pas comptés.

» Lorsque les bulletins contiennent moins de noms, les suffrages dont l'électeur pouvait disposer, et qu'il n'a pas donnés à des candidats nominativement désignés, comptent comme suffrages de liste pour le parti qui a le droit d'en bénéficier, si le bulletin porte, conformément à l'art. 44, une mention d'attribution à une liste ; mais si le bulletin ne porte pas cette mention, les suffrages non exprimés nominativement sont nuls.

» .....Art. 59. — Les collèges électoraux institués à teneur de la présente loi peuvent nommer des députés suppléants au Grand Conseil jusqu'à concurrence de la moitié du nombre des députés.

» Les candidats suppléants sont proclamés députés si le scrutin attribue à leur parti plus de sièges qu'il n'a présenté de candidats députés, ou sont désignés en qualité de remplaçants éventuels à la suite des candidats députés non élus, pour les cas de vacances de sièges, comme il est prévu à l'art. 64.

» L'élection des suppléants se fait par le même bulletin de vote que celle des députés, mais elle forme une opération électorale distincte, qui donne lieu à un dépouillement spécial dans lequel on considère le bulletin du double vote comme deux bulletins séparés.

» .....Art. 61. — Les listes sont formées par les partis politiques ou groupes d'électeurs.

» .....Les partis ont la faculté d'élaborer des listes communes à condition de désigner distinctement les candidats de chaque parti.

» .....Art. 64. — .....Les opérations se font dans l'ordre suivant :

» 1. La Commission commence par constater dans un tableau de la votation le nombre total des suffrages que chaque liste a obtenus dans le collège : ce nombre total forme le chiffre électoral de la liste.

» Aucun candidat n'est élu s'il n'a réuni un nombre soit *quorum* de suffrages égal au quinze pour cent au moins des bulletins de vote reconnus valables.

» Toute liste dont aucun des candidats n'atteindrait à ce quotient est éliminée de la répartition. Les suffrages recueillis par cette liste sont réputés non exprimés et la répartition se fait après entre les autres listes, sans que le *quorum* fixé à l'alinéa précédent soit modifié.

» Les suffrages donnés à un candidat porté sur plusieurs listes comptent en totalité pour la liste en faveur de laquelle il aura opté.

» .....A défaut d'option, tous les suffrages réunis sur une candidature commune sont attribués à la liste qui possède, parmi les listes portant cette candidature, le plus fort chiffre électoral, ce chiffre étant calculé sans compter les suffrages recueillis par tout candidat commun à cette liste et à une autre liste.

» 2. La répartition se continue en divisant le chiffre total des suffrages valablement exprimés par le nombre des députés à élire. Le chiffre électoral de chaque liste est ensuite divisé par le quotient obtenu. Cette opération donne le nombre des députés attribués à la liste.

» La répartition peut encore se faire en multipliant le chiffre électoral de chaque liste par le nombre des députés à élire et en divisant le produit par le chiffre total des suffrages valablement exprimés.

» Si le calcul donne des fractions, la liste qui a le plus fort chiffre électoral a droit au complément de députation. Si ce complément est de plus d'un siège, les sièges sont répartis aux listes qui ont le plus fort chiffre électoral, dans l'ordre de leur force numérique.

» 3. La commission procède à la proclamation des députés en déclarant élus pour chacun des groupes jusqu'à concurrence du nombre de sièges attribués par la répartition, les candidats qui ont le plus grand nombre de voix dans la liste.

» Ceux qui réunissent le même nombre de voix sont proclamés députés dans l'ordre où leur groupe les a placés en liste.

» 4. Les candidats députés non élus, et à leur suite les candidats suppléants qui ont, les uns et les autres, le *quorum* exigé pour l'élection et en même temps le plus grand nombre de suffrages dans leur liste respective, sont inscrits à la commission à son procès-verbal à l'effet de pourvoir aux cas de remplacement. »

Tessin. L. du 24 novembre 1891.

Elections législatives.

Genève. L. du 3 septembre 1892.

« Art. 2. — Les listes sont formées par les partis politiques ou groupes d'électeurs.

» .....Art. 4. — Un candidat peut figurer sur plusieurs listes, mais il doit préalablement opter pour l'une d'elles. Il est alors attribué à la liste qu'il a choisie avec les suffrages qui lui sont donnés.

» .....Art. 6. — L'électeur dispose d'autant de suffrages qu'il y a de députés à élire.

.» Il a le droit de déposer dans l'urne une liste manuscrite, de modifier les listes imprimées et de voter pour une liste incomplète de candidats.

» Si un bulletin contient plus de noms qu'il n'y a de députés à élire, les derniers noms ne comptent pas.

» .....Art. 8. — Les suffrages donnés aux candidats comptent individuellement à ces candidats ainsi qu'à la liste officielle sur laquelle ils figurent.

» .....Art. 12. — .....Le bureau établit le chiffre électoral de chaque liste en faisant l'addition de tous les suffrages nominatifs ou de liste qu'elle a obtenus.

» La somme de tous les suffrages obtenus par les différentes listes, divisée par le nombre des députés à élire, constitue le quotient électoral.

» Chaque liste obtient autant de représentants que son chiffre électoral renferme de fois ledit quotient.

» Si le calcul de répartition laisse la députation incomplète, les députés restant à élire sont attribués aux listes ayant les plus fortes fractions.

» Art. 13. — Lorsque le nombre de députés auquel chaque groupe a droit est connu, les candidats de ce groupe qui ont réuni le plus grand nombre de suffrages sont proclamés élus.

» S'il y a égalité de suffrages entre plusieurs candidats d'une même liste, le candidat le plus âgé est élu.

» ..... Art. 16. — Les candidats non élus de chaque liste sont inscrits au procès-verbal dans l'ordre du chiffre de leurs suffrages, à l'effet de pourvoir aux cas de remplacement.

» .....Art. 20. — Lorsque..... il y a vacance d'un ou de plusieurs sièges par suite d'option, d'invalidation, de non-acceptation, de démission ou de décès, le ou les candidats, qui ont obtenu à l'élection générale le plus de suffrages après le dernier élu de la liste où la vacance s'est produite, sont élus en remplacement. »

Tessin. LL. du 2 décembre 1892.

Elections politiques. — Elections judiciaires.

« Art. 3. — Chaque groupe dresse la liste de ses candidats.

» .....Art. 5. — Un candidat ne peut être porté sur plus d'une liste. Si un candidat est porté sur plus d'une liste, le commissaire l'invite immédiatement à opter pour l'une d'elles ; à défaut d'option il déterminera par le tirage au sort sur quelle liste le candidat doit figurer.

» .....Art. 6. — Chaque groupe établit la dénomination de sa liste. Cette dénomination devient propriété du groupe, et aucun autre groupe n'a le droit de s'en servir dans le même arrondissement tant que le groupe lui-même n'y a pas renoncé.

» .....Art. 10. — La votation faite, le bureau procède au dépouillement des bulletins en les prenant l'un après l'autre de l'urne et en lisant à haute voix l'indication du groupe et les noms portés par chacun d'eux.

» Art. 11. — Chaque électeur dispose d'autant de suffrages qu'il y a de députés à élire dans l'arrondissement respectif.

» Il est libre de voter pour des candidats de groupes différents.

» Si un électeur vote pour un nombre de candidats inférieur à celui des députés à élire, les suffrages non exprimés sont attribués à la liste qu'il a choisie. Il est défendu de donner plusieurs suffrages au même candidat.

» .....Art. 18. — La somme totale des suffrages obtenus par les divers groupes, divisée par le nombre des députés à élire plus un, donne le quotient électoral. Si ladite somme n'est pas exactement divisible par le nombre des députés à élire, il n'est pas tenu compte de la fraction.

» Art. 19. — Lorsque le quotient électoral est fixé, le bureau détermine, en se basant sur celui-ci, le nombre de députés qui revient à chaque groupe. Chaque groupe a droit à autant de députés que le nombre des suffrages qu'il a obtenus contient de fois le quotient électoral.

» Les députés restant à élire après cette division sont attribués, un pour chacun, aux groupes qui ont obtenu au moins le quotient et les plus forts chiffres de suffrages.

» Art. 20. — Après la répartition des députés aux groupes, le bureau procède à la récapitulation des suffrages donnés à chaque candidat, et proclame élus pour chaque groupe ceux qui ont obtenu le plus grand nombre de suffrages.

» .....Art. 21. — Lorsqu'un siège de député devient vacant par suite de décès, de démission ou d'autres causes, ce siège est remplacé par le candidat du groupe auquel appartient le siège vacant et qui a obtenu le plus grand nombre de suffrages après ceux du même groupe qui ont été élus.

» .....Si la liste du groupe est épuisée, on procède au remplacement par une nouvelle élection. »

Fribourg. L. du 19 mai 1894.

« Art. 48. — Les listes sont formées par les partis politiques ou groupes d'électeurs.

» .....Art. 49. — Chaque groupe fixe la dénomination de sa liste en la déposant au secrétariat communal. Cette dénomination ainsi arrêtée devient dans la commune la propriété exclusive du groupe.

» Aussi longtemps qu'il ne la change pas, aucun autre groupe n'a le droit de s'en servir.

» .....Art. 51. — Si un candidat est porté sur plusieurs listes, il doit préalablement opter pour l'une d'elles. Il est alors attribué à la liste qu'il a choisie, avec les suffrages qui lui sont donnés.

» .....Art. 53. — L'électeur dispose d'autant de suffrages qu'il y a de conseillers communaux à élire. Il a le droit de déposer dans l'urne une liste manuscrite ou imprimée, de modifier les listes officielles et de voter pour une liste incomplète de candidats.

» Lorsqu'un bulletin contient plus de noms qu'il n'y a de députés à élire, le bureau n'admet que les premiers en rang jusqu'à concurrence du nombre fixé.

» .....Art. 55. — Les suffrages donnés aux candidats comptent individuellement à ces candidats, ainsi qu'à la liste officielle sur laquelle ils figurent.

» .....Art. 60. — La somme de tous les suffrages obtenus par les différentes listes, divisée par le nombre de conseillers communaux à élire, constitue le quotient électoral.

» Chaque liste obtient autant de représentants que son chiffre électoral renferme de fois ledit quotient.

» Une liste n'a pas droit à la répartition, si son chiffre électoral est inférieur au quotient.

» Si le calcul de répartition laisse la composition du conseil communal incomplète, les conseillers restant à élire sont attribués aux listes ayant les plus fortes fractions.

» Dans le cas de parité entre fractions, l'attribution a lieu à celle des listes à fractions égales qui a obtenu le plus de suffrages. S'il y a également parité de suffrages, le bureau procède par voie de tirage au sort.

» Art. 61. — Lorsque le nombre des conseillers communaux

auquel chaque groupe a droit est connu, les candidats de ce groupe qui ont réuni le plus grand nombre de suffrages sont proclamés élus.

» S'il y a égalité de suffrages entre plusieurs candidats d'une même liste, le sort décide.

» .....Art. 63. — Les candidats non élus de chaque liste sont inscrits au procès-verbal dans l'ordre du chiffre de leurs suffrages, à l'effet de pourvoir aux cas de remplacement.

» En cas de vacance par suite de mort, démission ou autre cause, est proclamé élu le premier candidat non élu de la liste à laquelle appartient celui qu'il s'agit de remplacer. »

Zoug. L. du 1er septembre 1894.

« Art. 6. — Si le nom d'un candidat se trouve sur plusieurs listes électorales, le bureau du landammann, ou bien le président communal, doit demander sur quelle liste il désire figurer. A défaut d'option le sort décide.

» .....Art. 10. — Chaque électeur dispose d'autant de suffrages qu'il y a de représentants à élire. Il peut voter à son gré pour des candidats figurant sur d'autres listes que celle qu'il a choisie et biffer les noms qui ne lui conviennent pas. Il peut aussi donner plusieurs suffrages au même candidat. A cet effet, il indique par un chiffre à côté du nom le nombre de suffrages qu'il donne au même candidat, ou bien il répète le même nom plusieurs fois. La répétition peut être manuscrite ou imprimée.

» .....Art. 15. — Les suffrages donnés aux candidats comptent individuellement à ces candidats et aussi comme suffrages de liste aux listes sur lesquelles ils figurent officiellement.

» Art. 16. — La somme de tous les suffrages obtenus par les différentes listes, divisée par le nombre des représentants à élire, constitue le quotient électoral.

» Le nombre des suffrages donnés à chaque liste, divisé par le quotient électoral, donne pour résultat le nombre de représentants qui revient à chaque groupe.

» .....Art. 17. — Lorsque le nombre des représentants attribués aux groupes n'atteint pas le nombre total des représentants à élire, le premier siège vacant est attribué au groupe qui a obtenu le plus grand nombre de suffrages, pourvu que ce nombre atteigne la majorité absolue.

» S'il reste d'autres sièges encore vacants, ils sont répartis entre les groupes qui ont les plus fortes fractions.

» Si aucun groupe n'atteint la majorité absolue, les sièges vacants sont répartis aux plus fortes fractions.

» Art. 18. — Il est attribué à chaque groupe autant de candidats que lui en confère le calcul ci-dessus, et sont élus dans chaque liste ceux qui ont obtenu le plus de suffrages.

» A voix égales, c'est l'ordre officiel des présentations qui décide.

» Art. 19. — Si avec le vote proportionnel un candidat refuse son élection, ou bien si un siège devient vacant pendant la durée des fonctions officielles, on désigne pour le remplacer celui qui a obtenu le plus de suffrages sur celle des listes électorales où la vacance s'est produite. »

Soleure. L. du 30 novembre 1894.

« Art. 4. — La désignation d'une liste doit être faite clairement ; elle doit être distincte des autres listes.

» .....Art. 6. —Si un candidat figure sur plusieurs listes, l'autorité supérieure l'invite à opter pour l'une d'elles. A défaut d'option, c'est le sort qui décide.

» .....Art. 15. — Le bureau central fixe le nombre des bulletins de vote attribués aux diverses listes publiées, et le nombre de suffrages donnés nominativement à chaque candidat.

» Le nombre total des bulletins valablement exprimés, divisé par le nombre des députés à élire plus un, donne le quotient électoral.

» Chaque liste obtient autant de représentants que le nombre de ses bulletins de vote renferme de fois le quotient électoral.

» Art. 16. — Si le nombre de députés attribués aux différentes listes n'atteint pas le nombre total des députés à élire, le reste est attribué à la liste qui a obtenu le plus grand nombre de suffrages.

» Art. 17. — Sont déclarés élus dans chaque liste les candidats qui ont obtenu le plus de suffrages. En cas d'égalité de suffrages, c'est le sort qui décide.

» Art. 18. — Si la répartition donne plus de représentants qu'il n'y a de députés à élire, il sera retranché un député à la liste qui a obtenu le moins de voix.

» Art. 19. — Si, pendant le cours d'une législature, un siège occupé en vertu du vote proportionnel devient vacant, la chancellerie d'Etat déclare élu le candidat appartenant au même groupe que le député sortant et qui a obtenu le plus de suffrages parmi les non élus de ce groupe. A égalité de voix, le sort décide. »

République Argentine. Mendoza. L. du 6 mai 1895.

« Art. 140. — Pour déterminer les élus, il sera procédé de la manière suivante :

» 1. On divisera le nombre des votants que fournira le scrutin par le nombre des conseillers à élire. Le quotient trouvé sera le quotient électoral.

» 2. Si un ou plusieurs candidats figurent sur diverses listes avec un nombre de voix égal ou supérieur au quotient électoral, ils seront proclamés élus, et on retranchera à chaque liste un nombre proportionnel de suffrages parmi ceux qu'elle aurait obtenus jusqu'à égalité avec le quotient électoral.

» 3. A la suite du retranchement visé au § précédent, le reste des suffrages exprimés en faveur de chaque liste sera divisé par le quotient obtenu dans l'opération visée au § 1er.

» 4. Le résultat de cette opération déterminera le nombre des candidats que l'on devra prendre dans chaque liste pour compléter la représentation.

» Art. 141. — Seront proclamés élus les candidats de chaque liste qui auront obtenu le plus grand nombre de suffrages jusqu'au nombre correspondant à chaque liste.

» Parmi ceux qui auraient un nombre égal de suffrages, il sera procédé par la voie du sort jusqu'à ce que la représentation correspondant à la liste soit complétée.

» .....Art. 143. — S'il y avait en faveur d'une ou de plusieurs listes un excédent de suffrages n'atteignant pas la quote de proportion, on considérera comme valable la quote la plus rapprochée; et, pour compléter la représentation, on proclamera élu le candidat qu'il appartiendra, conformément aux articles antérieurs.

» Art. 144.—En cas de deux ou plusieurs excédents de suffrages égaux entre eux, le candidat proclamé sera du parti qui aura obtenu la représentation moindre dans l'opération principale. »

Belgique. L. du 12 septembre 1895.

Elections municipales.

« Art. 43. — Lorsqu'il y a plus d'un membre à élire, les candidats qui ont obtenu plus de la moitié des voix sont proclamés élus. Si le nombre de ces candidats est inférieur à celui des mandats à conférer, il est pourvu aux sièges non attribués conformément aux règles suivantes.

» Art. 44. — Le nombre des bulletins contenant des suffrages valables en faveur d'une seule liste ou d'un ou plusieurs de ses candidats constitue le chiffre électoral de la liste.

» Les candidatures isolées sont considérées comme constituant chacune une liste distincte.

» Le bureau principal admet à la répartition des sièges les listes dont le chiffre électoral atteint la quotité suivante :

» Le tiers des voix s'il y a moins de quatre membres à élire ;

» Le quart, s'il y a quatre à six membres à élire ;

» Le cinquième, s'il y a sept à douze membres à élire ;

» Et le sixième, s'il y a plus de douze membres à élire.

» Toutefois, lorsque la quotité requise n'a été atteinte par aucune liste ou que les listes l'ayant atteinte n'ont pas obtenu ensemble plus de la moitié de la totalité des voix, sont admises à la répartition des sièges les listes les plus favorisées dont les chiffres électoraux réunis comprennent plus de la moitié des voix.

» Art. 45. — La répartition entre les listes admises s'opère de manière à attribuer à chacune d'elles autant de sièges que son chiffre électoral comprend de fois le nombre de voix le plus réduit obtenant un siège. A cet effet, on divise les chiffres électoraux des listes admises par 1, 2, 3, 4, 5, etc., et les mandats sont attribués à raison de l'importance des quotients obtenus. Le plus fort quotient confère le premier siège, le deuxième quotient le deuxième siège, et ainsi de suite jusqu'à ce qu'il soit pourvu à tous les mandats.

» Les mandats déjà acquis par la majorité absolue aux candidats d'une liste viennent en déduction des sièges revenant à cette liste à raison des quotients.

» .....Dans les cas où un siège revient à titre égal à plusieurs listes, il est attribué à celle qui a obtenu le chiffre électoral le plus élevé, et en cas de parité des chiffres électoraux, à la liste, où figure le candidat dont l'élection est en cause, qui a obtenu le plus grand nombre de voix.

» Art. 46. — Les sièges revenant à une liste sont conférés aux candidats de cette liste qui ont obtenu le plus grand nombre de suffrages.

» Dans chaque liste dont un ou plusieurs candidats sont élus, les candidats non élus arrivant les premiers après les élus sont déclarés premier, deuxième, troisième conseillers suppléants dans l'ordre du nombre de voix obtenues.

» Art. 47. — Dans tous les cas où il y a parité de vote, le plus âgé est préféré. »

République Argentine. Mendoza. L. 28 octobre 1895.

Elections législatives.

Lucerne. L. 30 novembre 1895.

Elections communales et judiciaires.

Appendice. — Du vote préférentiel.

A. *Procédés rationnels.* — Le principe de l'égalité des électeurs exige que tous aient une même influence sur les résultats d'une opération électorale. Cette égalité est respectée si tous votent par bulletins complets, c'est-à-dire avec des bulletins portant tous autant de noms qu'il y a de candidats à élire. Il en est autrement si les bulletins incomplets sont admis — et la liberté exige qu'il en soit ainsi. Soit une élection de 10 représentants. L'électeur dispose de 10 suffrages et il ne veut inscrire que 4 noms :

il perdra 6 suffrages et par conséquent une partie de son influence.

Le procédé du double vote simultané avec panachage de d'Hondt, tel que nous l'avons exposé, lève cette objection en tant que l'électeur vote pour une liste, il la laisse intégralement subsister en tant que l'électeur vote pour des candidats. Donc inégalité manifeste entre celui qui porte 10 noms et celui qui n'en porte que 4. Et au détriment de qui se produit cette inégalité? Au détriment des électeurs les plus soucieux de la vérité et de la dignité de leurs actes, de ceux qui répugnent à donner leurs suffrages à des inconnus. Au profit de qui se produit-elle? Au profit des électeurs les mieux disciplinés, de ceux pour lesquels l'esprit de parti prime toute autre considération, et qui ne craignent pas d'élire par ordre, sans connaître les candidats auxquels ils donnent leurs suffrages. En d'autres termes, l'influence électorale est inversement proportionnelle au degré de culture intellectuelle et d'indépendance morale des citoyens (1).

D'autre part, c'est le nombre des suffrages obtenus par les candidats d'une liste qui doit fixer leur rang entre eux. Or si les adhérents d'un parti ne peuvent, tout en faisant profiter leur liste de toute leur puissance électorale, c'est-à-dire en ne panachant pas, manifester quelque préférence pour un ou plusieurs de leurs candidats, il en résultera que tous les candidats de cette liste obtiendront un même nombre de voix. Un candidat ne pourra avoir d'avance sur un autre que grâce aux voix qui lui viennent des panacheurs : et nous savons que souvent les panacheurs sont des adversaires qui s'entendent d'une façon

(1) Cf. *supra* p. 217, une citation de M. E. Naville.

déloyale, mais fort habile, pour empêcher l'élection des têtes de liste des partis qui leur portent ombrage.

Objection de principe et objection de fait, l'une et l'autre avaient été prévues par M. d'Hondt lorsqu'il exposa son système, et il les avait habilement écartées par l'emploi d'un mode de vote préférentiel dont il était l'auteur et qui porte le nom d'unité fractionnaire. Il y a renoncé depuis, en ce sens que, pour les facilités de la propagande, il a sur ce point allégé et simplifié son système. Il n'en est pas moins vrai que l'emploi d'un mode de vote préférentiel constitue pour tout système basé sur la concurrence des listes un perfectionnement sérieux et très désirable.

Le vote préférentiel a pour but l'utilisation de tous les suffrages d'un électeur quel que soit le nombre de candidats pour lequel il vote. Le mode le plus parfait de vote préférentiel est donc le vote cumulatif, qui permet, soit de porter autant de noms qu'il y a de représentants à élire, soit d'accumuler ses suffrages sur un seul candidat, soit de les répartir entre plusieurs. La combinaison du vote cumulatif avec le système de la concurrence des listes ne peut donner lieu à aucune manœuvre, elle prête au mécanisme électoral une élasticité et une souplesse merveilleuses, elle assure à l'électeur avec le maximum de liberté le maximum d'exercice de ses droits : et c'est pourquoi elle a toujours eu l'approbation des proportionnalistes les plus distingués.

M. d'Hondt considère la puissance électorale de l'électeur comme égale à l'unité. S'il ne vote que pour un candidat, celui-ci recueille exclusivement et entièrement le bénéfice de l'unité. S'il vote pour plusieurs candidats, l'unité se partage entre eux par parts égales : d'où le nom d'unité fractionnaire donné au système. Chacun d'eux se voit attribuer une fraction égale à la division de l'unité par le nombre de candidats portés sur le bulletin. S'ils sont 2, 3, 4.... chacun a droit à 1/2, 1/3, 1/4... de suffrages. Au dépouillement, on classe les bulletins par séries suivant le nombre de noms inscrits. Puis on note, à côté du nom de chaque candidat, le nombre d'unités, de demis, de tiers, de quarts... de suffrages auxquels il a droit. Des tableaux dressés à l'avance donnent instantanément la réduction de ces fractions à l'unité. Et le total est le chiffre électoral du candidat.

M. E. Campagnole égale la puissance électorale de l'électeur au plus petit multiple commun des nombres compris entre le minimum et le maximum des candidats à élire. Pour tout bulletin de vote sur lequel il est porté, chaque candidat reçoit un nombre de suffrages égal à la division du plus petit multiple commun par le nombre de noms inscrits. S'il y a 6 sièges à pourvoir, le plus petit multiple commun est 60. Tout candidat porté sur un bulletin à 6 noms aura droit à 10 voix; à 12, à 15 s'il n'y a que 5 ou 4 voix, et ainsi de suite.

Remarquons tout d'abord que les trois procédés reposent sur le même principe. En effet le rapport entre deux nombres reste le même lorsque l'on multiplie ceux-ci par un même chiffre. Dès lors : on peut égaler le bulletin de vote à l'unité, et c'est le procédé de M. d'Hondt; on peut le considérer comme représentant autant d'unités qu'il y a de sièges à conférer, et c'est le vote cumulatif; on peut enfin multiplier l'unité par le plus petit multiple commun des nombres compris entre le minimum et le maximum des candidats à élire, et c'est le procédé de M. Campagnole. Les uns et les autres sont mathématiquement exacts.

Il y a cependant une différence à faire entre le vote cumulatif d'une part et les deux autres procédés. M. Campagnole et M. d'Hondt calculent de la même manière : l'un en dehors, sur un multiple, l'autre en dedans, sur l'unité. Tous deux divisent le nombre pris comme point de départ par le nombre de candidats portés sur le bulletin : tous les candidats inscrits sur des bulletins portant un nombre donné de noms ont même valeur. Dès lors, si les trois procédés assurent également à l'électeur l'exercice intégral de ses droits électoraux, le vote cumulatif a sur les deux autres l'avantage de respecter entièrement la liberté de l'électeur. Avec le vote cumulatif l'électeur dispose de son suffrage à son gré, et, suivant ses préférences, il le répartit inégalement entre les candidats de son choix. Avec les deux autres procédés, l'électeur accorde nécessairement aux candidats qu'il porte des parts égales de son suffrage.

Le vote cumulatif est donc théoriquement le meilleur des trois procédés. Les deux autres ont même valeur, mais des raisons pratiques doivent faire rejeter celui de M. Campagnole. Chaque électeur dispose d'un nombre de suffrages égal au plus petit multiple commun. Or le plus petit multiple commun atteint rapidement un chiffre fabuleux : il n'est que de 60 pour 6 sièges, mais il est de 2,520 pour 9, de 27,720 pour 11, de 360,360 pour 13 et 15, de 6,126,120 pour 17 sièges. Si l'on réfléchit que la répartition doit porter sur un nombre de suffrages égal au plus petit multiple commun multiplié par le nombre de bulletins, il est facile de concevoir pourquoi le procédé de M. Campagnole est inapplicable.

Il convient d'ajouter qu'en raison de sa souplesse même le vote cumulatif proportionnel ne paraît pouvoir être accepté que par des masses électorales très intelligentes et très éclairées. La foule a peine à croire qu'un procédé, qui se plie si merveilleusement à toutes les adaptations possibles, ne puisse pas également se prêter à des combinaisons déloyales et à des coups de surprise. A Zoug, où il a été adopté en 1894, et où il n'a soulevé d'ailleurs aucune difficulté pratique, il a suffi d'une application de la loi pour que l'on croie devoir en demander l'abrogation. Il y a là une indication dont il faut tenir compte. M. Alphonse Frey a proposé jadis de compléter la lecture des bulletins incomplets par une seconde lecture des noms inscrits sur les bulletins, suivant l'ordre de leur inscription et jusqu'à ce que l'on ait atteint le nombre de suffrages à émettre. C'est une idée simple et ingénieuse. Il serait sans doute superflu de faire observer qu'elle respecte moins la liberté. de l'électeur que le vote cumulatif, et qu'elle attribue à tous les candidats un nombre égal de suffrages, comme les procédés de MM. d'Hondt et Campagnole, lorsque le nombre de suffrages à émettre est un multiple du nombre de candidats inscrits sur le bulletin.

B. *Procédés imparfaits.* — On pose souvent le problème d'une façon moins complète : l'objection de principe est négligée, et il n'est répondu qu'à l'objection de fait. Le but à atteindre est alors le suivant : trouver un moyen qui permette aux électeurs votant par listes compactes de manifester leurs préférences pour certains candidats, contrebalancer ainsi l'influence des panacheurs et déterminer entre les chiffres électoraux des candidats des différences bien marquées.

On compte parfois pour obtenir ce résultat sur la rédaction de bulletins incomplets, la radiation de certains noms. C'est une marque de préférence à rebours : l'électeur ne

donne pas une voix à celui qu'il veut avantager, il en
retire une à celui dont il ne désire pas l'élection. Ce procédé est fort aléatoire. Il est en outre assez injuste : en
enlevant un suffrage à un candidat de son parti, l'électeur
peut faire élire un candidat du parti opposé ; or vraisemblablement il préfère voir attribuer à son parti un siège
de plus que d'éliminer un homme qui personnellement lui
déplaît.

C'est donc par une marque de préférence qu'il convient
de chercher à obtenir le résultat désiré. On a proposé
dans cet ordre d'idées un mode de votes de préférence
imité du système de Hare, mais les complications et les
hasards de ce système doivent faire rejeter un tel procédé.
D'autres proportionnalistes ont soutenu une adaptation du
vote gradué : mais l'attribution aux candidats de valeurs
inégales déterminées par une progression arithmétique
est arbitraire, et peut fort bien ne pas correspondre à la
volonté des électeurs. Le mieux est d'adopter ce que l'on
appelle à proprement parler le vote de préférence. Si
l'électeur veut donner son appui également à tous les
candidats de la liste, il vote purement et simplement
comme il le fait actuellement. Sinon il désigne certains
candidats par une marque de préférence : soit une croix,
soit comme en Belgique l'oblitération d'une case laissée
blanche à côté du nom des candidats. Et si l'on veut
assurer la représentation des nuances, ne pas permettre à
la majorité d'un groupe de choisir seule les élus, on peut
limiter le nombre des marques de préférence.

Je crois que l'on peut considérer ce système comme
excellent. Sans doute les procédés que je viens d'indiquer en dernier lieu sont bien imparfaits, puisqu'ils ne
donnent pas tout ce que doit donner un bon mode de vote

préférentiel. L'idéal à atteindre, c'est de compléter la concurrence des listes par le vote cumulatif : mais le plus sûr moyen de parvenir à ce but ne serait-il pas d'adopter les marques de préférence? Elles obligent l'électeur à penser, à juger, à comparer ; par suite elles le dégrossissent, le développent et l'affinent. Un jour viendra où il percevra assez les nuances pour vouloir donner aux candidats des nombres inégaux de marques de préférence : ce jour-là le vote cumulatif sera non seulement possible, mais nécessaire.

SECTION III.

CONCLUSIONS.

Toute élection se fait ou sous le principe de la majorité ou sous le principe de la proportionnalité. Rationnellement le principe de la majorité doit présider aux élections uninominales, et le principe de la proportionnalité aux élections pluriuominales. Si en fait on procède à des élections plurinominales suivant le principe de la majorité, on peut ainsi préciser l'erreur produite : il y a des voix perdues et par conséquent des électeurs non représentés. Eliminer cette cause d'erreur, tel doit être le résultat de l'application du principe de la proportionnalité.

Deux moyens sont possibles pour arriver à cette fin. On peut attribuer à chaque élu une influence proportionnelle à sa popularité, c'est-à-dire lui donner un nombre de votes parlementaires proportionnel au nombre de suffrages qui se sont portés sur lui, c'est le système Boutmy ; ou inversement, en ne reconnaissant à chaque élu qu'un pouvoir égal, proportionner le nombre des élus au nombre des votants, c'est le système Sladkowsky. Voilà le premier moyen. Voici le second : on peut organiser un mode de transfert de suffrages. Dès qu'un candidat atteint le mètre électoral il est élu, et les suffrages excédants qui se portent sur lui sont transportés à une autre candidat : transfert au choix des candidats dans le système Walter Baily; transfert au choix des électeurs dans le système Andræ-Hare; transfert résultant de la solidarité qui unit les candidats inscrits sur une même liste, dans le système de la concurrence des listes.

Le principe de la proportionnalité peut donc se réaliser par cinq systèmes types. Et les systèmes minoritaires? Ce ne sont point à proprement parler des systèmes électoraux, mais des procédés de vote. Le vote est uninominal ou plurinominal. Lorsqu'il est plurinominal, cinq procédés sont possibles : voter pour autant de noms qu'il y a de représentants à élire, chaque candidat ne pouvant recevoir qu'un suffrage, c'est le vote actuel; voter pour autant de noms qu'il y a de candidats à élire, mais avec le libre groupement des suffrages, c'est le vote cumulatif; voter pour autant de noms qu'il y a de candidats à élire, les suffrages ayant des valeurs inégales et décroissantes, c'est le vote gradué; voter pour un nombre de noms supérieur à l'unité, mais inférieur au nombre de candidats à élire, c'est le vote limité; voter pour un seul nom, c'est le vote de simple pluralité. Tout système électoral peut être pratiqué avec l'un ou l'autre procédé de vote. Mais un système électoral, et non un simple procédé de vote, peut seul tendre à l'élimination des suffrages inutilisés. Ce fut l'erreur des premiers proportionnalistes de ne pas faire cette distinction nécessaire et de demander à une réforme de détail ce qu'il fallait demander à une réforme de principe. Constatons d'ailleurs que ces procédés de vote ont des valeurs très inégales : le meilleur est sans contredit le vote cumulatif, qui doit être adopté par tout système proportionnel voulant atteindre à la perfection.

Les cinq systèmes types proportionnels correspondent à des hypothèses diverses. Le système Boutmy est purement théorique. Le système André-Hare ne saurait être recommandé que pour les petites élections qui peuvent se faire au sein d'une association, mais non pour des élections politiques mettant en mouvement des masses électorales. Le système Walter Baily est celui qui convient le mieux à des peuples à peine mûrs pour le suffrage universel et le gouvernement représentatif, et qu'il convient d'initier par degrés à l'exercice de leur liberté et de leur souveraineté. Le système Sladkowsky apparaît comme un excellent système de transition pour faire passer une nation du système électoral actuel au scrutin de liste proportionnel, si l'on craignait pour une cause quelconque d'appliquer celui-ci d'emblée. Quant au système d'Hondt, c'est un système électoral parfait : tout peuple libre devrait tenir à honneur d'appliquer en l'adoptant le maximum possible de tolérance, de justice et d'équité.

Maximum possible : c'est qu'en effet on ne peut atteindre en pratique à la proportionnalité absolue. Deux causes d'erreur déterminent à ce point de vue pour tout système une inévitable imperfection. L'une tient aux suffrages excédants : on l'élimine autant que faire se peut par l'emploi du commun diviseur. L'autre procède de la pluralité des circonscriptions électorales : or, si l'unité de collège est possible pour les élections municipales et régionales, on ne saurait l'admettre pour les élections nationales.

Ces deux causes d'erreur, d'ailleurs assez faibles, ne prouvent rien contre la représentation proportionnelle de la majorité et des minorités : elle s'impose en principe parce qu'elle est une question de justice, en fait parce qu'elle apporte l'apaisement. « Pour apprécier une loi, ce » n'est pas à l'idéal qu'on rêve qu'il convient de la com- » parer, c'est à la réalité qu'elle remplace (1). »

---

(1) Jules Simon, *Séances et travaux de l'Académie des sciences morales et politiques*, décembre 1883, p. 886.

Vu :

M. DESLANDRES.

Vu :

Le Doyen.

E. BAILLY.

Vu et permis d'imprimer.

Dijon, le 3 décembre 1893.

Le Recteur de l'Académie,

G. BIZOS.

TABLE DES MATIÈRES

CHAPITRE PREMIER

CHAPITRE II

La représentation proportionnelle est une idée aujourd'hui universelle, et pourtant c'est une idée née d'hier. — Elle est la conséquence nécessaire et le correctif non moins nécessaire du suffrage universel. Critique du suffrage universel pur. — Son avenir est certain, car elle est la justice même.

CHAPITRE III